Brianna und Matt

Matt wacht auf, als sein Handy klingelt. Es ist 7.50 Uhr an einem Samstagmorgen im Februar, er ist ein bisschen verkatert, gestern Abend war er mit seinen College-Freunden etwas trinken. Trotzdem ist er gleich hellwach, als er die Nummer auf dem Display sieht. Am Telefon ist Briannas Schwester, die er nicht besonders gut kennt. Warum nur ruft sie ihn an, so früh am Morgen? »Ich wusste sofort, dass etwas Schlimmes passiert ist«, erzählt er. »Ich habe schlechte Nachrichten«, sagt die Schwester am Telefon. »Brianna hatte einen Autounfall. Wir sind nicht sicher, ob sie überlebt.« Was ist passiert? Was hat sie? Wie geht es ihr? Kann sie sprechen? Ist sie wach? Matt stellt eine Frage nach der anderen, doch Briannas Schwester antwortet nicht. »Matt, ich muss auflegen«, sagt sie. »Ich wollte nur, dass du Bescheid weißt. Du bist ja ihr bester Freund.« Und dann legt sie auf.

Matt springt aus dem Bett, rafft seine saubere Wäsche aus dem Trockner zusammen, wirft sie in seine Reisetasche, die Tasche ins Auto und fährt los. Es ist 7.59 Uhr, als er auf den Highway einbiegt. Er kann kaum etwas sehen, seine Augen sind voller Tränen. Er denkt daran, wie sie sich kennengelernt haben vor so vielen Jahren. Matt hatte gerade die Schule gewechselt, von der katholischen Privatschule auf die öffentliche Highschool. Er kannte kaum jemanden und galt in der neuen Schule nicht gerade als cool. Bri hingegen war immer mit all den hübschen, beliebten Mädchen zusammen, mit denen alle befreundet sein wollten. Er hat sie oft beim Fußballtraining für die Schulteams gesehen, denn sie war so gut, dass sie manchmal mit den Jungen zusammen trainiert hat, zusammen mit Matts Mannschaft. Er fand sie schön, sie lachte viel und konnte perfekt mit dem Ball umgehen, das fand er toll. Aber er hat sie nie angesprochen. Er hätte sowieso keine Chance bei ihr gehabt, dachte er. Er war eher schüchtern.

Matt fährt und fährt, den schnurgeraden Highway von seinem College, der University of Mississippi, durch den ganzen Bundesstaat hindurch Richtung Süden, Richtung Krankenhaus, immer schneller, er weint, bis keine Tränen mehr kommen. Seine Eltern rufen an. »Fahr vorsichtig, Sohn«, sagen sie. »Pass auf dich auf.«

Matt denkt daran, wie Brianna damals in der zehnten Klasse bei ihm geblieben ist, als er sich seinen großen Zeh beim Fußball gebrochen hat, obwohl sie ihn da noch überhaupt nicht richtig kannte. Der rechte Zeh stand zur Seite ab, hing nur noch an einem Fetzen Haut, überall war Blut. Alle anderen fanden das eklig, Bri nicht. Sie blieb bei ihm, bis seine Mutter kam und ihn ins Krankenhaus brachte. Er weiß noch immer nicht, warum sie geblieben ist. Wäre es doch nur bei seinem gebrochenen Zeh geblieben. Wäre ihr Körper doch unverletzt.

Auf dem Weg zum Krankenhaus wird Matt von einem Polizisten angehalten, er fährt viel zu schnell, 185 Kilometer pro Stunde, doppelt so schnell wie erlaubt. Aber der Polizist lässt den weinenden Neunzehnjährigen weiterfahren, als er seine Geschichte hört, gibt ihm nur eine strenge Ermahnung mit auf den Weg.

Von da an hält sich Matt an die Geschwindigkeitsbegrenzung, doch seine Gedanken rasen weiter. Wie sie nach dem gebrochenen Zeh angefangen haben, sich über Facebook Nachrichten zu schreiben. Dann per SMS, Bri hat ihm Fotos von dem blutenden Fuß geschickt. Wie sie Freunde wurden. Beste Freunde. Er fuhr sie jeden Nachmittag zum Fußballtraining, diese langen, lustigen, unbeschwerten Autofahrten. Sie wussten immer, was der andere gerade dachte. Sie hatte einen Freund in der Highschool, ein Blödmann, der nicht nett zu ihr war. Matt war eifersüchtig, er war in Bri verliebt. Aber er hat nie etwas gesagt. Er hat nie gestanden, dass er eigentlich mehr sein wollte als ihr bester Freund. Wahrscheinlich hat sie es sowieso immer gewusst. Hätte er doch nur etwas gesagt. Zum Abschlussball ging sie in einem lilaweißen Kleid, er mit einer lilaweißen Weste, ihre Outfits passten ganz zufällig zusammen, sie hatten das nicht verabredet. Aber sie gingen mit anderen Partnern zum Tanz. Wäre er doch nur mit Bri gegangen.

Matt schafft es in dreieinhalb Stunden zum Krankenhaus, normalerweise braucht man sechs Stunden für die Strecke. Er denkt daran, wie traurig er war, als Bri zum College wegzog. Sie ist ein Jahr älter als er und war ein Jahr vor ihm mit der Highschool fertig. Sie schrieben sich ständig SMS, aber sie fehlte ihm trotzdem. Matt erinnert sich, wie sie zu Besuch kam, wie sie wieder so viel Zeit wie möglich miteinander verbrachten. Dann war auch Matt mit der Schule fertig, er zog in den Norden von Mississippi für die Uni, weit weg von Bri. Die beiden sahen sich immer seltener, aber sie blieben in Kontakt. Er dachte immer an sie, jeden Tag. Dann, drei Wochen vor dem schrecklichen Anruf und vor dieser schrecklichen Autofahrt, konnte er Bri endlich besuchen. Sie haben zusammen *Harry Potter* geschaut und ein bisschen gekuschelt. Das hatte es noch nie zwischen ihnen gegeben: kuscheln. Am Abend fuhr sie ihn nach Hause, sie hielten Händchen. Auch das hatte es noch nie zwischen ihnen gegeben. Kurz nach dem Abschied schickte sie ihm eine SMS: *Mit dir Zeit zu verbringen hat mir gezeigt, wie sehr ich dich liebe.* Ach, wäre er doch nur nicht so dämlich gewesen, denkt Matt, als er mit tränennassen Wangen über den Highway rast. *Ich habe Angst, unsere Freundschaft zu verlieren*, hatte er auf ihre SMS geantwortet. Sie vereinbarten, Freunde zu bleiben, nichts als gute Freunde. In den achtzehn Tagen vor dem Unfall haben sie kaum miteinander gesprochen, kaum SMS ausgetauscht. Bri war traurig, und Matt wusste nicht, was er sagen sollte. Wie dumm er doch gewesen war!

Als er im Krankenhaus ankommt, trifft er Briannas Eltern im Wartezimmer. Bri wird gerade operiert. Eine von vielen Operationen nach dem Unfall, die sie zu diesem Zeitpunkt schon hinter sich hat und die noch vor ihr liegen. Matt und ihre Familie warten zusammen auf Nachrichten aus dem OP. Niemand darf Bri sehen, niemand weiß, was los ist. Die Ärzte sagen nur, dass es ernst ist, sehr ernst, und dass sie nichts versprechen können. Matt verbringt die Nacht im Wartezimmer. Am nächsten Morgen sagen die Ärzte zu Briannas Geschwistern, dass sie die Eltern darauf vorbereiten sollen, dass Bri den Tag wahrscheinlich nicht überleben wird.

Aber Bri stirbt nicht. Sie ist eine Kämpferin, sagen die Ärzte am Ende des Tages, aber sie wissen immer noch nicht, ob sie es schafft. Zu viele Organe sind zerstört, die Wirbelsäule ebenfalls, vielleicht hat Bri auch eine Hirnverletzung. Matt schläft noch eine Nacht im Wartezimmer.

Nach drei Tagen dürfen ihre Eltern Bri zum ersten Mal sehen. Sie kommen ganz bleich zurück. Matt bleibt im Krankenhaus, er verpasst die Uni, aber er erklärt seinen Professoren, was passiert ist, und sie geben ihm frei. Nur für die Klausur am Donnerstag soll er wieder im College erscheinen. »Ich will nicht wegfahren, ohne sie zu sehen«, sagt er zu Briannas Eltern. Die Ärzte lassen ihn kurz zu ihr.

Wenn Matt nicht gewusst hätte, dass es Brianna ist, dass es seine beste Freundin ist, die da liegt – er hätte sie nicht erkannt. Die Augen zugeschwollen, das Gesicht schwarz und blau verfärbt, der Schädel halb rasiert. Eine Metallstange ragt aus ihrem Kopf heraus, irgendein medizinisches Gerät. Eine Decke liegt über ihrem Bauch, den die Ärzte nicht zunähen konnten, weil alles in ihr zu sehr geschwollen ist. Er streichelt ihre Hand und flüstert ihr zu: »Ich bin für dich da. Ich fahre nur ganz kurz zur Uni, dann komme ich wieder. Versprochen.« Brianna reagiert nicht. Die Monitore flimmern, ihr Herzschlag piept, Matt betrachtet all die Kabel und Schläuche mit wachsendem Entsetzen. »Ich war froh, dass ich sie gesehen habe«, sagt er. »Aber ein bisschen habe ich es auch bereut.« Er weint wieder die ganze stundenlange Autofahrt zurück zur Uni. Eigentlich ist er kein Typ, der nah am Wasser gebaut ist.

Am Tag nach der Klausur fährt er wieder ins Krankenhaus, wieder die lange Strecke vom Norden bis in den Süden von

Mississippi. Wieder sitzt er im Wartezimmer, Stunde um Stunde. Abends rufen seine Eltern an, er soll doch wenigstens zum Abendessen nach Hause kommen. Sie machen sich Sorgen um ihn.

Nach ein paar Tagen geben die Ärzte endlich Entwarnung: Brianna wird leben. Aber noch ist nicht klar, wie schwer ihre Verletzungen sind. Ob sie jemanden erkennen wird, wenn sie aufwacht. Ob sie je wieder laufen wird. Matt darf nun öfter zu ihr ins Zimmer. Er hält ihre Hand und redet mit ihr. Wenn er spricht, beruhigt sich ihr Herzschlag auf dem Monitor. »Wenn ich gesagt habe, dass ich jetzt gehen muss, ist ihr Puls wieder hochgegangen«, sagt Matt. »Ich schwöre, dass ich mir das nicht ausdenke. Es war unglaublich. Ich wusste, dass sie mich hören kann.«

Vier Wochen bleibt Brianna auf der Intensivstation. Unter der Woche studiert Matt, am Wochenende sitzt er an ihrem Bett, er verbringt Stunden auf dem Highway, immer unterwegs zwischen Uni und Krankenhaus. Bri geht es nach und nach besser. An einem Tag kann sie Matts Hand zurückdrücken, wenn er sie hält. Dann öffnet sie ihre Augen. Dann kann sie ihren Kopf bewegen, auf Dinge zeigen. Sie erkennt Matt und will so viele ihrer dreißig Minuten Besuchszeit pro Tag wie möglich für ihn reservieren, andere Besucher schickt sie weg. »Sie war sehr resolut, obwohl sie noch gar nicht sprechen konnte«, sagt Matt. »Ich habe gemerkt, dass ich nur glücklich bin, wenn ich mit ihr zusammen bin. Sogar im Krankenhaus.«

Hier in der Geschichte von Brianna und Matt beginnt die Zeit nach dem Unfall, an die sich Bri wieder erinnern kann. Dazwischen ist alles dunkel. Sie erinnert sich an den Abend vor dem Unfall, sie war mit einer Freundin im Kino, nach dem Film sind die beiden zurückgefahren, die Freundin am Steuer, Bri auf dem Beifahrersitz. Danach weiß sie nichts mehr, bis zu dem Moment, in dem sie im Krankenhaus langsam aufwacht, Matt immer an ihrer Seite. Fast vier Wochen sind ausgelöscht aus ihrer Erinnerung. Sie hat Fotos von dem Autowrack auf ihrem Handy, die ihr andere Leute geschickt haben. Manchmal schaut sie sie an. »Sieht nicht so aus, als könnte da jemand lebend herauskommen, oder?«, sagt sie. Die Fotos fühlen sich für sie an, als stammen sie aus dem Leben eines anderen Menschen. Aus den Polizeiberichten weiß sie, dass eine Geisterfahrerin mit voller Geschwindigkeit in ihr Auto hineingerast ist. Sie war betrunken und sofort tot. Bris Freundin hat den Unfall mit ein paar Schrammen und einem gebrochenen Fußgelenk überstanden, Bri saß auf der Seite des Aufpralls. Als der erste Polizist zur Unfallstelle kam, hat Bri gerufen: »Bitte lass mich nicht sterben. Bitte lass mich nicht sterben. Bitte lass mich nicht sterben.« Sie kann sich an nichts davon erinnern. Es ist wohl besser so, glaubt sie.

»Ich war so schwach, als ich aufgewacht bin«, erzählt sie. »Ich weiß noch, wie ich die Augen aufgemacht habe, und er saß neben mir in seinem kleinen Plastikstuhl und hielt meine Hand. Ich bin wieder eingeschlafen. Und als ich aufgewacht bin, saß er da immer noch.« Matt bringt ihr Essen, füttert sie. Er schleppt einen DVD-Player und Disney-Filme ins Krankenhaus, die sie zusammen anschauen. Einmal versteckt er einen Brief unter ihrem Kopfkissen. »Ich habe ihn immer und immer wieder gelesen«, sagt sie. »Mein Gedächtnis weigert sich, sich an den Unfall zu erinnern. Ich erinnere mich nur an die guten Dinge danach.« Jedes Mal, wenn er sich von ihr verabschiedet, küsst er sie auf die Stirn. Einmal sieht sie, wie er im Krankenhausflur weint.

Die Ärzte sagen, wenn sie nicht so fit gewesen wäre vom vielen Fußballspielen, hätte sie den Unfall nicht überlebt. Sie hat viel Blut verloren. Ihr Zwerchfell ist gerissen, ihre Milz und ihr Blinddarm sind geplatzt, ihr Darm an zwei Stellen verletzt, ihr Unterleib offen, ihre Wangenknochen, Fußgelenk, Bein und Knie gebrochen. Und ihre Wirbelsäule, die ist auch angebrochen.

Als sie aus dem Krankenhaus entlassen wird, kann sie sich kaum bewegen. Ihre Mutter bringt sie zur Reha nach Chicago. Es geht ihr schlecht in diesen ersten Wochen, in denen ihr klar wird, dass sie wohl nie wieder laufen können wird. Manchmal geht sie nicht ans Telefon, wenn Matt anruft. Er hinterlässt ihr Nachrichten, telefoniert mit ihrer Mutter. Ihre Mutter versteht nicht, warum Bri Matt zurückweist. »Ich bin wie ein Baby, ich kann nichts mehr allein«, sagt Bri zu ihr. »Ich bin nicht in der Verfassung, jemanden zu lieben. Und wieso sollte er mich überhaupt wollen?« Aber Matt gibt nicht auf. Ständig klingelt ihr Handy, dann kommt er zu Besuch nach Chicago. Briannas Geschwister reden ihr gut zu. »Der ist doch so ein toller Mann, Bri, wirf das nicht weg«, sagen sie. Die Krankenschwestern finden Matt toll. »Der liebt dich doch«, sagen sie. »Ich konnte damals einfach nicht glauben, dass mich jemand so lieben könnte, wie ich jetzt bin«, erzählt Brianna.

Aber mit der Zeit geht es ihr besser. Bri ist stark, nicht nur ihr Körper, auch ihr Wille, ihr Mut. Es geht bergauf, langsam aber stetig in den Wochen in Chicago, bald kann sie ihre Arme wieder normal bewegen, die Ärzte geben ihr viel Zuspruch, sie schöpft wieder Hoffnung. »Sie hat angefangen, um sich zu kämpfen«, sagt Matt. »Sie war schon immer eine Kämpfernatur. Und sie hat sich nie beschwert, sie war schnell wieder wahnsinnig optimistisch.« Er ist dabei, wieder zu Besuch in Chicago, als sie ihre ersten Schritte auf dem Laufband macht, sie stemmt sich mit den Armen hoch, ihre Beine sind ganz schwach. Matt applaudiert. »Ich weiß nicht, ob ich es ohne ihn geschafft hätte«, sagt sie. »Ich meine nicht nur seine Unterstützung, seine emotionale Unterstützung. Ich wollte kämpfen und gesund werden, weil ich seine Freundin sein wollte. Das war ein unglaublicher Antrieb.« Matt ist der Erste, mit dem sie wieder im Auto fährt. Es ist ein großer Vertrauensbeweis.

Vor seinem zweiten Besuch in Chicago erzählt Matt in seinem Freundeskreis, dass er zu seiner Freundin fährt – zu *seiner* Freundin, nicht zu *einer* Freundin. Es spricht sich herum, dass die beiden jetzt offenbar zusammen sind, Bri erfährt von den Gerüchten über Facebook. »Wenn du willst, dass ich deine Freundin bin, musst du mich erst einmal fragen«, sagt sie zu ihm, als er bei ihr in Chicago ankommt. Er führt sie zum Essen aus, schiebt ihren Rollstuhl in ein schickes Restaurant und schenkt ihr einen Ring. Jetzt sind die beiden offiziell ein Paar. »Seinetwegen habe ich mich wieder wie ein normaler Mensch gefühlt«, sagt sie. »Er hat mir gezeigt, dass ich liebenswert bin. Das hat mir geholfen, mich selbst wieder zu lieben.«

Der erste Kuss ist komisch. Wie wechselt man von Freunden zum Liebespaar? Sie erwartet einen Kuss auf die Wange, aber Matt küsst sie auf den Mund. Zuerst erschrickt sie sich, dann ist es doch ganz schön. Brianna traut sich, Matt zu fragen, was sie sich selbst ständig fragt: »Warum sollte irgendjemand mit mir zusammen sein wollen?« »Vertraue mir«, antwortet Matt. »Wenn ich nicht mit dir zusammen sein wollte, dann wäre ich nicht mit dir zusammen.«

Heute besuchen die beiden die gleiche Universität, sie hat sich auch an der University of Mississippi eingeschrieben. Sie leben noch nicht zusammen, sondern in getrennten Wohnungen, sie sind da ein bisschen konservativ – schließlich sind sie ja nicht verheiratet und noch so jung. Bri kann selbständig leben, sie kann Auto fahren, alleine duschen, alleine ins Bad und alleine ins Bett gehen. Sie sitzt im Rollstuhl, aber sie hat eine Art Krückengerüst, mit dem sie zu Hause herumlaufen kann, immerhin ein paar Schritte. Ihr Oberkörper ist stark, sie trainiert viel. Und sie hofft, dass die Medizin Fortschritte machen wird, damit sie bald auch ohne Rollstuhl das Haus verlassen kann. Ihr Rückenmark ist nicht beschädigt, die Nerven darum herum aber sehr stark, sie hat kein Gefühl im unteren Rücken.

Matt feuert sie an, sich anzustrengen, zu trainieren, auch er hofft, dass sie vielleicht wieder ein wenig laufen lernt. »Ich denke schon manchmal daran, was ich alles machen könnte mit einer Freundin, die laufen kann«, sagt Matt. »Aber nicht mit einer irgendeiner anderen Frau. Ich denke nur darüber nach, was wir alles machen könnten, wenn Bri laufen könnte.« Manchmal macht Matt einen Witz: »Ich hab dir gerade an den Hintern gefasst, Schatz.« Wenn sie sich mal nicht sehen, schreiben sie sich nach spätestens zwei Stunden eine SMS: *Ich vermisse dich.* Wenn sie mit dem Auto fahren, schicken sie immer gleich eine SMS, wenn sie gut angekommen sind.

Die beiden sind, so oft es geht, zusammen, fast jeden Tag gleich nach den Vorlesungen, fast jeden Abend. Sie schauen Fernsehserien, spielen Brettspiele, manchmal sehen sie sich ein Footballspiel im Stadion an, sie haben ein paar gute Freunde an der Uni. »Wir sind einfach gern zusammen«, sagt Bri. »Wir müssen gar nicht viel unternehmen. Wenn wir zusammen sind, ist alles gut.« Wer den beiden bei Instagram, Facebook oder einem dieser anderen sozialen Netzwerke folgt, denkt: was für ein schönes, junges, glückliches Paar. Als Matt kurz aus dem Zimmer geht, um sein Handy zu holen, sagt Bri: »Ist er nicht großartig? Ich habe noch nie jemanden getroffen, der ihn nicht auf Anhieb mag.«

Matt kommt wieder ins Zimmer. »Wenn er weg ist, vermisse ich ihn sofort. Einfach, weil mir seine Gegenwart fehlt«, sagt sie. »Hör auf, mein Ego explodiert gleich«, sagt er und lacht. Wenn die beiden zusammen sind, berühren sie sich ständig. Sein Bein über ihrem Schoß, ihre Hand auf seinem Arm. Wenn er aufsteht, streicht er ihr über die Schultern. Sie erzählen ihre Geschichte gern, aber es ist ihnen auch ein wenig peinlich. Sie mögen keinen Kitsch, sagt Matt. Als Brianna kurz Tränen in die Augen steigen, wischt sie sie schnell weg und entschuldigt sich. »Ich bin eigentlich keine Heulsuse.« Als Bri kurz aus dem Zimmer rollt, sagt Matt: »Sie ist so toll. Ich habe noch nie jemanden getroffen, der sie nicht mag.«

Sie reden viel über die Vergangenheit, über ihre Zeit in der Highschool, als sie gute Freunde waren und nicht mehr. Manchmal scheint es wie eine verlorene Zeit. All die Dinge, die sie hätten machen können, als Brianna noch laufen konnte. Sie hätten zusammen zum Abschlussball gehen können, miteinander tanzen können. Sie reden über ihre langen Autofahrten, über ihre Gespräche von früher, als ihre größten Sorgen die Hausaufgaben waren. »Wir waren so unschuldig«, sagt Brianna. »Es kommt mir vor wie ein anderes Leben. Wir sind beide sehr schnell erwachsen geworden.« Sie hat immer geahnt, dass Matt in sie verknallt war in der Highschool. Er hat ihr seine Lieblingsmusik auf CD gebrannt, er brachte ihr Lieblingsgetränk mit, Powerade mit Wildkirschgeschmack, oder die bunten, sauren Weingummis, die sie so gern mag. »Ich habe nur ein einziges Mal kurz erwähnt, wie sehr ich die mochte, und Matt hat es sich gemerkt«, sagt Bri. »Ich habe schon damals überall Dinge gesehen, die mich an sie erinnern«, sagt Matt. »Er war super niedlich«, sagt Bri. »Alle unsere Freunde wussten schon seit Jahren, dass wir zusammenkommen würden. Nur wir wussten es nicht. Und ich bin mir nicht sicher, ob wir ohne den Unfall ein Paar geworden wären. Vielleicht hätten wir uns weiter selbst im Weg gestanden.«

Sie planen ihr Leben zusammen, sie wollen Kinder haben, Brianna kann ein Baby bekommen, wenn sie vorsichtig ist und sich regelmäßig untersuchen lässt. Vielleicht wollen sie danach noch eins adoptieren. Matt möchte Ingenieur werden, er entwirft schon das Haus, das er für Brianna und ihre gemeinsame Familie bauen will, es hat überall Fahrstühle und eine befahrbare Dusche. Brianna studiert Psychologie, sie will sich später um Unfallopfer kümmern. »Unsere Geschichte ist erst kurz, aber das wird sie nicht bleiben«, sagt Matt. »Unsere Beziehung ist anders als die von anderen Zwanzigjährigen. Der Unfall hat mir gezeigt, was wichtig ist. Ich weiß jetzt, was mich glücklich macht.«

Odile und Malte

Diese Geschichte beginnt mit einer Briefmarkensammlung. Nicht gerade, wie man sich den Anfang einer großen Liebesgeschichte vorstellt. »Ich habe Briefmarken geliebt, sie haben mich an die weite Welt erinnert«, sagt Odile. Im Jahr 1991 lebt sie auf Mauritius, einer Insel im Indischen Ozean, noch immer zu Hause bei ihren Eltern in ihrem alten Kinderzimmer. Flugtickets kann sich die Zwanzigjährige nicht leisten, sie hat noch nicht einmal ein Auto und überhaupt: Reisen und Freiheit gehören sich nicht für eine junge, alleinstehende Frau auf Mauritius und in ihrer katholischen Familie. Also schreibt Odile Postkarten an einen Brieffreundschafts-Club und hofft auf Antworten – mit bunten Briefmarken für ihre Sammlung. »Briefmarken haben die Welt zu mir gebracht«, sagt sie.

Auf der anderen Seite der Welt, am Rande des Pazifiks, lebt Malte in San Francisco. Er ist dreiundzwanzig Jahre alt, wohnt in einer Männer-WG, jobbt in einem Hotel, fährt einen kleinen, roten Alfa Romeo und lernt am College Französisch. Als ein Freund ihm von einem internationalen Verein für Brieffreunde erzählt, tritt er bei. Vielleicht antwortet ja jemand, mit dem er auf Französisch hin- und herschreiben kann, denkt er. Malte bekommt Post aus Taiwan, Bulgarien und Ungarn, antwortet auch ein paarmal, aber das Ganze wird ihm bald langweilig. Ein paar Monate später kommt noch eine Postkarte an. Auf der Vorderseite ist ein Bild des Dodos, einer Vogelart, die längst ausgestorben ist und einst auf Mauritius zu Hause war. Die Karte stammt von einer jungen Frau namens Odile und trägt nur ein paar freundliche, unverbindliche Sätze. Eigentlich will Malte antworten, aber er kommt nicht dazu. Er steckt die Karte in eine Kiste und schiebt sie unter sein Bett. Odile bekommt keine Briefmarke aus Amerika.

Erst vier Jahre später.

Seine Mutter ist gerade von einem Urlaub im Indischen Ozean zurück, und Malte erinnert sich, dass er doch einmal mit einer jungen Frau von dort Brieffreundschaft schließen wollte. Da war doch dieser Dodo. Er kramt in der Kiste unter seinem Bett und findet Odiles Karte wieder. Mauritius klingt spannend, findet Malte jetzt. Er schickt Odile eine Postkarte mit der Golden Gate Bridge und ein paar kurzen Sätzen über sich selbst und einer Entschuldigung. »Ich hatte so ein Bauchgefühl, ich war ganz aufgeregt, als ich ihr geschrieben habe«, erzählt er. Odile antwortet sofort: *Ich hoffe, dein nächster Brief kommt nicht wieder erst in vier Jahren.*

Nein, diesmal schreibt Malte sofort zurück, und diesmal wird der Brief auch ein wenig länger. Und gleich darauf schreibt Odile wieder an Malte. Ein Jahr lang schicken die beiden einander Briefe. Es sind Nachrichten ohne große Worte, ohne große Gefühle, die beiden kennen sich ja gar nicht. Sie erzählen vom Wetter, ihren Ländern und ihren Familien, von ihrem Leben, die unterschiedlicher kaum sein könnten: der freie Malte mit seinen längst geschiedenen Hippie-Eltern und seinem Single-Leben und Odile in ihrem Kinderzimmer, die von der Welt träumt. Sie werden Brieffreunde, keine Brief-Verliebten.

Jeder schickt dem anderen ein Foto. Malte lehnt an seinem roten Sportwagen. Odile ist beeindruckt. Für ihr Foto hat sie sich hübsch gemacht: rote Lippen, hohe Föhnwelle, dicke Schulterpolster, so war das modern in den frühen neunziger Jahren. Malte ist beeindruckt. Ist da vielleicht mehr zwischen ihnen?, fragen sich die beiden, die Tausende Kilometer trennen. Jedes Mal, wenn der Postbote auf Mauritius kommt, bimmelt er mit einer kleinen Glocke, Odile kann das Signal kaum erwarten. »Die Post war damals so langsam«, sagt Malte. »Mein Brief hat mindestens drei Wochen zu ihr gebraucht und ihr Brief dann genauso lange zu mir.« Malte geht von Buchladen zu Buchladen, schaut sich alle Bildbände über Mauritius an und stellt sich vor, wie Odile in dieser Bilderbuchwelt lebt, unter Palmen, mit weißen Stränden.

Komm mich besuchen, schreibt Malte eines Tages an Odile und schickt den Brief auf seine dreiwöchige Reise. *Nein, das gehört sich nicht bei uns, ich kann nicht um die halbe Welt zu einem fremden Mann fliegen*, schreibt Odile in ihrer Antwort, die sechs Wochen später bei ihm im Briefkasten landet. »Komm du doch hierher.«

Was habe ich schon zu verlieren, denkt sich Malte. Das Schlimmste, was passieren kann, ist, dass es ein netter Urlaub wird und sonst nichts. Er verkauft seinen Alfa Romeo und kauft von dem Geld ein Flugticket. »Ich dachte, dass mich die Reise glücklicher macht als das Auto«, sagt er. »Es hat sich verrückt angefühlt und wagemutig.« Einer von Maltes besten

Freunden prophezeit, dass Malte die Frau, für die er um die halbe Welt fliegt, einmal heiraten wird, er habe das im Gefühl. Malte lacht nur, kann das nicht recht glauben. Odile erzählt ihrer Mutter, dass ein fremder Mann aus Amerika zu ihr zu Besuch kommt. »Den wirst du heiraten«, sagt ihre Mutter. Odile lacht. »Ich muss mich erst mal verlieben, Mama.«

Odile und ihre Schwester warten auf Malte am Flughafen. Ein komisch aussehender alter Mann nach dem anderen steigt aus dem Flugzeug, bei jedem denken sie, er könnte Malte sein – und hoffen, dass er es nicht ist. Odile hat ja nur ein einziges Foto. »Ich war wahnsinnig nervös«, sagt sie. Aber dann kam ein Mann aus dem Flugzeug, der nicht komisch und alt aussah, ganz im Gegenteil. Malte. »Er sah gut aus, damals hatte er ja noch Haare«, sagt Odile und lacht. »Sie trug ein blaues Jeanskleid und war sehr hübsch, sehr klein und sehr unschuldig«, sagt Malte. Sie erkennen sich gleich und winken einander zu.

Am Anfang stockt das Gespräch noch ein wenig, Odiles Englisch ist nicht so gut, Maltes Französisch noch schlechter, er hat im College nicht gut aufgepasst und mit der Brieffreundschaft hat es ja auch über Jahre hinweg nicht geklappt. Aber nach und nach entspannen sie sich. »Ich habe mich schnell sehr wohl mit ihr gefühlt«, sagt Malte. Gerade einmal elf Tage haben die beiden zusammen bis zu Maltes Rückflug. Odiles Eltern schlafen im Esszimmer unter dem Tisch, Malte bekommt das Schlafzimmer. Odile zeigt ihm ihre Heimat. »Dieser Geruch in der Luft, die vielen warmherzigen Menschen, das fremde Essen, das Zuckerrohr, das zwei Meter hoch stand, es war wie ein Rausch«, sagt Malte.

Nur allein sein mit Odile darf er nie, irgendeine Aufpasserin begleitet die beiden immer. »Ich kann nicht erklären, warum ich sie so schnell so toll fand, ich hatte keinen Filter, ich war überwältigt von dieser wundervollen Person«, sagt er. »Aber ich hatte keine Ahnung, was sie fühlt. Wie denn auch?« All die Regeln aus Kalifornien gelten nicht, mit denen er sich auskennt. Wie verliebt man sich, wie wird man ein Paar ohne lange, einsame Spaziergänge, ohne Flirts, ohne Berührungen, ohne Händchenhalten? Malte weiß nicht, was Odile überhaupt von ihm hält. Er fürchtet, dass sie nie mit ihm allein ist, weil sie ihn nicht mag. »Aber es lag nur daran, dass ich mich niemals allein mit einem weißen Mann hätte zeigen können«, sagt Odile.

Malte ist sich sicher: So verliebt wie in Odile war er noch nie zuvor. Wie soll er nur herausfinden, ob sie ihn auch mag, wenn er nicht einmal allein mit ihr sprechen darf? An seinem vorletzten Tag wird ihm klar, dass er sich trauen muss. Er will nicht zurückfliegen, ohne ihr einen Heiratsantrag zu machen – er, der an Heirat in seinem Leben kaum je gedacht hat. Malte nimmt all seinen Mut zusammen und setzt sich neben sie auf die Bank in dem Bus, der sie gerade zum Strand bringt. Odiles Begleiterin kann ihn nicht hören, als er Odile ins Ohr flüstert: »Was würdest du sagen, wenn ich dich fragen würde, ob du mich heiraten würdest?« Odile flüstert zurück: »Ich glaube, ich würde ja sagen.« Sie ist genauso verliebt in ihn wie er in sie, ihr Herz pocht immer ganz schnell, wenn sie mit ihm zusammen ist. Aber sie wusste nicht, wie sie ihm das zeigen sollte. Sie hatte so gehofft, dass er sie fragen würde, ob sie seine Frau werden wollte, sagt sie. »Ich war so glücklich.«

Malte und Odile kennen sich gerade einmal zehn Tage, als sie gemeinsam zum Juwelier fahren. Er kauft ihr einen Ring, den schönsten, den sie finden. Am nächsten Tag steigt er ins Flugzeug und fliegt achtzehntausend Kilometer weg von seiner Verlobten, die er kaum kennt. »Ihre ganze Familie hat am Flughafen geweint. Ich habe auch geweint, dabei mache ich das sonst nicht so oft«, sagt Malte. Odile, mit seinem Ring am Finger, fürchtet, dass sie ihn nie wiedersieht. »Das einzige, was mich abhalten könnte, wäre ein Flugzeugabsturz«, verspricht er ihr.

Malte fliegt zurück nach Kalifornien, sucht sich einen besseren Job, zieht aus seiner Männer-WG aus, mietet eine Wohnung mit Platz für zwei, kümmert sich um Ehe-Formulare und Einreiserechte. »Ab und zu habe ich darüber nachgedacht, wie unglaublich die ganze Sache ist«, sagt er. »Aber ich wusste immer, dass sie richtig für mich ist.« Odile plant die Hochzeit auf Mauritius. »Ich habe mich ein bisschen vor all den Dingen gefürchtet, die vor mir lagen, aber ich bin meinem Herzen gefolgt«, sagt sie. »Und das schlug für ihn.« Maltes ganze Familie reist mit ihm an zur Insel-Hochzeit. »Mir war erst etwas peinlich, dass meine Eltern geschieden waren. Und ich wusste nicht, wie ich mich in ihrer Kirche verhalten soll. Da waren eine Menge Unsicherheiten«, sagt er. »Aber es war dann ein wunderbares Fest.« Maltes Vater radebrecht auf Französisch und versteht sich prima mit allen. Odiles Familie bewundert, dass Malte die Schritte für den traditionellen Eröffnungstanz gelernt hat, dann tanzen alle zusammen, Amerikaner und Mauritier. »Ich hätte mir keine Sorgen machen müssen«, sagt Malte.

Kurz darauf fliegt Odile mit Malte nach San Francisco – weg von Mauritius, von den weißen Stränden und Palmen, von dem Zuckerrohr und der katholischen Kirche, von ihren Eltern und ihrem Kinderzimmer. Hinaus in die Welt mit dem Mann, mit dem sie nur wenige Tage verbracht hat. »Die ersten Monate waren schwer«, sagt sie. »Ich kannte niemanden, alles war fremd. Und wir haben uns ja auch erst nach der Hochzeit richtig kennengelernt.« Schon nach drei Monaten in dem fremden Land ist sie schwanger. San Francisco liegt dauernd im Nebel, das viele Fleisch im Essen schmeckt ihr nicht, die Leute sind immer in ihren Wohnungen statt wie auf Mauritius zusammen auf der Straße, Malte muss viel arbeiten, ihr ist ständig übel und sie hat Heimweh.

Aber bald lässt die Übelkeit nach, und ihr Bauch wird immer dicker. Sie erinnert sich, wie neugierig sie einst in ihrem Kinderzimmer auf andere Länder war und wie sie dachte, dass sie außer Briefmarken nie etwas von der Welt sehen würde. Jetzt hat sie einen Mann, den sie liebt und der sie liebt, und ist draußen in der weiten Welt. Dann kommt das Kind, eine Tochter, und Odile merkt, dass San Francisco immer mehr zu ihrer Heimat wird. Sie findet Freunde, einen Job und einen Markt, auf dem sie die Lebensmittel ihrer Heimat kaufen kann. Und sie lernt, ihre Freiheit zu lieben. Sie beginnt zu genießen, dass sie machen kann, was sie will. Auf Mauritius musste sie immer überlegen, was die Leute wohl von ihr denken. »Hier kann ich ich selbst sein«, sagt sie. Und das bedeutet: eine selbstbewusste, neugierige Frau, der keiner sagt, was sie tun und lassen soll, die laut lacht und sich wenig kümmert, was andere Leute denken. »Es ist unglaublich: Wohin sie auch kommt, jeder liebt sie«, sagt Malte. »Malte ist genau der Ehemann, den ich mir immer gewünscht habe«, sagt Odile. »Respektvoll, zuverlässig, ein guter Vater und ein richtiger Partner, nicht so einer, der einen rumkommandiert.« Malte lacht: »Und ein guter Küsser bin ich auch.«

Die beiden leben heute in ihrem kleinen Haus in einem Vorort von San Francisco. Ihre zweite Tochter ist vier Jahre alt und klettert über den Schoß ihrer Eltern. Die große Tochter ist schon siebzehn, sie geht bald zur Uni. Manchmal streiten Odile und Malte, weil Odile zu direkt ist oder Malte etwas nicht so macht, wie Odile es will. »Liebe ist, wenn man gut miteinander reden kann und einander zuhört«, sagt Odile. »Wir sind sehr verschieden«, sagt Malte. »Aber eigentlich nur in Äußerlichkeiten. Wenn man die vergisst, sind wir innen drin gleich.« Herausgefunden haben sie das nach und nach – da waren sie schon verheiratet. Neben dem Bett auf Odiles Seite steht ein Rahmen mit Fotos von Maltes erstem Besuch auf Mauritius, ein junger Mann mit vollem Haar, der im türkisblauen Meer badet und in die Kamera strahlt. Das Foto von der jungen Odile mit den rotgeschminkten Lippen und den Schulterpolstern steht auf der anderen Seite auf Maltes Nachttisch.

Ihren Traummann, sagt Odile, habe sie sich immer genauso vorgestellt wie Malte. »Ich hätte aber nie gedacht, dass er von der anderen Seite der Welt kommt.«

Elvira und Fortek

Ja, Fortek war ein gutaussehender junger Mann. »Wollen Sie mal sehen?«, fragt Elvira. »Wo ist denn mein Portemonnaie?« Sie stemmt sich vom Esstisch hoch, geht schwankend und krumm durch das Wohnzimmer. Im Haus braucht sie keinen Stock, sie stützt sich am Sessel und am Schrank ab. Sie ist einundneunzig Jahre alt. Elvira findet ihren Geldbeutel aus braunem Leder und zieht ein Foto heraus. Es ist schwarz-weiß und zeigt einen jungen Mann mit ebenmäßigem Gesicht, prächtigem Haar und ernstem, direktem Blick. Das Foto hat einen geriffelten Rand, wie das damals üblich war in den vierziger Jahren. Es ist verblichen, aber es hat keine Risse und keine Knicke. Elvira hat immer gut darauf aufgepasst. »Das Bild habe ich immer im Portemonnaie gehabt, die ganzen fünfzig Jahre lang«, sagt sie.

Das Foto zeigt ihre große Liebe, ihre einzige Liebe: Fortunant, genannt Fortek. Fünfzig Jahre lang hat sie das Bild jedes Mal gesehen, wenn sie Geld aus der Tasche zog. Sie hat ein Portemonnaie nach dem anderen weggeworfen, wenn es alt wurde. Das Foto hat sie behalten und in jedes neue Portemonnaie gesteckt. Manchmal hat sie Leuten erzählt, wer der Mann auf dem Foto ist. »Dann habe ich gesagt: Unter normalen Umständen hätten wir geheiratet.« Aber die Umstände waren nicht normal in den Jahren 1946 und 1947 in ihrem Heimatort östlich der Oder, der früher zu Deutschland und dann zu Polen gehörte. Besonders nicht für die Liebe zwischen einem deutschen Mädchen und einem polnischen Jungen.

Heute sitzt der Mann von dem Schwarzweißfoto neben Elvira am Tisch. Fortek ist nicht mehr ganz so jung, aber die Haare sind noch in der gleichen dicken Tolle, und die Augen, obwohl inzwischen leicht milchig, haben noch immer diesen wachen, direkten Blick. Fortek ist sechsundneunzig Jahre alt. Er lächelt und drückt Elviras Hand. »*Moje kochanie*«, sagt er, das heißt: »Mein Liebling«.

Fortek gab Elvira das schwarzweiße Bild mit dem gezackten Rand, als sie sich im Herbst 1947 voneinander verabschiedeten. Elvira überreichte ihm auch ein Foto von sich, die dunklen Haare nach hinten gekämmt, ihre glatte junge Haut, ein ordentlicher weißer Blusenkragen. Es steht heute gerahmt im Regal hinter dem Esstisch. Elvira musste damals im Herbst 1947 mit ihrer Familie die Stadt verlassen, Fortek blieb mit seiner Familie zurück. »Man gab uns eine halbe Stunde, um einige Sachen zu packen«, erinnert sie sich. »Der Abschied war kurz und schmerzhaft.«

Die beiden standen vor der Fabrik, in der Elviras Familie jahrelang Zollstöcke produziert hatte. Sie sagten zwar »Auf Wiedersehen«, glaubten aber nicht, dass sie sich je wiedersehen würden. Elvira versprach, Fortek zu schreiben. Aber er antwortete: »Schreibe nicht, sonst denken sie, wir sind Spione.« Elvira hielt sich an seinen Rat, sie schrieb ihm nie einen

Brief und bekam nie einen Brief von ihm. Fünfzig Jahre lang wussten beide nicht, ob der andere noch lebte.

Die Geschichte von Fortek und Elvira begann ein Dreivierteljahr vor dem kurzen und schmerzhaften Abschied, es war das Jahr 1946, der Zweite Weltkrieg gerade zu Ende. Elvira, Tochter eines deutschen Zollstock-Fabrikanten in einem ehemals deutschen Örtchen östlich der Oder, war von den Russen nach dem Krieg nach Sibirien verschleppt worden. Sie überlebte tagelange Fußmärsche und Fahrten in Güterzügen Richtung Osten, zusammengepfercht mit Tausenden Fremden. In einem Arbeitslager in Sibirien musste sie Bäume fällen und Straßen bauen. »Es war schwere Arbeit, und es gab wenig Essen«, erzählt sie. Viele andere haben nicht überlebt. »Manche sind schon morgens beim Appell einfach umgefallen und wurden verscharrt«, sagt sie. »Ich habe Glück gehabt.« Sie wurde sehr krank von der Kälte, dem Hunger und der harten Arbeit, bekam hohes Fieber und traf in der Krankenbaracke eine russische Ärztin, die ihr half. »Hast Glück, bist auf Liste nach Deutschland«, sagte diese. Statt in Sibirien zu sterben, fuhr Elvira mit dem Güterzug zurück nach Frankfurt an der Oder.

Dort erfuhr sie, dass ihr Heimatort nun anders hieß und in Polen lag. Und dass ihre Eltern noch immer dort wohnten. Die russischen Soldaten hatten sie leben und bleiben lassen, weil ihre Dienste wichtig waren. Ihr Vater, der Zollstock-Fabrikant, sollte im Auftrag des polnischen Staates die Produktion weiterbetreiben, denn die Turbinenanlage der Fabrik versorgte den ganzen Ort mit Strom. Elvira machte sich auf den Weg zurück zu ihrer Familie, obwohl sie dafür die Grenze überqueren musste. Polnische Fischer brachten sie nachts über die gesperrte Oder. Als sie im Winter 1946 zu Hause ankam, war sie schwach, krank und abgemagert. Sie wog nur noch dreiunddreißig Kilo und hatte die ersten grauen Haare, obwohl sie erst zwanzig Jahre alt war.

Zu jener Zeit arbeitete in der Zollstock-Fabrik ein gewisser Fortunant, er war fünfundzwanzig Jahre alt, sprach ein wenig Deutsch und wurde der Assistent von Elviras Vater. Seine Familie war neu in dem Ort. Fortek stammte aus Ostpolen, aus der Gegend von Vilnius, und war mit seiner ganzen Familie vor den Sowjets geflohen. Wie so viele Menschen aus den ehemaligen polnischen Ostgebieten fanden sie eine neue Heimat an der Oder. Als seine Familie in ihrem neuen Wohnort ankam, lebte dort kaum noch jemand, erzählt er. Viele Häuser standen leer. Tausende Deutsche waren erschossen worden oder weiter Richtung Westen gezogen, nur noch achtzehn Deutsche waren in dem Städtchen geblieben. Darunter Elviras Familie.

Elvira traf Fortek schon kurz nach ihrer Rückkehr. Ihre Familie, obwohl gutsituiert vor dem Krieg, hatte nichts zu essen, darum baten sie bei Fortek und seinen Eltern um Milch. Forteks Familie hatte Kühe und im Krieg nie schlechte Erfahrungen mit Deutschen gemacht. Anders als viele andere im Ort hatten sie Mitleid mit Elviras Eltern und gaben ihnen immer wieder Milch, ohne etwas dafür zu verlangen. Als Elvira zurück war aus Sibirien, schickten die Eltern sie zum Milchholen zu den freundlichen Nachbarn. Sie wollte erst nicht gehen, sie hatte Angst vor den Fremden. Aber die Familie empfing die junge, dünne Deutsche freundlich. Forteks Mutter gab ihr eine Kanne Milch.

Fortek war zu Hause, er saß am Tisch in der Küche, als Elvira zum ersten Mal zum Milchholen kam. Sie tat ihm leid, wie sie so schüchtern und schmal an der Haustür stand und das Kännchen an die Brust drückte. Elvira fürchtete sich vor ihm. »Ich war ja ein bisschen geschädigt durch die ganzen Erfahrungen, die wir mit den Männern unterwegs gemacht haben, darum war ich erst mal zurückhaltend«, sagt sie. »Ich bin Gott sei Dank verschont geblieben, aber viele andere sind unentwegt vergewaltigt worden.« Doch Fortek lächelte sie freundlich an und begleitete sie aus dem Haus. Zum Abschied gab er ihr einen Kuss auf die Stirn, als Geste der Freundschaft.

Als sie sich zum zweiten Mal trafen, war Elvira schon viel aufgeweckter und mutiger. »Elvira sagte: ›Habe die ganze Nacht nicht schlafen und an dich gedacht. Bist du guter Mann?‹«, erzählt Fortek in seinem gebrochenen Deutsch. Fortek versprach ihr, dass er ein guter Mann ist. Die beiden verbrachten danach viel Zeit miteinander. »Meine Familie liebe Elvira. Ihre Familie liebe mich.« Elvira half auf dem Hof von Forteks Familie mit, molk die Kühe. Fortek arbeitete mit ihrem Vater. Die beiden gingen spazieren und fuhren zusammen Fahrrad. »Wir fanden uns ganz nett«, sagt Elvira und lächelt verschmitzt. »Man war sich sympathisch. Es hat hingehauen. Es passte.« Ihre Schüchternheit war wie weggeblasen. »Ich habe ihm vertraut, das war das Merkwürdige an der ganzen Familie, dass man einhundert Prozent Vertrauen hatte.« Wann genau sie sich verliebt haben, wissen die beiden nicht mehr, es passierte einfach. »Das war früher anders«, sagt Elvira. »Wir hatten unendliches Vertrauen zueinander, daraus ergab sich das.«

Die beiden beschlossen zu heiraten. Aber würde das gehen – ein Pole und eine Deutsche in diesen wirren Zeiten? Fortek ging zur Gemeindeverwaltung und fragte: »Darf ich ein deutsches Mädchen heiraten?« Unmöglich sei das nicht, antwortete der Beamte im Standesamt. Aber als er erfuhr, dass Fortek nicht irgendeine Deutsche heiraten wollte, sondern Elvira, die Tochter des Fabrikanten, rief er: »Die Tochter von Kapitalisten? Den Klassenfeind?« Er verbot die Ehe und verkündete Fortek, dass die deutsche Familie ohnehin nicht in Polen würde bleiben dürfen. »Das war ernüchternd«, sagt Elvira. »Damit war dann für uns auch besiegelt, dass wir das Land verlassen müssen.« Kurz drauf bekamen die letzten Deutschen im Ort Nachricht, sich fertig zu machen für die Abreise. Sie würden nach Deutschland gebracht werden. Binnen einer halben Stunde packte Elviras Familie ihre Sachen. Die junge Deutsche und der junge Pole überreichten einander die Fotos und vereinbarten, keine Briefe zu schreiben.

Dies hätte das Ende der Geschichte von Elvira und Fortek sein können. Und ab hier hat ihre Geschichte tatsächlich eine lange Unterbrechung, fast fünfzig Jahre. Elvira und Fortek lebten getrennte Leben. Elvira überstand eine aufreibende Flucht, ihr Vater schmuggelte Geld mit, ein paar tausend Mark, die er im rechten Stiefel versteckte. Als die Familie gefilzt wurde, musste er nur den linken Stiefeln ausziehen und zur Inspektion übergeben. Das Geld blieb unentdeckt und half ihm dabei, eine neue Fabrik zu gründen. Zuerst zog die Familie nach Brandenburg. Als der Vater dort enteignet wurde, zogen sie weiter nach Westdeutschland und landeten in Westfalen, wo Elviras Vater noch einmal eine Zollstock-Fabrik aufbaute. Seine Tochter half ihm dabei. Und sie studierte Pädagogik und Psychologie, arbeitete mit geistig behinderten Kindern und baute eine Einrichtung für betreutes Wohnen in West-Berlin auf, die sie zwanzig Jahre lang leitete.

Elvira heiratete nicht und bekam keine Kinder. »Ich habe nie Zeit gehabt«, sagt sie. »Für mich war arbeiten wichtig, aufbauen. Ich habe ja mein ganzes Leben aufgebaut. Dadurch bin ich gar nicht dazu gekommen.« Und wenn sie ehrlich ist, haben der Krieg und die vielen Fluchten eine Rolle bei ihrer Entscheidung gespielt, allein zu bleiben. »Ich habe ehrlich gesagt kein sehr großes Interesse gehabt. Das lag vielleicht an diesem Leben, mal hier, mal dort, die Gefangenschaft, dann wieder hier und dort«, sagt sie. »Das war alles nicht sehr ermunternd, eine Familie zu gründen.« Sie fragte sich nicht, ob sie wegen Fortek allein blieb. Aber sein Foto hatte sie immer dabei, sie dachte immer an ihn. »Na klar, immer wenn ich das Portemonnaie in der Hand hatte, habe ich ja sein Bild gesehen«, sagt sie. Sie stürzte sich in Studium und Arbeit. »Es war ja zukunftslos, hoffnungslos.«

Fortek zog nach Elviras Abreise mit seiner ganzen Familie noch einmal um in den Nordosten Polens, er leitete dort eine staatliche Landwirtschaft. 1960 heiratete er eine Frau aus seinem Dorf. Die Ehe war nicht glücklich, das Paar hatte keine Kinder, irgendwann wanderte seine Frau nach Amerika aus und kam nie wieder. Elviras Foto stand gerahmt in seinem Regal. »Ich dachte immer viel an Elvira«, erzählt er. »Immer gedacht: Hoffe, sie hat guten Mann. Geht ihr gut.«

Dann fiel die Mauer. Jetzt kann ich zurück, dachte Elvira sofort. 1991 machte sie sich auf den Weg. Als Erstes fuhr sie zu der alten Fabrik. Sie hatte Tränen in den Augen, als sie sah, dass sie noch immer in Betrieb war und Zollstöcke produzierte. Sie traf dort Menschen, die sie noch von früher kannte, aber Forteks Familie war nirgends zu finden. Die seien alle längst verstorben, sagte ihr der Pförtner der Fabrik. Traurig und enttäuscht fuhr Elvira zurück in den Westen. Aber sie kam immer wieder zu Besuch in den einzigen Ort, der je richtig ihre Heimat gewesen war. Einmal hinterließ sie einen Zollstock, den eine der ehemaligen Fabriken ihres Vaters im Westen gefertigt hatte.

Jahre später erfuhr Fortek von Elviras Besuch. Er war ja nicht gestorben, sondern nur weggezogen, zurück in die Nähe seiner alten Heimat. Der Pförtner der Fabrik hatte seinen Namen mit einer anderen Familie verwechselt. Forteks Nichte, die noch in dem Städtchen an der Oder lebte, hatte den Zollstock gefunden, den Elvira zurückgelassen hatte. »Hör mal, Elvira lebt«, sagte die Nichte am Telefon und diktierte ihm die Adresse, die auf dem gelben Holz eingeprägt war.

Ein Zollstock, der wohl unromantischste Gegenstand, den man sich denken kann, sollte Elvira und Fortek nach all den Jahren wieder zusammenbringen. Fortek schrieb einen Brief an Elvira und schickte ihn auf gut Glück an die Zollstock-Fabrik. Der Fabrikchef kannte Elvira und rief sie an: »Ich habe einen polnischen Brief bekommen«, sagte er. »Wer ist denn der Absender?«, fragte Elvira. Der Fabrikchef las Forteks Namen vor. Elvira war plötzlich schrecklich aufgeregt. »Das kam überraschend«, sagt sie. Sie fuhr schnell zur Fabrik und holte den Brief ab, eine polnische Bekannte half ihr mit der Übersetzung. Fortek schrieb: *Können wir uns treffen?* 1995 war das.

Die beiden verabredeten ein Treffen am Bahnhof einer kleinen Stadt in der Nähe von Forteks neuem Wohnort. Elvira
hatte eine polnische Freundin, die von dort stammte und sie
nach Polen zu Fortek begleiten wollte. »Ich dachte: Mensch,
dass es so etwas gibt, dass man sich noch einmal wiedersieht«,
sagt Elvira. Sie versuchte, sich nicht allzu große Hoffnungen
zu machen, in ihr steckten so viele Zweifel: War ihre Entscheidung richtig oder würde es zu sehr weh tun, Fortek nach
all den Jahren wiederzusehen? Wäre sie enttäuscht von ihm?
Wäre er enttäuscht von ihr? Würden sie einander überhaupt
erkennen?

Fortek wartete auf dem Bahnhofsplatz mit Blumen für
Elvira in der Hand. Ich werde sie nicht erkennen, dachte er
plötzlich. Von einem Moment auf den anderen wurde ihm
klar, dass sie nicht aussehen würde wie das dünne Mädchen
aus seiner Erinnerung.

Elviras Freundin erkannte ihn als Erste, den Mann von
dem Foto in Elviras Portemonnaie. »Da ist er! Da ist er!«,
rief sie. Elvira und Fortek gingen aufeinander zu, blieben vor-
einander stehen. Er sagte vorsichtig: »Elvira?« Sie antwortete:
»Fortek?« Sie umarmten sich still. »Es war, als wären fünfzig
Jahre einfach weg, wie weggeblasen«, sagt Elvira. »So stark
verändert hatte er sich gar nicht.« Auch er erkannte sofort die
junge Frau in der älteren Dame wieder, die vor ihm stand. »Sie
war schon alte Frau, aber ich wusste es sofort«, sagt er.

Die beiden verbrachten ein paar Tage zusammen, Fortek
zeigte ihr seine neue Heimat. »Als wir uns wiedergesehen
haben, war sofort wieder die Vertrautheit da«, sagt Elvira. »Es
fühlte sich überhaupt nicht fremd an.« Die beiden wussten

gleich, dass sie ab jetzt in Kontakt bleiben wollten. Kurz nach dem ersten Wiedersehen besuchte Fortek Elvira in Deutschland zu ihrem siebzigsten Geburtstag, er lernte ihre Freunde kennen und traf ihre Mutter wieder, die sich noch gut an ihn erinnerte. »Mein Junge«, nannte sie ihn, obwohl er damals schon fünfundsiebzig war. »Er ist immer überall beliebt, es ist schon merkwürdig«, sagt Elvira. Er brachte ihr eine gläserne Kugel mit als Geburtstagsgeschenk, in die Kugel sind rote Rosenblätter eingegossen.

Sie telefonierten viel in den Monaten nach ihrem ersten Wiedersehen, fast jeden Abend. Sie besuchten einander, manchmal fuhren sie zusammen in ihre alte Heimat. »Es ging alles relativ schnell dann. Es war alles so selbstverständlich«, erzählt Elvira. »Dann haben wir uns gesagt: Trennen wollen wir uns nicht mehr. Aber was machen wir jetzt?« Beide waren Rentner, beide hielt nicht viel in den Orten, in denen sie lebten. Nach einem Jahr beschlossen sie, in dem kleinen Örtchen östlich der Oder ein Haus zu bauen. 1997 zogen sie ein.

Elvira und Fortek lebten sich schnell ein in ihrer alten Heimatstadt, in der ihre Liebe vor mehr als fünfzig Jahren begonnen hatte. Manche der älteren Leute kannten Elvira noch, ihr Vater hatte seine Arbeiter immer gut behandelt und ihr Name hatte noch immer einen guten Ruf. Elvira und Fortek richteten ihr weißgetünchtes Haus zusammen ein, bauten eine Sauna in den Keller, pflanzten Gemüse in den Garten. Elvira gründete eine Gymnastikgruppe und später eine Behindertenwerkstatt nach dem Berliner Vorbild.

Die beiden reden eine Mischung aus Polnisch und Deutsch miteinander. »Früher sprach er viel mehr Deutsch. Heute, na ja, hat er vieles verlernt«, sagt Elvira. »Aber er versteht noch immer viel.« Ihr Polnisch wird immer besser, das Wörterbuch haben sie stets zur Hand. Aber oft brauchen sie keine Sprache, sie verstehen einander auch so. »Meine Liebe«, sagt Elvira. *Moje kochanie,* sagt Fortek.

Ihr Leben hätte so anders laufen sollen, denkt Elvira manchmal, sie hätte Fortek heiraten und die Fabrik übernehmen sollen. Aber sie hängt den alten Zeiten und den alten Phantasien nicht nach. »Wir mussten es eben nehmen, wie es kam.« Nach fast zehn Jahren beschlossen die beiden zu heiraten. »So in wilder Ehe rumzurennen, das fand ich irgendwann nicht mehr gut«, erinnert sie sich. »Ich habe gesagt: ›Eigentlich müssten wir heiraten, mir kommt das komisch vor hier.‹« Der Bürgermeister ließ es sich nicht nehmen, die beiden persönlich im Rathaus zu trauen. Mit Bussen und der gesamten Hochzeitsgesellschaft fuhren sie danach an die Ostsee. »Das war ein großes Fest«, sagt Elvira. Sie war einundachtzig Jahre alt bei der Hochzeit, Fortek war sechsundachtzig.

Das Foto von ihrer Hochzeit steht im Esszimmer im Regal, gleich neben dem gerahmten alten Bild von der jungen Elvira und der Glaskugel mit den Rosenblättern. Auch den Zollstock, der sie wieder zusammengebracht hat, haben die beiden aufgehoben. Elvira lächelt Fortek an, der noch immer genauso blickt wie der junge Mann auf dem Schwarzweißfoto. »Wir sind zu Hause angekommen.«

Lindsey und Dave

Ein gemeinsames Dinner ist keine leichte Angelegenheit für Lindsey und Dave. Wenn die beiden zusammen in ein Restaurant gehen, müssen sie manchmal an getrennten Tischen sitzen, der eine am einen Ende, der andere am anderen Ende des Raums. Das sind die schlechten Tage, an denen Dave es nicht aushält, Lindsey kauen zu hören. Dave hasst Kaugeräusche. Meistens suchen sie ein Restaurant aus, das laut genug ist, damit Musik und Gespräche an den Nachbartischen alle Kaugeräusche übertönen. Aber nicht zu laut und zu voll, um Lindsey zu stören, die Ruhe braucht. Sie müssen eine Gaststätte finden, in der es das richtige Essen gibt. Lindsey mag gern exotische Gewürze und gesundes Essen, möglichst kalorienarm und ohne Kohlenhydrate. Dave liebt Fast Food und isst nicht gerne Dinge, die er nicht kennt. Manche Gerüche kann er nicht ertragen.

Wenn die Lautstärke und die Speisekarte stimmen, müssen sie sich um die Temperatur kümmern und einen Tisch suchen, der nicht zu weit entfernt von der Klimaanlage steht, damit Dave nicht zu warm ist – und nicht zu nah, damit Lindsey nicht friert. Ein gemeinsames Dinner geht sowieso nur an den Tagen, an denen es Lindsey nicht zu viel ist, abends noch unter Menschen zu gehen, und Dave geprüft hat, ob es angesichts der Wetterprognose und der Verkehrsbedingungen eine gute Idee ist, noch das Haus zu verlassen. »Wir haben beide spezielle Herausforderungen, besondere Interessen und Bedürfnisse«, sagt Lindsey. »Wir sind sehr verständnisvoll, weil wir ja wissen, was die Gründe dafür sind.« Dave nickt heftig. »Ja, das hilft uns«, sagt er. »Wir sind verständnisvoll und verurteilen einander nicht.«

Lindsey und Dave sind Autisten. Sie beide haben eine milde Form der neurologischen Entwicklungsstörung, sie können anders als manch andere Autisten selbständig leben, arbeiten, Auto fahren und sich gut ausdrücken. Sie stottern manchmal oder brauchen etwas länger für eine Antwort auf eine Frage, aber der Kellner im Restaurant oder Fremde am Nachbartisch merken wahrscheinlich nichts von ihrem Autismus. Aber die Liebe?

Menschen mit autistischen Störungen können mit ihren Mitmenschen nur schwer soziale Kontakte knüpfen. Alles ist schwer für sie: neue Leute kennenlernen, flirten und Flirtversuche erkennen, verstehen, was andere Menschen denken und fühlen, eigene Gedanken und Gefühle äußern, einem anderen zuliebe eigene Bedürfnisse zurückstellen, Kompromisse eingehen. Eigentlich klingt die Definition der Entwicklungsstörung so, als stünde sie der Liebe entgegen. Die Liebe ist ein abstraktes Konzept, das man schwer mit Argumenten und Analyse, Wissenschaft und Formeln durchdringen kann – so etwas ist für Autisten oft schwer zu verstehen. Sie ist nicht logisch und sie lässt sich nicht planen – so etwas mögen Autisten eigentlich nicht.

Aber Lindsey und Dave sind seit 2005 ein Paar, sie haben ein Haus gekauft nahe der amerikanischen Hauptstadt Washington, 2015 haben sie geheiratet. »Wir haben ein Recht auf Liebe«, sagt Lindsey. »Ich habe mich schon immer nach einer Partnerin gesehnt«, sagt Dave. Autismus, der andere Menschen voneinander trennt, hat Lindsey und Dave zusammengebracht.

Er war noch ein Kleinkind, als seine Eltern die Diagnose bekamen: Dave ist Autist. Er drehte sich manchmal wie ein Derwisch im Kreis und war kaum zu bremsen, schwindelig wurde ihm nie. Er sprach kein Wort bis zu seinem vierten Geburtstag, danach plapperte er immer und immer wieder nach, was andere sagten. Er entwickelte sonderbare Hobbys, zum Beispiel wollte er bei jedem Lastwagen auf den Highways die Seriennummer notieren und wurde sehr wütend, wenn seine Eltern nicht nah genug heranfuhren, um sie zu erkennen. Schon sehr früh wollte er alles über das Wetter wissen, maß Temperaturen und Luftdruck, liebte den Wetterbericht. Er hasste es, wenn seine Eltern ihn davon abhielten, Haare und Schulterblätter anderer Leute anzufassen. Er liebte Haare, vor allem lange Haare, und Schulterblätter. Laute Geräusche wie die Klingel in der Schule konnte er kaum ertragen. Wenn jemand Kaugummi kaute, flippte er aus.

Seine Eltern schickten ihn zu den besten Therapeuten und Sprachtrainern. Je älter er wurde, desto besser lernte er, seine Bedürfnisse zu kontrollieren. Die Zuckungen im Gesicht, eine Auswirkung seines leichten Tourette-Syndroms, wurde er nie los, aber er besuchte eine normale Schule, studierte später Meteorologie und machte einen Abschluss mit Auszeichnung.

Dave versuchte, sich die Welt mit Wissenschaft zu erklären – auch die Liebe. Er las Sachbücher über Kommunikation, er fragte seine Familie und Bekannte, wie man sich bei einem Date verhält, in der Highschool druckte er sogar einmal einen Fragebogen aus und verteilte ihn an seine Mitschüler, in dem er um Tipps bat, wie er beliebter werden könnte. Er sammelte Informationen in Hollywoodfilmen und Dating-Ratgebern. Was gilt als romantisch und was als aufdringlich? Welches Gesicht macht man, wenn man zeigen will, dass man aufmerksam zuhört? Ein paar Jahre lang hatte er eine Freundin, die nicht Autistin war.

Während des Studiums fing er an, für andere Autisten Vorträge zu halten, in denen er ihnen beibrachte, was er selbst so mühsam herausgefunden hatte: Wenn eine Frau dich anlächelt, heißt das nicht zwangsläufig, dass sie deine Freundin werden will. Vielleicht ist sie einfach nur nett. Wenn sie ihre Füße in deine Richtung aufstellt, mit ihrem Haar spielt, den Kopf schief legt und die Augen niederschlägt, sind das gute Zeichen. »Solche Zeichen kann man auswendig lernen«, sagt er.

Er hat eine lange Liste mit Körpersprache-Erklärungen und Verhaltenstipps. Und für seine eigene Suche nach der Liebe hat er eine Gleichung entwickelt: $p + l + 2t = $ Liebe. Der Buchstabe p steht für Persönlichkeit, l für *looks*, also für das Aussehen, und t für *treatment*, also die Art und Weise, wie eine Frau ihn behandelt. Das sind die drei Faktoren, die er sich für eine Partnerin wünscht: Sie soll einen guten Charakter haben, hübsch sein, und vor allem soll sie nett zu ihm sein, darum zählt t doppelt in seiner Formel für die Liebe. Als er Lindsey traf, hat er sofort gesehen: l stimmt. Von Treffen zu Treffen merkte er mehr: Auch p gefällt ihm sehr. Aber was ist mit t bei einer Frau, die Autistin ist wie er selbst?

Lindseys Eltern haben herausgefunden, dass ihre Tochter sich nicht normal entwickelt, als sie noch nicht einmal zwei Jahre alt war. Sie fing nicht an zu sprechen, sie reagierte kaum, wenn jemand ihren Namen sagte, sie war wie eingesperrt in ihrer eigenen Welt. Manchmal starrte sie stundenlang die Fasern des Teppichbodens an. Sie bekam gute Therapien, mit vier Jahren lernte sie sprechen, wurde zwar ein Jahr später eingeschult als andere Kinder, konnte aber die siebte Klasse überspringen und eine normale Schule besuchen. Lindsey lernte Klavier spielen, konnte stundenlang üben, in der Musik versinken, improvisieren, komponieren, manchmal gab sie Konzerte. Aber ihre Kindheit war schwierig, die anderen Kinder hänselten das Mädchen, das irgendwie anders war als sie, aber unbedingt dazugehören wollte. »Ich hatte sehr wenige Freunde«, erzählt sie. »Und je älter ich wurde, desto schlimmer wurde es. Die Kinder wurden immer gemeiner. Ich wusste immer, dass ich anders bin.« Es hat ihr Selbstvertrauen erschüttert – und ihr Vertrauen in andere Menschen.

Für Jungen hat sie sich genauso interessiert wie die anderen Teenager, in der fünften Klasse war sie zum ersten Mal verknallt. Sie hat sich wie die anderen jungen Mädchen gewünscht herauszufinden, wie sich küssen anfühlt, sie wünschte sich einen Freund und ging in der Highschool sogar hin und wieder mit einem Jungen auf ein Date. Später studierte sie Musiktechnik an einer kleinen Universität in Texas.

Unter den Musikern und Künstlern ging es ihr besser, sie

fand ein paar Freunde und wuchs heran zu einer schönen Frau mit langem, dunklen Haar und großen, braunen Augen, einer Frau, die die Blicke der Männer anzog. »Aber irgendetwas habe ich immer falsch gemacht. Irgendetwas Falsches gesagt oder falsch reagiert oder an der falschen Stelle gelacht«, sagt sie. »Soll ich ihn zuerst küssen? Wann ziehe ich ihm das T-Shirt aus? Das sind alles fortgeschrittene Fähigkeiten, die ich so nicht beherrsche.« Es war furchtbar anstrengend für sie, sich immer zu verstellen. Und kein Mann schien sich je richtig für sie zu interessieren. Manchmal meldeten sie sich nach dem ersten Treffen nicht mehr bei ihr, manchmal machten sie nach ein paar Wochen Schluss. »Eigentlich hatte ich vor Dave nie eine richtige Beziehung«, sagt Lindsey.

Als sie Anfang zwanzig war, gab sie auf, nach der Liebe zu suchen. »Ich hatte ein paar sehr schwere Erlebnisse«, sagt sie. »Ich hatte kein Interesse mehr an einer Beziehung, ich wollte mich auf meine Karriere, meine Freunde und meine Familie konzentrieren.« Doch dann kam Dave.

Lindsey war gerade von Texas nach Nashville in Tennessee gezogen, die Hauptstadt der Musik, und war auf der Suche nach Arbeit. Mit ihrem Traumjob bei einem Plattenlabel klappte es nicht, sie schlief morgens lange in den Tag hinein und blieb nachts lange wach. Sie jobbte bei einer Kaffeekette, kannte kaum jemanden in der neuen Stadt. »Es war eine schwere, einsame Erfahrung.« Als sie hörte, dass die Selbsthilfegruppe Autism Society of America im Juli eine große Konferenz in Nashville plante, meldete sie sich an. Es war das erste Mal, dass sie sich mit anderen Autisten treffen würde, sie hatte weder ihren Mitschülern, noch ihren Kommilitonen, noch ihren Freunden je erzählt, dass sie Autistin ist, und wollte mit der Selbsthilfe-Gemeinschaft wenig zu tun haben. Aber vielleicht ist es an der Zeit, das zu ändern, dachte sie, sie war neugierig, wie sich andere Autisten als Erwachsene in der Welt zurechtfinden.

Einer der Redner auf der Konferenz war Dave. Er hielt seinen Vortrag über Autismus und Liebe, samt seiner Checkliste, was man bei Dates sagen darf und tun darf und was auf gar keinen Fall. Lindsey fand das sehr interessant. Sie begegnete ihm in einer Pause auf der Konferenz, als sie zufällig mit einem seiner Bekannten zusammenstand, er kam dazu und stellte sich vor. Dave fand sie gleich sehr hübsch. »Und ich glaube, sie fand mich auch von Anfang an attraktiv«, sagt er. »Weil er einen Anzug anhatte«, sagt Lindsey und lacht. Sie unterhielten sich, wanderten zusammen durch die Ausstellung, er stellte ihr seine Freunde vor, nach der Konferenz brachte sie ihn zum Flughafen. Er umarmte sie zum Abschied. »Lass uns Freunde bleiben«, sagte er. Sie tauschten Telefonnummern und E-Mail-Adressen aus.

Nach der Konferenz telefonierten die beiden oft miteinander, schrieben sich E-Mails und Briefe. An eine Postkarte kann sich Lindsey noch besonders gut erinnern. Dave schrieb, wie froh er sei, dass er sie kennengelernt habe, und wie lieb ihm ihre Freundschaft sei. Sie hat die Postkarte aufgehoben. Lindsey hatte ein Gefühl für ihn, das sie nicht einordnen konnte. Irgendetwas Besonderes hat er an sich, dachte sie. Sie erzählte ihrem Vater von Dave, wie er aussah und was sie alles mit ihm besprochen hatte. Sie hatte immer ein gutes Verhältnis zu ihrem Vater gehabt und konnte ihm alles erzählen. »Ich habe den Eindruck, Dave will mehr von dir als nur Freundschaft«, sagte ihr Vater. Auf die Idee war sie noch nicht gekommen. »Ich habe in meinem Leben oft nicht gemerkt, wenn jemand etwas von mir wollte, und es erst verstanden, wenn Freunde es mir direkt gesagt haben«, erzählt sie.

Eigentlich hatte sie sich ja vorgenommen, mit der Liebe nichts mehr zu tun zu haben. »Man hat eine Geisteshaltung, aber wenn man jemanden trifft, können sich die Dinge ändern«, sagt Lindsey. »Ich habe erst gedacht, wir würden nur Freunde, aber da war von Anfang an eine Tür offen. Aus irgendeinem Grund hatte ich Interesse an ihm, ich wollte sehen, was sich entwickelt.« Ein paar Monate später trafen die beiden sich wieder, auf einer anderen Konferenz über Autismus. Beide waren ein bisschen nervös bei dem Gedanken, wie es wäre, sich wiederzusehen. »Ich hatte mir schon vor der Konferenz vorgenommen, etwas zu unternehmen, damit unsere Beziehung einen nächsten Schritt macht«, erzählt Dave, der einen Plan geschmiedet hatte. Wie das so seine Art ist.

Eigentlich wollte er versuchen, seinen Arm um Lindsey zu legen, als sie zusammen einen Ausflug in eine Berghütte machten. »Das wäre romantischer gewesen«, sagt er. Lindsey zuckt mit den Schultern, wenn Dave heute davon erzählt. »Was soll's?«, sagt sie. »Jetzt sind wir doch verheiratet.« Lindsey hatte in den Bergen noch nicht die richtigen Signale abgegeben, vielleicht nicht mit ihrem Haar gespielt, den Kopf nicht schief gelegt und die Augen nicht genug niedergeschlagen, darum traute Dave sich nicht. Aber als die beiden am letzten Abend der Konferenz in einem Café in einem Buchladen saßen, legte er seine Hand auf ihre, die auf dem Tisch lag. »Wenn sie kein Interesse gehabt hätte, hätte sie ihre Hand weggezogen. Und zum Beispiel gesagt: ›Was tust du da?‹«, erklärt er. »Aber das hat sie nicht getan.«

»Möchtest du meine Freundin sein?«, fragte Dave. Und Lindsey sagte ja. »Ich bin durcheinander, aber ich glaube, dass es funktionieren kann.« Als sie aus dem Buchladen gingen, legte er seinen Arm um sie. Auf dem Weg zurück zur Konferenz hielt er an einem Laden an und ließ sie kurz im Auto warten. Sie wunderte sich, aber er kam bald zurück mit einem Blumenstrauß für sie. »Ich war noch nie mit einem Mann zusammen, der mir Blumen geschenkt hat«, sagt sie. »Er ist definitiv romantischer als alle anderen Männer, die ich kenne. Daran musste ich mich erst gewöhnen. Und jetzt bin ich verwöhnt.« Lindsey war damals dreiundzwanzig Jahre alt, Dave war fünfundzwanzig.

Dave lebte in einer Kleinstadt in Virginia, eine zehnstündige Autofahrt entfernt von Lindseys Wohnung in Nashville. Was ein Albtraum für viele frisch Verliebte gewesen wäre, tat ihr gut damals, sagt sie. »So konnten wir die Dinge langsamer angehen, es war nicht so bedrohlich.« Sie besuchte ihn in Virginia, dann zog er nach Mississippi für seinen Job beim Nationalen Wetterdienst, und sie besuchte ihn dort. Er kam zu ihr nach Nashville, manchmal trafen sie sich in der Mitte. Sie lernten sich langsam kennen, erfuhren, wie der andere lebt, was ihm wichtig ist, was er nicht ertragen kann.

Lindsey lernte, dass Dave einen besonders guten Geruchssinn hat, dass er Parfum liebt und manche Gerüche hasst, dass er Kaugeräusche nicht aushalten kann, dass er es immer schön kühl haben muss und vor dem Zubettgehen immer seine Füße gründlich waschen muss. Dave lernte, dass Lindsey es lieber warm mag, dass sie gern über Gefühle spricht, dass sie Musik liebt, viele Sachen nicht isst, dass sie Ruhe braucht und oft verletzt wurde. »Wir sind so fixiert auf unsere Besonderheiten und speziellen Routinen, dass es manchmal schwer ist, miteinander zu kommunizieren«, sagt Lindsey. »Wir müssen immer sehr viel daran arbeiten.«

Je besser sie sich kennenlernten, desto mehr merkte Dave: Auch t stimmte in seiner Gleichung für die Liebe. Lindsey behandelte ihn gut. »Sie gibt mir das Gefühl, dass ich wichtig für sie bin.« Sie war warmherzig und verständnisvoll. Sie verurteilte ihn nie für seine Besonderheiten, sie respektierte ihn. »Mir geht das genauso, vor allem mit t, es ist das Wichtigste für mich, dass ich gut behandelt werde«, sagt Lindsey. Früher hatte sie sich immer für ausgefallenere Typen interessiert, für Künstler, nicht für Wissenschaftler wie Dave, dessen Haar ordentlich gescheitelt ist und der am liebsten Polohemden trägt. »Aber ich mag es so sehr, wie er mich behandelt. Und wie er andere Leute behandelt, seine Familie zum Beispiel. Er ist sehr sensibel, das finde ich attraktiv.«

Dave ist kein Macho, auch das gefällt Lindsey. Dave liebt den Duft von Blumen. Lavendel ist eine seiner Lieblingsblumen. »Du bist einfach ein lieber Mensch«, sagt sie zu ihm. Und wie aus der Pistole geschossen antwortet Dave: »Und du bist ein wunderbarer Mensch.« Beide lachen. »Ich bin froh, dass du das immer noch denkst«, sagt sie und nimmt seine Hand. Die beiden berühren einander viel, Berührungen und Zärtlichkeit sind ihnen wichtig – anders als manch andere Autisten, die Körperkontakt schwer ertragen können.

Lindsey hat über ihre Jahre mit Therapeuten gelernt, ihre eigenen Gefühle zu lesen und besser auszudrücken. Aber auf eine Frage hatte sie nie eine Antwort: Was es bedeutet, sich zu verlieben, und ob sie das überhaupt kann. Wie funktioniert verlieben? »Mit Dave weiß ich, dass ich Schmetterlinge hatte, dass dann meine Zuneigung zu ihm gewachsen ist, dass ich mehr Vertrauen zu ihm entwickelt habe und eine Bewunderung und Liebe«, sagt sie. »Ich hatte auch Schmetterlinge im Bauch«, sagt er. »Man könnte es Limerenz nennen.« Lindsey zieht die Augenbrauen hoch. »Wie bitte? Das Wort habe ich ja noch nie gehört.«

Limerenz, erklärt Dave, ist ein Begriff aus der Verhaltenspsychologie und Neurobiologie, der Verliebtheit beschreibt. Es ist typisch für ihn, dass er solche Worte kennt. Nach der Limerenz kam die unbewusste Phase, sagt er. »Ich vergleiche Beziehungen immer mit elektromagnetischen Wellen. Wenn man ins Licht schaut und die Sonnenstrahlen sieht, dann ist das, wie wenn man in jemanden verliebt ist und ständig an ihn denken muss. Man sieht das Licht tatsächlich. Und dann entwickelt sich daraus eine ernsthaftere Beziehung mit tieferer Liebe, das kann man mit ultraviolettem Licht vergleichen. Man sieht es nicht, aber es hat einen viel stärkeren Einfluss auf unser Leben, es hat mehr Energie. Du denkst vielleicht nicht mehr jeden Moment an die andere Person, aber unterbewusst ist sie immer da. Die Liebe wandelt sich von sichtbarem zu unsichtbarem Licht.«

Dave liebte Lindseys Wohnung in Nashville. Sie war ganz anders als seine eigene Wohnung, aber er war gern bei ihr zu Gast. Sie hatte überall Duftkerzen, er erinnert sich noch genau. Er merkt sich Dinge, Gespräche und Erlebnisse oft über ihren Geruch. Neulich hat Lindsey beim Aufräumen einen ihrer alten Schuhe gefunden, den Dave behalten hat, weil er nach ihrer Wohnung in Nashville roch und nach den Anfangszeiten ihrer Liebe. »Es sind sehr besondere Erinnerungen«, sagt er. Je besser sie sich kennenlernten, desto mehr fehlte ihnen der andere im Alltag. »Die Fernbeziehung wurde hart«, sagt Dave. »Nach jedem Besuch wurde es härter, sich zu verabschieden«, sagt Lindsey.

Nach zwei Jahren entschlossen sie sich zusammenzuziehen. Der staatliche Wetterdienst, bei dem Dave arbeitete, wollte ihn nicht versetzen, also würde Lindsey zu Dave nach Mississippi kommen. »Es war ein großer Schritt«, sagt sie. Denn in den gemeinsamen Jahren auf Distanz haben sie auch gemerkt, wie unterschiedlich sie sind. Wenn man nur ein paar Tage lang zu Besuch ist, ist es leichter zu akzeptieren, dass der eine den Wetterbericht schauen will und der andere die Comicserie *Die Simpsons*, dass der eine es kühler mag als der andere. Zusammenziehen ist für jedes Paar eine Herausforderung – und für ein Paar mit Autismus noch viel, viel schwieriger. »Lindsey hat sich Sorgen gemacht«, sagt Dave. »Es war ein großes Risiko«, sagt sie.

Also machten sie einen genauen Plan für den Umzug. Welche Möbel gefallen ihnen beiden? Dave mag alte Möbel, am liebsten aus den Siebzigern und Achtzigern, Lindsey gefallen modernes Design und Dekoration aus Asien. »Man kann sicherlich sagen, dass unsere Wohnungen sehr unterschiedlich aussehen würden, wenn wir nicht zusammenleben würden«, sagt Lindsey. Sie haben lange über die Raumtemperatur dis-

kutiert und sich dann auf einen Kompromiss von einundzwanzig Grad geeinigt. Sie würden mehrere Ventilatoren über
die Räume verteilen, und für kalte Tage sollte Lindsey einen
Heizlüfter bekommen.

Sogar über die Glühbirnen sprachen sie vor dem Umzug.
Lindsey mag das warme Licht traditioneller Birnen, Dave
zieht Energiesparlampen vor. Vor allem im Sommer ärgert er
sich über Glühbirnen, die Wärme abgeben. Sie heizen dann
gegen die Klimaanlage an, die man in Mississippi und auch in
ihrer Wohnung in Washington oft braucht. »Dave, man kann
sagen, dass du sehr viel Wert auf Energiesparen legst, oder?«,
sagt Lindsey. »Ja, das ist korrekt«, sagt er. »Es geht mir nicht
darum, geizig zu sein, es geht mir um Effizienz«, sagt er. »Ich
respektiere, dass er da eine Leidenschaft hat«, sagt sie und zeigt
in ihrem Wohnzimmer auf die verschiedenen Lampen. »Die
da drüben«, sagt sie, »hat meine Art Glühbirne, die da hinten
seine.« Wenn Dave von der Arbeit nach Hause kommt und zu
Lindsey ins Wohnzimmer tritt, schaltet er die eine Lampe aus
und die andere ein und zieht die Rollos hoch, manchmal noch
bevor er sie begrüßt. »Es ist so schönes natürliches Licht,
das hereinfällt«, sagt er. »Über natürliches Licht sind wir uns
einig.«

Eine Entscheidung war zentral für ihre Liebe: getrennte
Schlafzimmer. So kann Dave in einem kühlen, ordentlichen
Zimmer schlafen, auf der härteren Matratze, die er liebt. Und
Lindsey hat es kuschelig und warm, sie kann ihren Schmuck
und ihre Klamotten ausbreiten, wie sie will, und auf einer wei-
cheren Matratze schlafen. »Wir können so dekorieren, wie wir
wollen«, sagt sie. »Und unsere eigenen Glühbirnen haben«,

sagt er. Ihre getrennten Schlafzimmer werden zu einer Rückzugsmöglichkeit, einem Raum, der ganz allein ihnen gehört.

»Manchmal brauchen wir Einsamkeit. Wenn wir in der Welt da draußen unterwegs sind, gibt es so viel Stimulation für unsere Sinne. Und der Druck, sich mit anderen auszutauschen, kann einen erschöpfen«, sagt Lindsey. »Aber oft kann ich mich auch mit Dave zusammen entspannen. Manchmal ist es sogar gut, ihn um mich herum zu haben, er kann mich unterstützen und trösten, wenn ich einen schlechten Tag habe.« Manchmal kommt Dave sie früh morgens in ihrem Zimmer besuchen, wenn sie noch schläft und er von der Nachtschicht nach Hause kommt. »Wenn man so ein Arrangement hat, muss man darauf achten, dass es nicht in den Weg der Intimität gerät«, sagt Lindsey.

»Als wir zusammengezogen sind, wurden die Konflikte komplexer«, sagt sie. »Vor allem, weil wir mit ihnen umgehen mussten«, sagt er. Wenn sie kochte, störten ihn die Gerüche, all die vielen verschiedenen Gewürze, das Curry-Pulver. Sie aß eine Weile lang nur sehr wenig, sie hatte eine Essstörung, das kommt bei Autisten häufig vor. Sie wollte damals gar nicht mehr in Restaurants mit ihm gehen. Heute hat sie das wieder besser im Griff. Sie kaufen zwar noch immer getrennt Lebensmittel ein und essen selten das Gleiche, aber oft zumindest zur gleichen Zeit und im gleichen Raum. Manchmal sitzt der eine am Tisch, der andere auf dem Sofa, dazu läuft das Radio, damit Dave sie nicht kauen hört.

Lindsey wird manchmal traurig und ärgerlich und versteht die Gründe dafür oft erst viel später. Es kann Tage dauern, bis sie Dave sagen kann, was er falsch gemacht hat. »Das kann

frustrierend sein«, sagt sie. »Für uns beide«, sagt er. Manchmal
will sie einfach ihre Ruhe, dann weist sie ihn ab, aber kann
ihm nicht erklären warum. Inzwischen kann er die Zeichen
dafür lesen. Sie wird dann ganz steif, wenn er sie umarmen
will. »Mein ganzes Leben lang habe ich es immer als Herausforderung empfunden, mich so auszudrücken, wie ich gern
möchte. Ich bin immer noch befangen, wenn ich mit Menschen kommuniziere, verbal und nonverbal«, sagt Lindsey.
»Mein Verhalten kommt bei Leuten oft nicht richtig rüber, ich
wirke nicht natürlich. Und das macht mich befangen.« Aber
mit Dave muss sie davor keine Angst haben. »Er verurteilt
mich nicht.«

Bei beiden von ihnen passt ihr Gesichtsausdruck manchmal
nicht zu dem, was sie tatsächlich fühlen. Manchmal lächelt
Dave, obwohl er unglücklich ist. Und neulich hat ein Fremder
Lindsey gefragt, warum sie so angewidert aussehe, dabei war
sie in dem Moment ganz zufrieden. »Gesichtsausdrücke sind
nichts Natürliches, sie sind gelerntes Verhalten«, sagt Lindsey. »Wir müssen das richtig üben, und manchmal gelingt es
nicht.«

Regeln, an die sich andere Menschen automatisch halten,
fallen ihnen schwer. Lindsey erschrickt sich manchmal fürch-
terlich, wenn Dave in den Raum tritt und sie ihn nicht kommen hört. Meist sagt er leise »Pssst«, damit sie nicht zusam-
menfährt. Und Dave steht manchmal einfach auf und geht,
ohne etwas zu sagen, oder dreht sich um zum Wetterbericht,
wenn Lindsey ihm gerade von ihren Gefühlen erzählt. »Ich
glaube nicht, dass ich Dave vollständig verstehe oder er mich
vollständig versteht«, sagt Lindsey. »Aber ich glaube auch

nicht, dass das eine Voraussetzung ist, um einen Menschen zu lieben.«

Trotz all der Schwierigkeiten haben sie nie bereut, zusammengezogen zu sein. »Das Zusammengehörigkeitsgefühl durch das Zusammenleben ist wunderbar«, sagt Dave. »Besonders, wenn man eine harte Zeit außerhalb von Zuhause hat, bei der Arbeit zum Beispiel, dann ist es schön, nach Hause zu kommen und dort einen Partner zu haben, der da ist und einen unterstützt, emotional und körperlich«, sagt Lindsey. »Wir brauchen das beide von dem anderen.«

Lindsey denkt gern an die Anfangszeiten ihrer Liebe zurück und schaut alte Fotos an. Als sie sich noch kaum kannten, haben sie einmal einen Ausflug gemacht in ein Freilichtmuseum, Colonial Williamsburg in Virginia. Lindsey hat die Bilder selbst gemacht, schwarzweiß und mit Selbstauslöser, die beiden küssen sich leidenschaftlich vor einem uralten, riesigen Baum mit tiefer, rissiger Rinde, beide haben die Augen geschlossen. Sie sehen jung und glücklich aus. »Ach, das ist so lange her«, sagt Lindsey leise und schließt kurz die Augen. »Was wir danach alles erlebt haben, wie wir uns verändert haben.«

Acht Jahre später hat Dave ihr genau dort einen Heiratsantrag gemacht. Lindsey hatte sich schon Sorgen gemacht, warum er sie so lange nicht fragte, ob sie ihn heiraten will. Er weiß es heute selbst nicht mehr so genau. »Autisten haben oft Angst vor großen Veränderungen in ihrem Leben«, sagt Lindsey. »Ich wusste einfach nie, wann ein guter Zeitpunkt gewesen wäre«, sagt Dave. Doch dann hat er sich getraut, sie zu fragen, neben dem gleichen uralten Baum. »Es ist unglaublich, wenn man an die alten Zeiten zurückdenkt, wie sehr unsere Beziehung gewachsen ist und was wir alles erlebt haben«, sagte er bei seinem Antrag zu ihr. »Es ist doch ein gutes Zeichen, wenn eine Beziehung so lange hält. Ein Zeichen, dass wir füreinander bestimmt sind.« Dann kniete er nieder. »Es wäre mir eine große Ehre, dich als meine Frau zu haben. Wirst du mich heiraten?« Lindsey schlug die Hände vor dem Gesicht zusammen, lachte und zitterte und brauchte sehr lange für eine Antwort. »Ja, ich werde dich heiraten«, sagte sie dann ruhig und gefasst. »Unsere Wellenlänge ist Liebe«, sagte Dave und küsste sie.

Die Hochzeit haben sie dann bewusst eher klein gefeiert, mit dreißig Gästen. Lindsey zuliebe hat Dave viele Leute nicht eingeladen, die er eigentlich gern dabei gehabt hätte. Dave zuliebe hat Lindsey sich bereiterklärt, ein paar Wochen nach der Hochzeit zu einer zweiten, größeren Feier mit seiner Verwandtschaft zu kommen. »Wir haben auch während der Planung noch viel voneinander darüber gelernt, welche Dinge uns wichtig sind«, sagt Lindsey. »Es war eine schöne, aber kleine Hochzeit«, sagt Dave. Sie haben nebeneinander gesessen beim Essen. Lindsey durfte kauen, wie sie wollte. »Und sie hat sogar Schokokuchen gegessen«, sagt Dave. »Das war großartig.«

Nellie und Johan

Autokinos waren die einzige Option für Nellie und Johan. Sie konnten nicht ins Theater gehen, nicht am Strand liegen, im Park spazieren oder ins Schwimmbad gehen. Auf dem Jahrmarkt und in normalen Kinos waren sie nicht willkommen und auch nicht zum Abendessen im Restaurant. Aber sie konnten ins Autokino fahren. Nellie presste sich flach auf den Boden hinter den Vordersitzen und blieb ganz still liegen, wenn sie an dem Mann im Tickethäuschen vorbeifuhren. Nachdem Johan das Auto neben den Lautsprechern und vor der Leinwand eingeparkt hatte, krabbelte Nellie wieder nach vorn auf den Beifahrersitz. Wenn der Film lief und es draußen dunkel war, konnte ja niemand sehen, dass im Auto ein weißer Mann und eine dunkelhäutige Frau saßen.

Johans und Nellies Liebe war verboten im Südafrika der Apartheid. Die Rassentrennung in ihrem Heimatland begann bereits im frühen zwanzigsten Jahrhundert und hatte ihre Hochphase zwischen den 1940er und den 1980er Jahren. Johan und Nellie sind seit 1978 zusammen – keine gute Zeit für die Liebe eines Weißen, Sohn konservativer Nationalisten, und einer Frau, die nach den Definitionen des Apartheidsregimes als *Coloured* gilt, als Mischling. Nellie stammt von weißen Europäern und der Ureinwohner-Bevölkerungsgruppe Khoisan ab. Eine *Coloured* wie sie durfte eigentlich nichts zu tun haben mit einem Weißen, sie war minderwertig in den Augen des Regimes.

Jahrelang hielten Nellie und Johan ihre Liebe geheim. Sie mussten sich verstecken, weil ihre Liebe Gesetze brach. Sie verstießen gegen den Immorality Act, ein Gesetz, das Beziehungen zwischen Weißen und allen nichtweißen Menschen verbot. Höchststrafe: sieben Jahre Haft. Die Polizei spürte gemischte Paare auf, die unter Verdacht standen, in einer ehe-ähnlichen Beziehung zu stehen. Sie drangen mitten in der Nacht in Häuser ein, um die Paare in flagranti zu ertappen. Sie nahmen Unterwäsche mit und verwendeten sie als Beweismittel. Wer erwischt wurde, kam ins Gefängnis, die Schwarzen meist länger als die Weißen. Und dazu kam die Schande. Tausenden Paaren passierte das in den Jahren ihrer verbotenen Liebe, Nellie und Johan lasen davon in der Zeitung.

Johan und Nellie verstießen auch gegen den Group Areas Act. Das Apartheids-Gesetz wies den verschiedenen ethnischen Gruppen eigene Wohngebiete zu. Weiße, Schwarze, und Mischlinge hatten ihre eigenen Stadtteile in Johan und Nellies Heimatstadt Kapstadt. Weiße und Schwarze hätten nicht in der gleichen Gegend, geschweige denn im gleichen Haus wohnen dürfen. Johan und Nellie wussten, wie gefährlich ihre Liebe für sie war. Aber sie wollten zusammensein und zusammenleben.

Die beiden lernten sich 1973 auf der Straße kennen. Johan, fast 1,90 Meter groß und breitschultrig, kletterte aus seinem grünen Mini und stand vor Nellie, die viel kleiner aber genauso drahtig war wie er. Auf seinem Auto pappte ein Aufkleber mit dem Logo einer Karate-Organisation, die Nellie kannte. Sie sprach ihn an, und sie fanden heraus, dass sie beide den Kampfsport liebten. Johan hatte sogar ein eigenes Karatestudio und war Mitglied in der Karate-Organisation von dem Aufkleber, in der Nellie 1965 mit dem Kampfsport angefangen hatte. Karate war in der damaligen Zeit ein ungewöhnliches Hobby für Frauen, insbesondere für dunkelhäutige Frauen. Aber Nellies Vater war Boxer, ihr Bruder Gewichtheber. »Ich wollte so sein wie sie«, erzählt sie. »Ich bin dann sehr fanatisch geworden und habe jeden Tag trainiert.«

Doch das Karatestudio, das sie anfangs besuchte, lag in einer Gegend von Kapstadt, die eigentlich für Weiße reserviert war. Bald fand die Polizei heraus, dass dort Weiße und Nichtweiße zusammen trainierten, und verbot es. Nellie und die anderen Dunkelhäutigen durften nur noch freitagnachmittags üben, die Weißen an allen anderen Tagen. Nellie traf sich mit den anderen dunkelhäutigen Schülern auf der Terrasse eines Wohnhauses, sie brachten einander gegenseitig neue Karate-Stellungen bei, ganz ohne Lehrer. Aber Nellie wollte mehr. Darum fragte sie Johan, dessen Mini ja immerhin in einer Nichtweißen-Gegend parkte, ob sie in seinem Studio trainieren dürfe. Sie durfte – und wurde Mitglied bei Johan in Goodwood, einem Weißen-Vorort. Sie trainierte jeden Montag und jeden Mittwoch, manchmal öfter.

Menschen aller Hautfarben in sein Karatestudio zu lassen war ein großes Risiko für Johan. »Aber ich war eben aufsässig«, sagt er. Er wusste, dass das Apartheidsregime unrecht war und seine Gesetze ungerecht. »Das war meine Art des Widerstands«, erzählt er. »Es war ein Risiko, mein Einkommen und mein Lebensinhalt hätten binnen weniger Sekunden weg sein können. Aber ich war bereit, das Risiko zu tragen.« Er war in einer sehr konservativen Familie aufgewachsen, seine Eltern stimmten für die Apartheid-Partei. Ihre Sicht war lange die einzige Sicht auf die Welt, die er kannte. Aber je älter er wurde, je mehr Menschen er kennenlernte und je mehr Meinungen er hörte, desto klarer sah er die Ungerechtigkeiten. Mit Anfang zwanzig fand er einen Freund, der auch weiß, aber gegen die Regierung war – solche Menschen waren ihm vorher nie begegnet.

Johan und sein Freund diskutierten, und Johan sah, dass er in einer Blase lebte, die mit der Welt um ihn herum wenig zu tun hatte. »Ich habe gemerkt: Ich weiß nichts, ich kenne nichts, ich habe nur weiße Freunde.« Er begann, englische Zeitungen zu lesen statt südafrikanische, die in seiner Muttersprache Afrikaans geschrieben waren, und bekam so eine internationale Perspektive auf sein Land. Und er begann mit Karate. »Es war alles Teil meiner Transformation«, erzählt er. »Karate unterscheidet nicht zwischen Hautfarben, bei Karate geht es um den Schutz von Leben. Da ist kein Platz für Rassismus.«

Anfänglich trainierten auch bei ihm die Dunkelhäutigen und die Weißen getrennt, irgendwann hatte er darauf keine Lust mehr. Das Training war ab sofort gemischt. Für manche der Studenten war die Umstellung etwas gewöhnungsbedürftig, aber Ärger gab es nie. »Nach einer Weile haben alle herausgefunden, dass die anderen auch Menschen sind«, sagt Johan. »Wir haben die gleichen Ideale, die gleichen Instinkte, die gleichen Wünsche. Wir bluten gleich. Wir lieben gleich.«

Nellie traf Johan in einer Zeit, in der er die Apartheid in seinem Studio bereits beendet hatte – sie passte gut hinein. Sie war schon sehr gut nach all den Jahren des geheimen Trainings auf der Terrasse, obwohl sie erst wenige Prüfungen abgelegt hatte und nur selten in einem richtigen Dōjō war, so nennt man die Trainingsräume wie den von Johan. »Wir hatten Karate als Gemeinsamkeit, die Hautfarbe verschwand irgendwie«, sagt Nellie. »Sport bringt die Menschen zusammen.« Das Studio war ein kleiner Raum der Freiheit und Gerechtigkeit für Johan und seine Schüler. »Außerhalb des Dōjō war eine andere Welt«, sagt er.

Jahrelang waren die beiden nicht mehr als Schülerin und Meister, sie waren freundlich zueinander, aber keine Freunde. Aber je länger Nellie bei Johan trainierte, je mehr Prüfungen sie bestand, desto mehr begegneten die beiden sich auf Augenhöhe. Johans Respekt und Zuneigung für Nellie wuchsen. Nellie ging es genauso.

Besonders ein Erlebnis beeindruckte Nellie sehr: Eine Razzia. Sie erinnert sich noch ganz genau daran, wie ruhig Johan reagierte, als die Polizei einmal zu einer Durchsuchung in sein Karatestudio platzte. Eine Gruppe weißer Nationalisten hatte ihn angezeigt, weil er Schwarze bei sich trainieren ließ. Drei Polizisten drangen ein und trampelten über den sauberen Übungsboden, den man normalerweise nur barfuß betreten durfte. »Das ist mein Dōjō, geht runter vom Boden«, herrschte Johan die Polizisten an. Die Polizisten wichen zurück. »Und jetzt warten Sie, bis ich mit meinem Kurs fertig bin und zu Ihnen komme«, sagte Johan. Der Kommandant der Polizisten sah Johans festen Blick und all die Karate-Kämpfer mit ihren schwarzen Gürteln und wartete in der Ecke. »Der muss gedacht haben: Ach du lieber Himmel, ich trete lieber ein paar Schritte zurück«, sagt Nellie und lacht. Danach haben die Polizisten Johan, Nellie und alle anderen Schüler verhört und Akten angelegt für jeden Einzelnen von ihnen, Name, Adresse, Hintergrund, all die Daten waren ab sofort bekannt. Es machte Johan und Nellie Angst. Was würde nun passieren mit ihnen und dem Karatestudio?

Nellie wollte damit an die Öffentlichkeit gehen, Bürgerrechtsgruppen auf ihre Seite bringen, ausländischen Journalisten oder der internationalen Karate-Organisation davon erzählen. Sie fragte bei einer Gruppe Aktivisten um Rat. Aber die rieten ihr ab: »Wenn ihr das öffentlich macht, lassen sie euch nie wieder in Ruhe. Belasst es einfach dabei, und dann wird das irgendwann wieder vergessen.« Johan erzählte einem weißen Lokalpolitiker von der Razzia. »So ist das Gesetz. Du wirst die nichtweißen Schüler lieber los, sonst wird das Gesetz dich niederzwingen«, empfahl der.

Doch Johan zögerte keine Sekunde, er würde weitermachen wie bisher. Nellie und Johan unternahmen nichts, gingen nicht an die Öffentlichkeit. Und die Polizei kam nie wieder. Es hat sie geschützt, dass sie Teil einer weltweiten Organisation waren, die auch Zweigstellen in Ländern wie Deutschland und England hat, glaubt Nellie. »Die haben gedacht, es gibt international Ärger, wenn sie gegen uns vorgehen.« Aber darauf verlassen konnten sie sich nie. Bei jedem Training hatten sie Angst vor einer Razzia. Johan rechnete ständig damit, dass sie ihn zwingen würden, seine dunkelhäutigen Schüler zu entlassen oder sein Studio zu schließen.

Aus Nellie und Johans freundlicher Zuneigung wurde im Jahr 1978 Liebe – Dank Kaffee und Donuts. Sie erzählen gern davon, dass Kaffee und Donuts der Anfang waren, es klingt so banal für so eine große Sache. »Kaffee und Donuts«, sagt Johan und kichert. Nellie hatte damals schon ihren schwarzen Gürtel. »Das ist wie ein Offizier, die Dinge ändern sich, zum Beispiel die Beziehung zu anderen Karate-Kämpfern und deinem Meister«, erklärt Johan. Sie begann, jüngere Schüler in Johans Dōjō zu unterrichten, außerdem arbeitete sie in seinem Büro. An einem Samstagabend, es war schon spät und die anderen waren schon nach Hause gegangen, klopfte sie an seine Bürotür. »Ich habe ein paar Donuts, möchtest du welche?«, fragte sie. »Ja, na klar«, sagte er und machte Kaffee. Beides wurde zum spätabendlichen Ritual. Die beiden saßen zusammen und redeten und lernten neue Seiten aneinander kennen. »Und so wuchs dann unsere Beziehung, über einen längeren Zeitraum«, sagt Johan. Warum Nellie ihm überhaupt die ersten Donuts gebracht hat, wissen sie nicht mehr. »Ich glaube, es war mein unwiderstehlicher Charme«, sagt Johan und grinst.

Nellie arbeitete tagsüber als Grundschullehrerin und unterrichtete Musik. Ihre Welt war so anders als die von Johan – abgesehen von Karate, das sie verband. Sie ließ ihre Gefühle für ihn lange nicht zu. »Ich habe gar nicht an so etwas gedacht wie Gefühle«, sagt sie. »Es war ja gegen das Gesetz.« Die Polizei hätte sie schon verhaften können, wenn sie nur neben ihm im Auto saß. Nellie, die *Coloured*, hatte hinten zu sitzen. »Man konnte gar nicht daran denken, einen weißen Mann zum Freund zu haben, es verstieß ja gegen den Immorality Act«, sagt Nellie. Und sie hätte nie gedacht, dass Johan sich überhaupt für sie interessierte, für sie als Frau. Sie hätten schließlich nicht zusammenleben dürfen, noch nicht einmal in der gleichen Gegend wegen des Group Areas Act – eine Beziehung wäre gefährlich gewesen. »Wir wurden erst nur Freunde«, sagt Nellie.

Johan wusste seit dem ersten Abend mit Kaffee und Donuts, dass er Nellie gern zur Freundin hätte. Sie kannten einander ja schon gut – und plötzlich waren die Gefühle da, plötzlich mochte er alles an ihr. »Ich konnte ihr mit allem vertrauen. Ich wusste, dass sie die richtige Person ist, auch weil sie so begeistert von Karate ist wie ich«, sagt er. »Ich hatte es im Gefühl.«

An einem Abend ein paar Monate nach dem ersten Kaffee-und-Donut-Treffen wollten die beiden zusammen mit zwei Freunden essen gehen. Sie wussten, dass es schwierig werden würde, ein Restaurant zu finden, in dem drei Dunkelhäutige und ein Weißer willkommen wären. Aber einen Versuch war es ihnen wert. Sie probierten es zuerst in einer weißen Gegend – doch das Restaurant schickte Nellie und die anderen zwei *Coloureds* weg. Dann fuhren sie in eine *Coloured*-Gegend, aber das Restaurant hätte nur die drei hineingelassen, Johan hätten sie nichts serviert. »Wir finden einfach nichts, wo wir alle zusammen essen können«, sagte Nellie frustriert.

Die beiden Freunde fuhren nach Hause, Johan und Nellie noch gemeinsam ins Karatestudio, ihre zweite Heimat. An dem Abend im Sommer 1978 fragte Johan, ob Nellie seine Freundin werden wolle. »Es wird schwierig«, sagte Johan. »Glaubst du, du kannst mit den Schwierigkeiten umgehen?« Nellie sagte ja. Ja, sie wollte Johans Freundin sein. Ja, sie würde die Schwierigkeiten ertragen können. Sie wusste, dass sie stark und mutig genug dafür war.»Ich musste praktisch sein, bodenständig, und ich musste klar denken und durfte keine Fehler machen«, sagt sie.»Wahrscheinlich hatte ich schon vorher die Gefühle für ihn. Aber ich konnte die Gefühle in der richtigen Welt nicht nutzen.«

Sie traute sich lange nicht, ihren Eltern von ihrem neuen Freund zu erzählen. Aber Johan brachte sie von nun an abends nach dem Karate-Unterricht öfter nach Hause. Ihre Mutter sah ihn im Auto und befragte Nellie:»Was ist das zwischen dir und diesem weißen Mann? Habt ihr eine Beziehung?« Nellie gestand.»Was auch immer du tust, sei vorsichtig!«, sagte ihre Mutter. Sie machte sich Sorgen um Nellies guten Ruf. Weiße Männer waren damals berühmt dafür, dass sie mit dunkelhäutigen Frauen ins Bett gingen und sie dann sitzen ließen, erzählt Nellie. Aber Nellie wusste, dass Johan nicht so war, sie kannten einander ja schon seit Jahren.»Er machte immer so einen soliden Eindruck. Und er hatte ja auch einen guten Ruf zu verlieren in der Karate-Welt.« Und natürlich hatte ihre Mutter auch Angst, dass ihre Tochter in die Hände der Polizei geraten könnte.»Du kennst doch das Gesetz«, sagte sie.»Sie werden dich schnappen.«

Von nun an lebten sie mit dem großen Verstecken. Sie zogen schnell zusammen, auch um Nellies Eltern zu verschonen. Wäre Nellie zu Hause wohnen geblieben, wäre die Polizei vielleicht nachts in das Haus ihrer Eltern einmarschiert, um sie zu verhaften. In einem Wohngebiet wie dem von Nellies Eltern wären sie nicht lange unentdeckt geblieben. Dieser Gefahr wollte Nellie ihre Familie nicht aussetzen. Eine richtige gemeinsame Wohnung konnten Johan und Nellie aber nicht finden, sie hätten niemals gemeinsam einen Mietvertrag unterschreiben dürfen und Nachbarn hätten sie verraten können. Also zogen sie in das Karatestudio, das in einem Bürogebäude lag. Sie ließen sich eine Küche und ein Schlafzimmer in das Hinterzimmer einbauen. »Unser Geschäft war dort, deshalb war es nicht so verdächtig«, sagt Johan.

Aber die Angst war immer Teil ihres Lebens. Manchmal hatten sie ein ungutes Gefühl, manchmal hörten sie Gerüchte, dass die Polizei eine Razzia in ihrer Nachbarschaft plante, dann zog Johan für die Nacht zu seinen Eltern. Ein oder zweimal die Woche kam das vor, dann blieb Nellie allein zurück und fürchtete sich vor der Durchsuchung. Und Johan lag in seinem Kinderzimmer und machte sich Sorgen. Er ließ über Jahre hinweg all seine Kleidung und alle persönlichen Gegenstände bei seinen Eltern, damit niemand entdecken konnte, dass er in Wirklichkeit im Dōjō wohnte, mit Nellie. Ihr Leben war immer halb auf der Flucht, immer halb ein Provisorium. Von 1978 bis 1997 lebten sie im Hinterzimmer des Karatestudios, sie blieben dort sogar noch ein paar Jahre nach dem Ende der Apartheid.

Auf der Straße haben sie sich so gut wie nie zusammen sehen lassen. Ihr gemeinsames Leben fand fast ausschließlich im Karatestudio statt – und bei den gelegentlichen Besuchen im Autokino. »Es war ein ständiges Verstecken. Unser Geschäft, unser Leben, es war alles versteckt«, erzählt Johan. Sie mussten aufpassen, wen sie einweihten, und versuchen, jeden Verdacht abzulenken. »Wir hatten kein normales Leben. Wir mussten vorsichtig sein, was wir machten. Vorsichtig sein, was wir sagten. Und vorsichtig sein, was wir andere Leute sehen ließen. Und wir mussten immer vorsichtig sein, dass niemand Falsches uns sah«, sagt Johan. »Es war ein Doppelleben. Ein öffentliches und ein privates Leben.« Jede Nacht in dem Hinterzimmer hätte die letzte sein können. Jeder, der freundlich war, hätte ein Geheimpolizist sein können. »Es war eine schwere Zeit.«

Aber die beiden hatten einander. Und sie hatten ihre große gemeinsame Leidenschaft: ihren Sport. Sie trainierten zusammen, sie förderten einander, sie unterrichteten und führten die Karateschule gemeinsam. Karate war ihr Leben, und es hielt sie davon ab, sich allzu sehr auf die Ungerechtigkeiten des Gesetzes zu konzentrieren. »Das Leben geht weiter«, sagt Johan. »Man muss die Dinge akzeptieren, die einem das Leben entgegenwirft.« Es gibt alte Fotos von den beiden aus den frühen Tagen, auf denen sie noch so jung sind. Ein Bild in schwarz-weiß von Nellie, wie sie Johan in perfekter Karatestellung tritt, das linke Bein hochgestreckt. Johan breitbeinig und mit den Händen zur Abwehr. Beide mit dem gleichen konzentrierten Blick. »Karate hat mir Mut und Selbstvertrauen gegeben«, sagt Nellie.

Sie entschieden sich, keine Kinder zu bekommen – es wäre zu gefährlich gewesen, glauben sie. »Kinder wären ein riesiges Problem gewesen in Südafrika«, sagt Nellie. »Wir dachten, dass wir das den Kindern nicht antun können.« Von zwei Geschwistern hätte eins vielleicht als weiß und eins als *coloured* gegolten, sie hätten dann auf unterschiedliche Schulen gehen müssen. Die Schulen für die dunkelhäutigen Kinder fanden sie unzumutbar, sie lernten dort so wenig. Und die Mischlingskinder wären vielleicht gehänselt worden. »Wir hatten über

Karate so viel mit Kindern zu tun«, sagt Nellie. »Wir hatten Kinder anderer Leute und haben uns entschieden, zu zweit glücklich zu sein.« Und wie hätten sie sich weiter verstecken können, wenn sie kleine Kinder gehabt hätten?

Nellies Eltern akzeptierten nach kurzer Zeit, dass ihre Tochter mit einem Weißen zusammen war. Sie machten sich zwar ihr Leben lang Sorgen um Nellie, aber sie merkten schnell, dass Johan kein Frauenheld war und Nellie wirklich liebte. »Er wurde ein Teil der Familie«, sagt Nellie. Johans Eltern dagegen erfuhren nie von der Beziehung, obwohl Nellie und Johans Mutter einander sehr nahe standen. Johan stellte Nellie als Mitarbeiterin vor – und als eine Art Pflegekraft. Nellie besuchte seine Mutter zuerst einmal pro Woche im Altersheim und ging einkaufen mit der alten Dame. Als Johans Mutter krank wurde, kam Nellie jeden Morgen auf ihrem Weg zur Kirche vorbei, um nach dem Rechten zu sehen, und jeden Abend, um zu fragen, ob sie etwas brauchte. Einmal, beim Mittagessen an einem Sonntag, fragte Johans Mutter, ob Johan ihr einen Zuschlag zahle, wenn sie an einem Sonntag arbeite. Nellie antwortete: »Ja ja, er bezahlt mich sehr gut.«

Es tat weh. »Aber ich denke, es war das Beste für sie«, sagt Nellie. »Für alte Leute, die die ganze Apartheidszeit durchlebt haben, ist es sehr schwer, ihre Ansichten und Überzeugungen noch zu ändern.« Nellie mochte die alte Frau, und die alte Frau mochte sie. Als Nellie einmal von einer Auslandsreise zurückkehrte, sagte Johans Mutter, wie sehr sie sich freue, dass Nellie wieder zurück sei, weil sie so viel geduldiger sei als Johan. »Es war eine schwere Entscheidung, meinen Eltern nichts von der wahren Lage zu erzählen. Aber ich wusste, dass es für sie das Ende ihrer Welt gewesen wäre«, sagt Johan. »Also habe ich die Entscheidung getroffen, wie schmerzhaft sie auch war. Und es tut mir auch nicht leid. Es war das Beste für uns alle.« Nellie und Johan heirateten erst, nachdem seine Eltern gestorben waren.

Das Versteckspiel, all die Schmerzen und die Ängste haben sie nie an ihrer Beziehung zweifeln lassen. »Man gewöhnt sich irgendwie daran«, sagt Johan. »Es hat unsere Beziehung gestärkt.« Ohne Nellie hätte er eine andere, lautere Art des Widerstands gegen das Apartheidsregime gefunden, glaubt er, vielleicht hätte er sich an den Demonstrationen beteiligt, die manchmal auch gewalttätig wurden. Seine Liebe zu Nellie hat ihn davon abgehalten, er wollte ja nicht mehr auffallen als irgend nötig. »Natürlich waren wir wütend auf das System«, sagt Johan. Eine Zeitlang haben sie überlegt, Südafrika zu verlassen und ein neues Leben anzufangen, irgendwo, wo sie frei und sicher wären. Aber sie wollten ihre alten Eltern nicht allein lassen. »Wir bereuen das nicht«, sagt Johan. »Wir hatten trotz allem ein volles Leben.« Ein anderes schwarzweißes Paar haben sie nie kennengelernt in all den Jahren der Apartheidszeit. »Ich weiß von keinem«, sagt Nellie. »Es gab bestimmt welche, aber die wenigsten haben zusammengewohnt. Und natürlich hielten sie es geheim.«

Nach fünfzehn Jahren verbotener Beziehung ging die Apartheid endlich zu Ende. Der Freiheitskämpfer Nelson Mandela wurde aus der Haft entlassen und rief seine Mitbürger zur Versöhnung auf. 1994 wurde er der erste schwarze Präsident des Landes. Nellie seufzt: »Endlich zu wissen, dass man sicher ist, wenn man nachts im Bett liegt! Dass die Polizei nicht kommen würde!« Plötzlich konnten sie alles machen, was andere Paare machten. Sie konnten zusammen ausgehen, in Restaurants essen oder ins Kino gehen. Oder ins Autokino fahren, ohne sich flach auf den Boden hinter den Sitzen zu drücken. »Es war ein normales Leben. Es war wie Tag und Nacht, der Wandel kam ganz plötzlich«, sagt Nellie. »Es war so eine großartige Erleichterung.«

Ins Kino und in Restaurants gingen sie sofort, nur das mit dem Händchenhalten in der Öffentlichkeit fiel ihnen lange schwer – es war so ungewohnt. »Heute liebe ich es, ihre Hand zu halten, wenn wir in den Supermarkt gehen«, sagt er. »Auch damit sie mich stützen kann.« Die beiden lachen, heute ist Nellie achtundsiebzig Jahre alt, und Johan ist fünfundsiebzig. Aber sie sind beide sehr fit, Nellie muss Johan noch längst nicht stützen. »Es war so eine Erleichterung, nicht mehr ständig über die Schulter blicken zu müssen«, sagt er über das Ende der Apartheid. »Wir können heute Pläne für die Zukunft machen. Früher konnten wir nur von Tag zu Tag leben, weil wir ja nie wussten, ob uns etwas passieren würde.«

Inzwischen sind sie seit achtunddreißig Jahren zusammen. Sie haben geheiratet, in einer kleinen Zeremonie in Nellies Kirche, ganz ohne Gäste. »Wir führen ein ruhiges Leben«, sagt Johan. Nellie schließt morgens um sieben Uhr das Gotteshaus auf. Wenn sie aus der Kirche zurück ist, trinken die beiden zusammen Tee. Er kümmert sich um den Abwasch und die Blumen. Sie haben eine Wohnung in der Nähe des Dōjōs gekauft, als sie dort 1997 auszogen. Im Wohnzimmer steht ein Klavier, Johan hört gern zu, wenn Nellie spielt. Er lacht und sagt, dass ˙ Streit mit Nellie anfangen würde. »Ich habe sie schließlich unterrichtet, sie ist sehr gut in Karate.« Sie trainieren jeden Tag, Nellie unterrichtet noch. Sie ist die erste Frau Afrikas, die je ihren Karate-Meisterrang erreicht hat: den achten Dan. »Und sie ist die Frau, die schon am längsten dabei ist. Man nennt sie die afrikanische Großmutter des Karates«, sagt Johan stolz. »Und sie war auch die erste schwarze Afrikanerin, die international anerkannte Schiedsrichterin wurde.«

Nellie hat Jahre nach dem Ende der Apartheid im Postamt einmal einen Mann getroffen, an den sie sich nicht erinnern konnte. Er sei während der Apartheid ihr Nachbar gewesen, erzählte er ihr. Er habe in dem Geschäftsgebäude gearbeitet, in dem Johans Karatestudio war. Alle in dem Gebäude hätten gewusst, dass Johan und Nellie ein Paar waren, ein verbotenes Paar. Aber die beiden seien immer so nett gewesen, dass die gesamte Hausgemeinschaft entschieden habe, sie zu schützen und Stillschweigen zu bewahren. Nellie und Johan wussten nicht, dass überhaupt jemand von ihrer Beziehung wusste – geschweige denn alle, die in dem Büro arbeiteten. Die Gefahr war so nahe, aber sie ahnten es nicht. »Danke«, sagte Nellie zu dem Mann im Postamt. »Ich hatte keine Ahnung, aber ich bin froh, dass ich jetzt die Gelegenheit bekomme, mich bei Ihnen zu bedanken.«

Nellie und Johan haben sich entschieden, nicht mit Bitterkeit auf all das zurückzublicken, das ihnen verwehrt blieb, sagen sie, sondern mit Dankbarkeit für das, was sie hatten. »Wir lachen über vieles heute, auch wenn es damals nicht zum Lachen war«, sagt sie. Sie blickt Johan an, noch immer groß und breitschultrig, aber heute mit fast schneeweißem Haar. »Ich war immerhin mit dem Mann zusammen, den ich liebe.«

Elena und Juan

»Wir sind kein perfektes Paar, manchmal streiten wir uns«, sagt Elena. »Aber wir haben eine große Liebesgeschichte, vielleicht sogar eine perfekte.«

Die Geschichte von Elena und Juan begann im Sommer des Jahres 2000. Elena war damals gerade mit der Schule fertig und auf ihrer ersten großen Reise. Mit zwei Freundinnen fuhr sie von ihrer Heimat Venezuela nach Buenos Aires. Ihre beste Schulfreundin war nach Argentinien gezogen, die vier jungen Frauen hatten ihr Wiedersehen lange geplant und sich seit Ewigkeiten darauf gefreut. Es war aufregend: vier Freundinnen alleine in der großen Stadt. Alle vier waren neunzehn Jahre alt damals, und Buenos Aires enttäuschte sie nicht. Sie hatten eine großartige Zeit in der Stadt, in der alles ganz anders war als bei ihnen zu Hause. Sie besichtigten die Sehenswürdigkeiten, abends machten sie sich schön und gingen auf Partys, es gab immer viel zu lachen.

An einem der ersten Abende gingen sie zusammen in eine Disco im Stadtteil Palermo, sie hieß *Niceto Club* und hatte erst vor ein paar Jahren aufgemacht. »Der Club war sehr hip«, erzählt Elena. Die Tanzfläche war voll, so viele schöne Menschen drängten sich dicht an dicht, die Freundinnen tanzten dazwischen, es war eine großartige Party-Nacht, der DJ war berühmt in Buenos Aires. Ein Mann fiel Elena sofort auf in der großen Disco. »Er sah so unglaublich gut aus«, sagt sie. Der Mann hatte strahlend blaue Augen, dunkelblonde Locken und breite Schultern. Er machte Fotos von den Menschen auf der Tanzfläche. Juan war damals neunundzwanzig Jahre alt und arbeitete als Fotograf, er sollte im Auftrag der Disco Bilder von der Party machen. Elena schaute immer wieder zu ihm hinüber, dann trafen sich ihre Blicke, es machte Elena ganz schüchtern. Aber es passierte nichts, er sprach sie nicht an. Irgendwann gingen die Mädchen nach Hause. »Ich fand ihn unglaublich toll«, sagt sie.

Es gefiel Elena und ihren drei Freundinnen so gut im *Niceto Club*, dass sie vor ihrer Abreise unbedingt noch einmal dort vorbeischauen wollten. Am nächsten Wochenende gingen sie wieder dort tanzen. Und wieder war da dieser Mann mit den blonden Locken, der Elena so gut gefiel – sie hatte gar nicht damit gerechnet, ihn wiederzusehen. Wie wahrscheinlich ist es schon, dass man jemanden in dieser großen Stadt mit all den Menschen und all den Discos zweimal trifft? Aber da stand er und schaute sie an. Ihre Blicke trafen sich wieder, er lächelte sie über die ganze Tanzfläche hinweg an und kam auf sie zu. Die Bässe wummerten, um sie herum wippten all die Leiber im Takt der Musik, aber für Elena wurde plötzlich alles ganz still. Es war, als gäbe es auf der Tanzfläche nur noch sie und ihn.

»Wie heißt du?«, fragte er sie lächelnd. Sie rief ihm ihren Namen zu. Dann tanzten sie miteinander, unterhielten sich so gut es ging auf der Tanzfläche, aber es war laut in der Disco, und viel mehr als Smalltalk war nicht möglich. Elena kann sich noch an jedes Wort erinnern. Juan fragte sie, woher sie komme – ihr Akzent klinge gar nicht argentinisch. Sie sei mit ihren Freundinnen aus Venezuela zu Besuch, aber sie müsse schon bald wieder abreisen, antwortete sie. Die Discokugel brach das bunte Licht der Scheinwerfer in Tausende glitzernde Sternchen. »Du bist wunderschön«, sagte Juan. »Darf ich dich küssen?« Elena lachte und erlaubte es ihm. Die beiden küssten sich lange mitten auf der Tanzfläche. Es waren sicher mehrere Minuten, sagt Elena. Aber wer kann das schon so genau sagen, wenn es sich anfühlt, als ob die Zeit stehen bleibt? »Es war ein wunderschöner Moment«, sagt Juan. »Ich war so aufgewühlt«, ergänzt Elena. »Damals hatte ich noch nicht viele Männer geküsst.«

Juan bat sie nicht um ihre Telefonnummer, als sie sich verabschiedeten. »Heute frage ich mich schon, warum eigentlich nicht«, sagt er. »Aber sie war so viel jünger als ich, sie machte so einen wahnsinnig unschuldigen Eindruck. Und sie würde ja bald wieder in ihr Land fahren. Es schien einfach unmöglich.« Elena war gar nicht so traurig, dass er nicht fragte, sie wusste ja, dass sie nicht bleiben würde. »Ich war einfach froh über die schöne Erinnerung.« Sie ging mit ihren Freundinnen nach Hause, reiste kurz darauf zurück nach Venezuela und nahm ihre schöne Erinnerung mit.

In den Jahren danach dachte sie immer wieder an den Mann auf der Tanzfläche und den magischen Kuss. Immer wenn sie mit einer der drei Freundinnen über ihre große gemeinsame Reise sprach, sagte die andere kichernd: »Und dann hast du auch noch diesen tollen Typen geküsst.« Oder: »Weißt du noch, wie du mit dem Mann in Buenos Aires geknutscht hast?« Dann lachte Elena, es war eine Erinnerung, die sie mit ihren Freundinnen verband. Und obwohl sie kaum etwas von Juan wusste, konnte sie ihn nicht vergessen. Da war etwas an ihm, das so perfekt schien. Sie malte sich aus, wie ein Leben mit ihm gewesen wäre. Obwohl sie ihn nur zweimal gesehen hatte, schien es, als wäre dieses Leben mit ihm genau so, wie sie es sich wünschte. Und dann war da natürlich das Äußere: die Locken, die Augen. »Immer wenn ich danach einen Mann kennengelernt habe, dachte ich, dass er nicht so gut aussieht wie Juan damals im *Niceto Club*«, sagt Elena.

Sie hörten nie wieder voneinander, sie hatten getrennte Leben. Elena studierte Architektur in Venezuela, lernte andere Männer kennen, hatte bald einen festen Freund. Juan arbeitete als Motorradmechaniker, machte nebenher Fotos und bereiste die Welt. Er fand überall Jobs und überall nette Frauen, in Barcelona blieb er hängen. »Es ist einfach die schönste Stadt der Welt«, sagte er. Dann beendete Elena ihr Studium und beschloss, sich für ein Postgraduierten-Programm im Ausland zu bewerben. Sie überlegte hin und her, wo sie gern einmal leben würde – und entschied sich für die Universität in Barcelona. Fünf Jahre nach dem Kuss auf der Tanzfläche lebten die beiden in der gleichen Stadt am anderen Ende der Welt, in einem anderen Land und auf einem anderen Kontinent. Aber das wussten sie nicht.

Bis zu diesem einen Abend. Elena war mit ein paar Freundinnen und Freunden unterwegs im *Barri Gòtic*, Barcelonas Altstadt. Sie spazierten von einer Kneipe in die nächste, dann hinein in die Rabipelao-Bar mit ihren tiefrot getünchten Wänden und dem goldenen Licht. Sie kamen öfter in diese Bar, es gab dort gute Mojitos und Musik aus der Heimat, Elena kannte den Eigentümer, hier trafen sich die Venezolaner in Barcelona häufig.

An diesem Abend in der Bar fiel Elenas Blick auf einen Mann am anderen Ende des Raums. Er hatte strahlend blaue Augen, dunkelblonde Locken und breite Schultern. Wow, der sieht aber gut aus, dachte sie zuerst. Einen Sekundenbruchteil später: Und er kommt mir irgendwie bekannt vor. Noch einen weiteren Sekundenbruchteil danach: Das kann doch gar nicht sein. Oder kann es? Das kann nicht er sein. Das kann nicht Juan sein. Aber er ist es. Doch, er ist es. Ich bin mir sicher. Elena fühlte sich, als habe sie ein Blitz getroffen. Es gibt doch Dinge im Leben, die einfach nicht passieren können! Oder?

Sie rannte hinaus aus der Kneipe und auf die Straße. Was sollte sie nur machen? Was sollte sie nur sagen? Sie wollte ihre Gedanken sammeln und rief ihre Freundin an, die sie damals in Buenos Aires besuchte hatte. Und während sie noch mit der Freundin diskutierte, was sie jetzt am besten unternehmen sollte, trat auch Juan auf die Straße und setzte sich mit einem Freund an den Straßenrand. Elena legte auf, am liebsten wäre sie einfach weggerannt. »Ich war schrecklich nervös«, sagt sie. Würde er sich an einen Kuss vor fünf Jahren erinnern? Während sie noch überlegte, nahm Juan ihr die Entscheidung ab.

Er stand vom Bürgersteig auf und lächelte sie an. Er kam zu ihr herüber, wie damals auf der Tanzfläche. »Du bist so wunderschön«, sagte er. »Wie heißt du?« Er erkannte sie nicht, begriff Elena, er sprach sie an wie eine Frau, die er zum ersten Mal sieht. »Wir kennen einander, weißt du noch, damals im *Niceto Club*?«, platzte es aus ihr heraus. Juan starrte sie an, dann grinste er. »Ach was«, säuselte er, »das glaube ich nicht, an so eine schöne Frau wie dich würde ich mich doch erinnern.« Elena lacht, wenn sie heute davon erzählt. »Typisch Argentinier!«, sagt sie. »Was für ein Süßholzraspler.« Dann gab er ihr seine Telefonnummer, er wollte sie so gern wiedertreffen. »Es war sehr, sehr merkwürdig«, sagt Juan. »Gleichzeitig merkwürdig und aufregend. Solche Dinge passieren doch sonst nicht.« Als er wieder zu Hause war nach dem Kneipenabend, dachte er über all die Abende damals im *Niceto Club* in Buenos Aires nach. Er hatte dort öfter mal Frauen kennengelernt. War eine davon Elena? Hoffentlich würde sie sich bei ihm melden.

Fünf Tage später, sie hatte extra gewartet, um nicht zu eifrig zu wirken, schrieb Elena Juan eine SMS: *Hallo. Kannst du dich an mich erinnern? Lass uns auf einen Drink treffen.* Die beiden verabredeten sich in einer Kneipe auf halber Strecke zwischen ihren Wohnungen. »Als ich ihn wiedersah, habe ich ihn schon geliebt«, sagt Elena. Sie plauderten über Barcelona, ihre Jobs. Juan fragte sie, woher sie käme – ihr Akzent klinge weder spanisch noch argentinisch.

Und in dem Augenblick, in dem Elena erzählte, dass sie aus Venezuela stammt, fiel Juan wieder ein, wie er sie damals getroffen hatte. »Sie war die einzige Frau aus Venezuela, die ich in meinem Leben kennengelernt habe«, sagt er. Plötzlich konnte er sich an alles erinnern: An den Club, die Tanzfläche, ihre Freundinnen, den langen Kuss. Aber Elena glaubte es ihm nicht: »Beweise es!« Also erzählte Juan ihr genau, wie sie sich damals gesehen hatten, worüber sie gesprochen, wie ihre

Freundinnen ausgesehen hatten. Elena lachte und errötete. »Oh, du erinnerst dich ja wirklich«, sagte sie. Juan küsste sie. Der Abend war wunderschön. Genauso wie der nächste. Und der übernächste. Sie wurden schnell ein Paar. Elena machte Schluss mit ihrem Freund, der in Venezuela lebte und mit dem es eigentlich sowieso schon längst aus war. Juan und Elena wurden unzertrennlich. Sie fuhren nach Venezuela und nach Argentinien, lernten ihre Familien kennen und die alten Freunde, sie zogen zusammen in eine kleine Wohnung in Barcelona. Im Dezember 2007 heirateten sie. Sieben ist seine Lieblingszahl, er wollte sie unbedingt im Jahr 2007 heiraten. »Es ist doch verrückt«, sagt Elena. »Ich küsse einen Typen in einer Disco in einem fremden Land, und jetzt ist er mein Mann.«

Sie hatten ein paar schwierige Zeiten in den Jahren danach, vor allem als sie aus Barcelona wegzogen und sich in seiner Heimat Argentinien niederließen – näher an der Familie, dachten sie, wäre es leichter für sie, selbst eine Familie zu gründen. Aber Elena fühlte sich fremd und allein in der großen Stadt, sie vermisste Barcelona und ihre Freunde. Sie stritten viel. Aber es half, an die erste Zeit zu denken, an dieses unglaubliche Wiedersehen. Andere Paare hätten vielleicht aufgegeben in dieser schwierigen Zeit, Juan und Elena aber haben gekämpft, weil man mit so einer Kennenlerngeschichte nicht so einfach aufgeben darf, fanden sie. Und es war gut, dass sie gekämpft haben, sagt Juan. »Da sind wir jetzt sicher.«

»Wir wollen für immer zusammen sein. Er ist der Mann meines Lebens«, sagt Elena. »Sie ist die Frau meines Lebens«, sagt er. »Sie ist so warmherzig, intelligent und wunderschön.«

Elena blickt ihn von der Seite an und lächelt. »Er ist ein guter Mann, er hat ein gutes Herz«, sagt sie. »Wir sind Komplizen.« Sie mögen die gleichen Filme, sie reisen gern, sie essen gern Schokolade. Sie fährt mit ihm Motorrad, weil er das mag. Er geht mit ihr ins Ballett, weil sie das mag. Sie sind jetzt glücklich, auch wenn sie immer mal wieder davon träumen, zurück nach Barcelona zu ziehen, in die Stadt, wo alles zum zweiten Mal begann. Ihr Sohn wurde acht Jahre nach der Hochzeit geboren. Er sitzt auf Juans Schoß und grapscht nach Elenas Nase, sie nimmt ihn zu sich auf den Schoß. Sofort grapscht er nach Juans Nase. »Unsere Liebe ist vorbestimmt«, sagt Juan. »So etwas passiert doch nicht einfach so. Es war Schicksal, ganz bestimmt.«

Den *Niceto Club* gibt es noch immer, er ist nur ein paar Straßen entfernt von ihrer Wohnung. Sie waren vor einer Weile mal wieder da, wo alles zum ersten Mal begann. Die Discokugel hängt noch immer an der Decke und bricht das Licht in Tausende Sternchen. Sie küssten sich wieder auf der Tanzfläche zwischen all den wippenden Leibern, aber diesmal nicht als Fremde, sondern als Mann und Frau, als Komplizen, als Liebende.

Anne und Hans

Sie würden gern mal eine Nacht nebeneinanderschlafen und einander im Arm halten, sagen Hans und Anne. Aber früh morgens zwischen drei und vier Uhr kommt die Nachtschwester vorbei und schaut nach dem Rechten, da wollen sie nicht erwischt werden. Und außerdem sind ihre Betten viel zu schmal. Man kann sich am Bettgestell hochziehen und die Matratze verstellen, aber nebeneinanderliegen kann man nicht. Die Betten im Altersheim sind für eine Person gemacht. Also schläft er in Zimmer 203 und sie in 204, ein paar Stunden sind Anne und Hans getrennt zwischen Gute-Nacht-Kuss und Guten-Morgen-Kuss.

Anna-Marie, genannt Anne, ist einundachtzig Jahre alt. Hans ist achtundsiebzig. Sie lebte schon seit sechs Jahren im Altenheim in Hessen, als gegenüber von ihr im Aufenthaltsraum ein Neuer einen Platz an dem Tisch zugewiesen bekam, an dem sie jeden Morgen um acht Uhr frühstückte, um zwölf Uhr Mittag aß und um achtzehn Uhr zum Abendbrot erschien. Sie plauderten ein wenig miteinander quer über den Tisch hinweg. »Wir waren uns gleich sympathisch«, sagt er. »Wir haben uns gesehen, und da hat es gefunkt.« Hans' Stimme zittert, seine Augen füllen sich mit Tränen. Er weint immer schnell vor Rührung, wenn er von seiner Anne erzählt. »Nicht weinen«, sagt Anne sanft und streicht über seine Hand.

An seinem dritten Tag im Heim war herrliches Wetter, die Sonne schien, die Vögel zwitscherten. »Wollen Sie mit mir spazieren gehen?«, fragte Hans die Frau, die ihm gegenüber am Tisch saß und die er damals noch siezte. »Ja, mache ich gerne«, antwortete sie. Gemeinsam schoben sie ihre Rollatoren um das Seniorenzentrum herum, Anne kannte sich gut aus und zeigte Hans die schönsten Ecken. Am nächsten Tag gingen sie wieder spazieren. Mal setzten sie sich auf eine Bank, mal schnauften sie gemeinsam im Takt, das Örtchen um das Heim herum ist sehr bergig. Das Duzen ergab sich schnell. »Ich habe einfach gefragt: Sag mal, wie heißt Du denn?«, erzählt Hans. Sie sagte: »Anna-Marie, Anne«. Und Hans, der gerne Sprüche klopft, antwortete: »Ach, das kann ich mir gut merken, die Anne mit der Kanne.« Wie im Kinderlied »Anne Kaffeekanne«.

Am sechsten Tag zeigte Anne Hans einen kleinen Pavillon im Park. Und da kam es über ihn, völlig ungeplant liefen seine Gefühle über. Er war so froh, dass er nicht mehr allein war und diese Frau kennengelernt hatte, die so gut zu ihm war. Ganz plötzlich zog Hans sie an sich, umarmte und küsste sie. »Im ersten Moment hat mich das überrascht«, sagt sie. »Aber ich glaube, der Kuss von mir war überzeugend«, sagt er. Ein paar Sekunden lang hat sie nicht zurückgeküsst, dann schon und mit Leidenschaft, die beiden küssten lange unter dem Pavillon im Park. »Dann habe ich ihr mein Zimmer gezeigt, meine Zelle«, sagt er und lacht, »und sie mir ihre.« Es ging alles so leicht und so schnell mit den beiden, obwohl sie sich doch geschworen hatten, den Rest ihres Lebens allein zu verbringen. »Nee nee, ich hätte nie gedacht, dass ich mich noch mal verlieben würde«, sagt sie. »Uns hat der Blitz aus heiterem Himmel getroffen«, sagt er.

Bald waren die beiden unzertrennlich. Sie erzählten sich die Geschichten ihrer langen Leben. »Wir sind uns immer nähergekommen, immer näher«, sagt Hans. »Unsere Leben zeigen so viele Parallelen.« Beide haben fünf Kinder, je vier Söhne und eine Tochter. Beide haben ihr gesamtes Leben in Nordhessen verbracht. »Und wir haben die gleichen Enttäuschungen erlebt«, sagt Hans. Hans war viermal verheiratet, Anne dreimal. Beide haben Partner beim Fremdgehen erwischt. Keine von Hans' Ehen hat ihn lange glücklich gemacht. Annes zweiter Mann hat einmal aus Wut seine Zigarre auf ihrem Personalausweis ausgedrückt. Ihr dritter Mann war gut zu ihr, er ist an Krebs gestorben nach dreizehn Jahren Liebe, sie trauert noch immer um ihn. »Ich respektiere das, sie soll ein gutes Andenken bewahren«, sagt Hans. Kurz nach dem Tod ihres dritten Mannes fiel Anne von einer Leiter herab und auf den Kopf, sie war bewusstlos, wachte verwirrt wieder auf und musste ins Altenheim umziehen. Aber es war nicht schlecht für sie dort. Sie fühlte sich wohl in der Seniorenresidenz, sie lernte die anderen Leute kennen, machte mit beim Unterhaltungsprogramm. An die Liebe hat sie nicht mehr gedacht.

Es ist wichtig für Hans, dass Anne ihre anderen Männer nie betrogen hat, sagt er. Treue ist ihm wichtig, er ist zu oft verletzt worden. Er hat Jahre gebraucht, um die letzte Enttäuschung zu verkraften. »Noch einmal so was?«, sagte er sich, als ihn seine vierte Frau für einen Jüngeren verließ. »Nein! Da bleibe ich lieber alleine und mache alles, wie ich will.« Hans machte Ausflüge mit dem Motorrad, mit seiner Ziehharmonika fuhr er von Städtchen zu Städtchen, musizierte auf dem Marktplatz und lebte in seiner Junggesellenwohnung so, wie es ihm gefiel. »Ich habe nicht gedacht, dass ich noch mal dazu fähig wäre, eine Frau zu lieben«, sagt er. »Ich bin zwanzig Jahre lang allein rumgegeistert und habe gar nicht mehr den Mut gehabt.«

Aber je älter er wurde, desto einsamer wurde er. Er hatte sieben Bandscheibenvorfälle, bekam ein neues Hüftgelenk, sein linker Fuß ist steif, er musste von der imposanten Yamaha auf ein Quad mit vier Rädern umsteigen. »Manchmal bin ich verzweifelt und habe abends gebetet: ›Lieber Gott, lass mich einschlafen, aber weck mich morgens nicht auf‹«, erzählt er.

In der letzten Nacht allein zu Hause hatte er einen Albtraum, er träumte, er würde in einer Mondlandschaft herumirren und nicht mehr nach Hause finden. »Dann ging es nicht mehr«, sagt er. Er kam kurz in eine psychiatrische Klinik, danach ins Altenheim und an den Tisch gegenüber von Anne. »Gott sei Dank«, sagt er und drückt sie an sich. »Ich habe sie, das ist mir das Wichtigste. Sie ist meine Liebe, sie ist meine Heimat, sie ist mein Alles. Und ich möchte nicht mehr … ach, ich kann es nicht aussprechen.« Ihm kommen wieder die Tränen. »… nicht mehr ohne dich sein«, ergänzt Anne. Seine Seele sei noch immer schwach von dem Schock, dem Alleinsein und dem Albtraum, erzählt er. »Aber sie hilft mir sehr.« Manchmal vermisst er seine Freiheit, seine Ziehharmonika-Konzerte auf dem Marktplatz, sein altes Leben. »Jetzt ist man da so rausgerissen, hier ist unsere letzte Station«, sagt er.

»Aber jetzt habe ich sie. Es entschädigt mich für alles, dass ich meine Anne habe.«

Anne redet nicht mehr viel, sie hat eine leichte Demenz. Sie kann sich an jedes Detail ihres Lebens vor zwanzig oder dreißig Jahren erinnern, aber nicht, was sie zum Frühstück gegessen hat. Sie hört ihrem Hans zu, nickt, lächelt, sagt ab und zu »ja«, wenn er sie fragend anschaut, und ergänzt eine Kleinigkeit. Wenn er etwas Lustiges sagt, lacht sie laut. Und sie drückt seine Hand, wenn er wieder weint. »Nicht weinen«, sagt sie dann. »Ich bin doch da.« Hans legt den Kopf an ihre Schulter. Die beiden küssen sich lange und innig, so selbstvergessen wie Teenager. »Leute, die uns sehen, sind immer ganz verwundert, dass so alte Dohlen wie wir beide uns noch küssen«, sagt Hans. »Das ist uns ganz egal. Jeder darf unsere Liebe sehen, wir verheimlichen nichts.«

Manchmal gibt Hans Akkordeon-Konzerte für die anderen Bewohner im Heim. Sobald sie ihn sehen, drängen sie, dass er seine geliebte Weltmeister-Ziehharmonika aus der Kiste hervorholt. Manche nennen ihn nur »den Musikanten«. »Er spielt gut«, sagt Anne, sie mag es, wenn er musiziert. »Ich kann zwei Tage durchgängig spielen, ohne mich zu wiederholen«, sagt er. Hans holt die Weltmeister aber nur hervor, wenn ihm das Publikum groß genug ist. »Wenn hier nur einer sitzt und da hinten zwei, dann sag ich nö.« Er hat einen dicken Ordner mit Noten und Texten, am liebsten spielt er alte Schlager. »Es scheint der Mond so hell« oder »La Paloma«. »Da können die alten Leute mitsingen«, sagt er und grinst. »Ich sage immer ›die alten Leute‹, aber ich bin ja selber alt.« Ein Lied hat eine ganz besondere Bedeutung für Anne und Hans. »Unser ost-

preußisches Lied, das ›Ännchen von Tharau‹«, sagt er. Hans'
Eltern stammten aus Ostpreußen – er musste sofort an das alte
Lied denken, als er Anne kennenlernte: *Ännchen von Tharau
ist's, die mir gefällt.*

Seine Ziehharmonika lagert in einem Koffer in Annes Zimmer, manchmal holt er sie für Anne heraus und spielt das Lied
nur für sie. Ihre Füße wippen dann mit, sie lächelt. Er schafft
es nie, das Lied von Anfang bis Ende zu spielen, ohne zu weinen. »Das mit dem Verlieben ging ganz schnell, nicht wahr,
Hans?«, sagt Anne. »Irgendwann habe ich gedacht: O Gott,
du liebst den Hans. Du wolltest doch nie wieder einen Mann
lieben.«

Die beiden haben sich schnell verlobt. Fast alle Kinder
– ihre und seine – waren da, auch seine Schwester und ihr
Bruder reisten zur Feier an. »Meine Kinder freuen sich für
mich«, erzählt Anne. »Das war uns wichtig, dass unsere Angehörigen das akzeptieren«, sagt Hans. »Bislang hat niemand
gesagt: In deinem Alter hast du doch schon genug Enttäuschungen hinter dir, lass die Finger davon.« Keiner hatte dem
anderen einen offiziellen Heiratsantrag gemacht, es ergab sich
einfach so, sie haben über eine Verlobung gesprochen und es
gemeinsam beschlossen, sagt er. »Wir besprechen immer alles
zusammen.« Eine Heirat ist erst einmal nicht geplant, sie haben es nicht eilig. »Das wäre sonst auch zu schnell«, sagt er.
»Aber es wäre doch schöner, ›meine Frau‹ sagen zu können,
nicht immer ›meine Verlobte‹ oder ›meine Lebensgefährtin‹«.
Vielleicht entscheiden sie sich spontan für eine Hochzeit.

Jeden Morgen steht er um halb sieben auf. Er geht dann zu
ihr hinüber, stellt das Wasser im Waschbecken an, das in ih-

rem Zimmer immer so lange braucht, bis es warm wird. Dann weckt er sie mit dem Guten-Morgen-Kuss. Hans wäscht sie, schrubbt ihr den Rücken. »Und auch von vorne«, sagt er und lächelt verschmitzt. Er macht ihr Gebiss sauber und setzt es ein. Er sucht ihre Wäsche heraus und legt alles parat, damit sie sich anziehen kann. Um acht Uhr ist dann Frühstück, dann fahren sie zusammen hinunter im Fahrstuhl mit ihren Rollatoren. Um zwölf Uhr gibt es immer Mittagessen.

Manchmal gehen sie spazieren, besuchen ihren Pavillon oder sitzen auf einer Bank. Manchmal gehen sie zusammen in das Städtchen, zur Post oder zur Bank und heben Geld ab. Alles geht langsam, beide haben Asthma. »Aber wir legen immer noch ganz schöne Strecken zurück mit unseren Rollatoren«, sagt er. »Und es geht hier immer nur bergauf«, sagt sie. Er hilft ihr mit dem Papierkram oder bei Anträgen für ein neues, elektrisch verstellbares Bett. Neulich hat er sogar mal ihre Tochter angerufen, mit der sie keinen Kontakt mehr hat und die sie so vermisst, damit sie mal wieder zu Besuch kommt. »Anne ist meine Familie«, sagt er. »Was sie betrifft und was ihr geschieht, geschieht mir auch.«

Die Liebe ist nicht anders als damals, als sie eine junge Frau war, sagt Anne, sie hat die gleichen Schmetterlinge im Bauch. »Das ist genau das gleiche Gefühl«, sagt er und legt seinen Arm um ihre Schultern. »Was bin ich froh, dass ich dich gefunden habe. Das muss Schicksal gewesen sein.«

Um neunzehn Uhr sitzen sie jeden Abend gemeinsam vor dem Fernseher auf dem grüngeblümten Sofa in ihrem Zimmer und schauen Nachrichten. »Die Nachrichten um sieben sind Pflicht«, sagt er. Dann schauen sie aneinandergekuschelt einen

Film und trinken ein Glas Rotwein oder auch zwei, wenn es der Blutzuckerspiegel erlaubt. Er passt immer genau auf ihre Werte auf. Sie isst gern Schokolade mit ganzen Nüssen, manchmal gibt es Kartoffelchips. »Wenn dann einer oder der andere müde wird, wird es Zeit, dass wir in die Kiste klettern«, sagt er. Dann stellt er ihr das Bett richtig ein, hilft ihr bei der Abendtoilette und gibt ihr einen Gute-Nacht-Kuss. Zwischen ihren Zimmern liegt ihr gemeinsames Bad, die Türen zwischen Zimmer 203 und 204 bleiben immer offen. »Auch wenn einer auf dem Thron sitzt«, lacht er. »Wir leben wie ein Ehepaar. Wir passen aufeinander auf.« Nur gemeinsam übernachten können sie nicht. Bevor sie einschlafen, kommt er darum fast jeden Abend noch ein- oder zweimal rüber zu ihr, weil er vergessen hat, etwas zu erzählen. Oder sie kommt kurz rüber zu ihm, sagt er. »Und dann gibt es wieder ein Küsschen.«

Ramin und Nima

Sie treffen sich zum ersten Mal, als Ramin noch keine Kugel im Bauch und Nima noch keine Albträume von Polizeiverhören hat. Ein gemeinsamer Freund hat ein paar Leute zu sich nach Hause in seine Wohnung in Teheran eingeladen. Die Männer sitzen zusammen, essen, trinken Tee und plaudern, sie haben sonst nur wenige Orte, an denen sie zusammensein können, ohne Angst zu haben. Ramin hockt in der Küche auf der Anrichte, als Nima ins Zimmer tritt. Ramin sieht ihn nur aus den Augenwinkeln, einen schmalen Mann, in einen orangefarbenen Schal gewickelt. Nima bückt sich, bindet seinen Schnürsenkel zu. Ramin kann sein Gesicht erst nicht sehen, doch dann schaut Nima auf, ihre Blicke treffen sich. O mein Gott, diese Augen, denkt Ramin. Ich will ihm sagen, wie schön er ist.

Nimas Augen sind grün-braun-grau und geheimnisvoll, sie sehen immer ein wenig aus, als hätte er sie mit einem Kajalstift umrandet. Er hat die Augen eines Denkers, Dichters, Künstlers. Und er ist all das, aber Ramin weiß das noch nicht damals in der Wohnung des Freundes, in der sie beide sicher sind. Ramin fragt Nima: »Hast du jemanden Besonderen in deinem Leben, einen Freund?« »Wieso fragst du das?«, antwortet Nima. »Es gibt hier vielleicht jemanden, der dich mag«, sagt Ramin. Nima ahnt, dass Ramin von sich selbst spricht – obwohl sie einander doch noch gar nicht kennen. Er findet Ramin ein bisschen aufdringlich. Und Ramin ist so anders als er selbst, mit seinem gezwirbelten Schnurrbart, der langen Mähne und dem herzlichen Lachen, dass so leicht über sein ganzes Gesicht kommt. »Als ich ihn das erste Mal gesehen habe, mochte ich ihn nicht«, sagt Nima. »Ich habe meine Meinung dann aber schnell geändert.« Ramin bleibt bei seiner Meinung, er findet Nima wunderbar. Es ist der Anfang einer lebensgefährlichen Liebe.

Ramin und Nima treffen sich einige Male nach der ersten Begegnung in der Wohnung des gemeinsamen Freundes in Teheran, aber es ist nicht leicht für sie, sich regelmäßig zu sehen. Es gibt nur wenige sichere Orte, im Iran müssen sich Homosexuelle verstecken. Offiziell ein Paar zu werden ist für zwei Männer unmöglich.

Es ist das Jahr 2009, Ramin und Nima sind beide Anfang zwanzig. In ihrem Land beginnen gerade die großen Proteste, die Menschen lehnen sich auf gegen den Präsidenten Mahmud Ahmadinedschad. Sie haben die Unterdrückung satt, die strengen Kleiderregeln für Frauen, die Patrouillen der Sittenwächter, die staatlichen Medien, die Redeverbote, den Bann westlicher Musik und Filme, die fehlenden Arbeitsplätze, die Inflation – und auch die Verfolgung Homosexueller. Die Menschen wollen ihr einst so starkes und freies Land zurück. Es stehen Präsidentschaftswahlen an, und das Regime ist in Aufruhr, das Regime hat Angst – und wer Angst hat, ist gefährlich. Es ist keine gute Zeit, um anders zu sein als die Masse.

Nima studiert Kunst an einer Universität in einer anderen Stadt, Ramin lebt fünf Stunden entfernt von ihm in Teheran. Sie treffen sich, so oft es geht, sie telefonieren, sie denken aneinander. Beide machen mit bei den Massendemonstrationen nach den Wahlen im Sommer 2009, die Ahmadinedschad angeblich mit 62,6 Prozent der Stimmen im Amt bestätigt haben. Viele halten das Ergebnis für gefälscht. Die Demonstranten rufen Dinge wie: »Nieder mit der Diktatur« und »Ich will meinen Wahlzettel zurück«. Auch Ramin und Nima glauben nicht, dass das Wahlergebnis stimmen kann. Sie wollen Demokratie für ihr Land – und Freiheit für sich.

In den Jahren vor den großen Protesten ist es immer schwieriger für Homosexuelle im Iran geworden. Lang hat es vor allem in der Hauptstadt Teheran eine Untergrundszene für Schwule gegeben, man kannte einander, man wusste, wem man trauen konnte. Es gab geheime Treffpunkte und geheime Partys, oft ziemlich große, wilde, lustige Partys. Man kannte Tricks, um die Polizei in die Irre zu führen. Es war ein Leben in Vorsicht, aber nicht in Angst, nicht in Todesangst, erzählt Ramin. Doch unter Ahmadinedschad änderte sich alles. Im Jahr 2007 hielt Irans Präsident eine Rede an der Columbia University in New York, er sprach über Frauenrechte, Schwule und Religion. »Im Iran haben wir keine Homosexuellen wie in Ihrem Land«, sagte er zu den Studenten. Die Studenten buhten, Ahmadinedschads Satz ging um die Welt und wurde zum Witz im Internet. Im Iran dagegen war er kein Witz, im Iran arbeitete Ahmadinedschad daran, dass sein Satz wahr würde: Homosexuelle sollten verschwinden, auf welche Art und Weise auch immer. In den Jahren nach der

New Yorker Rede macht der Präsident Ramin und Nima das Leben zur Hölle.

Das Café in Teheran, in dem sich die Schwulen jeden Dienstagabend treffen, hat plötzlich neue Türsteher, die Ramin und seine Freunde nicht mehr hineinlassen. Ramin hört immer öfter von Fällen, in denen Männer wegen ihrer sexuellen Orientierung hingerichtet werden, öffentliche Prozesse gibt es für sie nicht. Eine Homosexuellen-Website muss schließen. Immer mehr Bekannte von Ramin und Nima verlassen das Land, weil sie sich nicht mehr sicher fühlen. Viele gehen komplett in den Untergrund und brechen den Kontakt zu ihren Familien ab, um sie nicht zu gefährden. Und ein Arzt, bei dem sich Ramin behandeln lässt, bricht seine Schweigepflicht und erzählt seinen Eltern, dass ihr Sohn schwul ist. Doch seine Eltern finden das gar nicht schlimm, Ramin ist überrascht und sehr erleichtert, jetzt muss er sich wenigstens zu Hause nicht mehr verstellen. »Du bist mein Sohn, du bist ein Teil von mir«, sagt sein Vater. »Ich wusste, dass du anders bist«, sagt seine Mutter. Sie verbietet seinen Geschwistern, Ramin deswegen aufzuziehen. Wer ihn hänselt, wird enterbt, droht sie. Nima hält seine Homosexualität vor seinen Eltern weiter geheim.

Ramin und Nima hassen das Versteckspiel, sie versuchen, so offen wie möglich zu leben und für ihre Rechte zu kämpfen. Sie müssen vorsichtig sein, aber sie wollen die Dinge auch verändern und sich nicht einschüchtern lassen von der Politik, die gegen sie ist. Nima protestiert mit seiner Kunst. Er malt Bilder von nackten Männern mit schwangeren Bäuchen und traurigen Augen, er malt mit bunten, festen, eindeutigen Pinselstrichen, die der Regierung nicht gefallen. Seine Protestbilder sollen einmal öffentlich ausgestellt werden, ein riesiger Erfolg für den jungen Künstler, aber gleich nach der Eröffnung muss die Galerie die Bilder wieder abhängen. Seine Kunsthochschule nimmt seine Abschlussarbeit nicht zur Benotung an, sie ist zu rebellisch, zu schwul. Einen staatlichen Universitätsabschluss im Iran kann er so nicht bekommen.

Nima malt weiter und schreibt Gedichte, die er auf seinem Blog veröffentlicht. Ramin protestiert lauter als Nima. Er geht mit seinen Freunden in Teheran auf die Straße, er hält sich nicht an die Regeln. Alles an ihm ist gegen die Regeln: seine langen Haare, seine engen Jeans, seine Liebe. Er ist sich sicher, dass die Geheimpolizei und die Sittenpatrouillen ihn überwachen. Ramins und Nimas Leben ist ein Grenzgang. Wie offen können sie protestieren, ohne dass es zu gefährlich wird? Wie viel Zeit können sie miteinander verbringen, ohne dass es zu gefährlich wird? Wie gefährlich ist zu gefährlich?

An einem Tag im Juni 2009 wird Ramin klar, dass er seinen Protest vielleicht mit dem Leben bezahlen wird. Die Straßen brennen, Teheran ist ein einziges Chaos, drei Millionen Menschen schreien gegen das Regime an. Ramin ist mit ein paar Freunden und mit seiner Tante mittendrin. Er hat sich Klebeband über den Mund geklebt und trägt ein Schild, auf dem er freie Meinungsäußerung fordert. »Ich war begeistert, weil ich dachte, dass sich jetzt etwas ändern wird, wenn so viele Leute auf die Straße gehen«, erzählt er. »Aber ich hatte auch riesige Angst.«

Überall um ihn herum sind Demonstranten, überall Polizisten, Militär und die Milizen, Basidsch genannt. Sie werfen Tränengas, es eskaliert immer weiter, dann schießen die Milizen in die Menge der Demonstranten. Nicht weit von Ramin und seinen Freunden entfernt treffen ihre Kugeln einen jungen Mann, er sinkt zu Boden und stirbt. »Er war noch sehr jung, ungefähr mein Alter«, sagt Ramin. »Ich habe Blut auf den Straßen gesehen.«

Ramin hat keine Zeit, darüber nachzudenken. Die Basidsch schießen weiter. Er sieht, wie einer der Milizionäre sein Gewehr auf eine Frau richtet, die nur ein paar Schritte von Ramin entfernt mit Einkaufstüten die Gasse überqueren will. Sie ist gar keine Demonstrantin, denkt Ramin. »Meine Dame, passen Sie auf«, ruft er ihr zu. Der Basidsch dreht sich um, sieht Ramin, legt sein Gewehr an und schießt. Ramin will sich ducken und wegrennen, aber es ist zu spät. Er hört den Schuss und sinkt zu Boden. Aber er spürt keine Schmerzen. Hat die Kugel ihn verfehlt? Er will aufstehen, reckt seine Hände in die Luft, um seinen Freunden zu winken, und sieht erst dann, dass sie voller Blut sind. Der Basidsch hat ihn getroffen, Ramin blutet aus dem Bauch. Binnen Sekunden ist sein Körper bedeckt von eiskaltem Schweiß.

Seine Freunde schleppen ihn von der Straße. Es muss jetzt schnell gehen, sie müssen ihn wegbringen, bevor die Polizei ihn findet, verletzte Demonstranten haben keine Chance gegen die Polizei. Sie bringen Ramin in eine Wohnung in der Nachbarschaft. Er kann nicht lange bleiben, die Schlägertrupps der Regierung treten Türen ein, wenn sie glauben, dass dahinter fliehende Demonstranten Unterschlupf gefunden haben. Ramin schaut unter sein T-Shirt und sieht nur Blut. Ist das ein inneres Organ, das aus dem Loch hervorschaut?

Die Freunde organisieren ein Auto und bringen ihn in ein

privates Krankenhaus ein paar Stunden von Teheran entfernt. In der Kleinstadt würden die Ärzte nicht sofort Verdacht schöpfen, dass er ein Demonstrant ist, oder sie sind vielleicht nicht so eng mit der Polizei verbunden, dass sie ihn sofort melden, hoffen Ramins Freunde. Ramin wird immer schwächer. Die Kugel hat seinen Magen durchstoßen, Muskeln und Nerven zerstört, er verliert viel Blut. Er schwankt zwischen Bewusstsein und Bewusstlosigkeit. Er hört noch, wie die Ärzte sagen, dass seine Überlebenschance bei vierzig Prozent liegt. Und wenn er lebt, könnte seine linke Seite für immer gelähmt bleiben. Dann fällt er in Ohnmacht.

Aber Ramin lebt. Er übersteht die Operationen, wacht wieder auf und seine linke Seite ist nicht gelähmt. Zeit, sich zu erholen, bekommt er allerdings nicht. In jedem Krankenhaus gibt es einen Arzt, der für die Regierung arbeitet, erzählt er. Einer der Ärzte, den Ramin für den Spitzel hält, verhört ihn zu seiner Verletzung. Ramin ist noch halb in Ohnmacht, aber er weiß, dass er lügen muss: »Ich hatte einen Fahrradunfall.« Als der Arzt ihm nicht glaubt, ändert er seine Geschichte: »Sie haben mich angeschossen, aber ich weiß nicht warum, ich war gerade auf dem Weg nach Hause von meinem Englischkurs.« Der Geheimdienst-Arzt befragt im Wartezimmer sogar Ramins Vater, als der sich noch Sorgen um das Leben seines Sohnes macht. Ramin ist noch nicht wieder auf den Beinen, aber ein Pfleger, der ihn mag, empfiehlt ihm, das Krankenhaus so schnell wie möglich zu verlassen.

Er versteckt sich erst bei Verwandten, dann in einer anderen Wohnung in einer anderen Stadt. An die Zeit kann er sich kaum erinnern. Er kann sich kaum bewegen, schleppt sich immer wieder zu einem Arzt, dem er vertraut. Er ist viel allein, hat kaum Kontakt zu seiner Familie oder seinen Freunden. Und auch nicht zu Nima. Ramin wird ganz bestimmt überwacht – jeder, der mit ihm in Kontakt steht, ist verdächtig, glaubt er. Einer der gemeinsamen Freunde hat Nima angerufen und ihm erzählt, dass Ramin angeschossen wurde. »Ich wollte ihn unbedingt sehen«, sagt Nima. »Er war doch so krank.« Er versucht, Ramin anzurufen, erreicht ihn aber nicht. Er ruft Ramins Mutter an, aber sie sagt ihm, dass er ihn nicht besuchen darf: zu gefährlich.

Nima weiß nicht, wo Ramin ist oder wie es ihm geht. Er schreibt ein Gedicht über Ramin, aber tun kann er nichts. »Ich hatte solche Angst«, sagt er. »Wir haben ein Jahr lang nicht miteinander gesprochen«, sagt Ramin. »Es war furchtbar für uns. Aber es wäre einfach zu gefährlich gewesen.«

Auch Nima stößt mit der Polizei zusammen im Jahr 2009. Er demonstriert zwar nicht selbst, er ist eher ein ruhiger Typ, kein Straßenkämpfer. Aber als er beobachtet, wie Polizisten ein paar Teenager ohne Grund mitnehmen wollen, mischt er sich ein – und wird verhaftet. Sie sagen ihm nicht, wohin sie ihn bringen und was sie mit ihm vorhaben, sie schieben ihn mit Dutzenden anderer junger Männer in einen Kleinbus und fahren los.

Nima hat furchtbare Angst, vor allem weil die Polizisten leicht herausfinden können, dass er schwul ist. Er hat in seinem Rucksack ein Handy und eine Kamera mit Fotos, die das eindeutig zeigen. Und an seinem Schlüsselbund baumelt ein kleiner Penis aus Holz. Im Verhör sagt ein Polizist: »Wir haben dich nicht wegen der Proteste verhaftet. Du solltest eigentlich zur Moralpolizei übermittelt werden.« Nima muss sich ausziehen, die Polizisten durchsuchen jeden Winkel seines Körpers. Werden sie ihn umbringen? Er hat schon von so vielen Fällen gehört, in denen homosexuelle Männer von der Polizei mitgenommen wurden und für immer verschwanden.

Nach der Untersuchung zieht Nima seine Kleidung wieder an, die Polizisten binden ihm die Augen zu und lassen ihn gemeinsam mit den anderen Verhafteten im Gänsemarsch eine Treppe hinaufsteigen. Niemand weiß, wohin die Treppe führt. »Lauft, lauft, lauft, das hier ist euer letzter Gang«, schreien die Polizisten. Nima denkt, dass sie ihn vom Dach stoßen werden. Jeder Schritt kann ins Leere führen, und er stürzt, stürzt, stürzt. Aber Nima stürzt nicht, die Treppe führt ins obere Stockwerk, die Polizisten nehmen ihm die Augenbinde ab und stecken ihn in eine Zelle. Nach vierundzwanzig Stunden lassen sie ihn frei. »Es war unglaublich beängstigend«, sagt er. Danach zieht er von zu Hause aus, um seine Familie nicht zu gefährden, und versteckt sich.

Als es Ramin wieder bessergeht, taucht er aus seinem Versteck auf und kehrt, so gut es geht, in sein altes Leben zurück. Nima trifft er erst einmal nicht wieder, sie sind so weit voneinander entfernt, und es wäre gefährlich, die Geheimpolizei ist ja inzwischen hinter beiden her. Aber sie telefonieren und erzählen einander, was passiert ist, wie sie beide solche Angst um sich selbst und um den anderen hatten.

In der Zeit bittet ein amerikanischer Fernsehsender Ramin um ein Interview über Skype. Die Journalisten haben ihn über Kontakte in der Schwulenszene gefunden, Ramin soll ihnen vom schwulen Untergrundleben in Teheran erzählen. Ramin findet es wichtig, dass die Welt von der Verfolgung erfährt. Er sagt den Journalisten zu, obwohl er sicher ist, dass die Behörden Bescheid wissen und es gefährlich für ihn werden könnte. Für das Skype-Gespräch muss er in die Wohnung eines Bekannten gehen, weil bei ihm zu Hause die Internetverbindung zu schlecht ist. Auf dem Weg begleiten ihn zehn Freunde, damit er nicht entführt wird. Am Ende geht alles gut, er hört und sieht nichts von der Geheimpolizei und erzählt den Journalisten alles, was er weiß. »Danach hatte ich solche Angst, verhaftet zu werden«, erzählt er. Was wird bloß passieren, wenn das Interview ein paar Wochen später ausgestrahlt wird?

In den Wochen vor der Ausstrahlung hört Ramin außerdem Gerüchte, dass die Regierung die Krankenakten von allen Menschen durchsuchen will, die zur Zeit der Proteste ins Krankenhaus kamen. Würden sie auch seine Akten finden und ihn verhaften? Er lebt in ständiger Angst, der Druck wird ihm zu viel. Er kann nicht mehr, er will nicht mehr. Noch vor der Ausstrahlung des Interviews will er den Iran verlassen und nach Deutschland fliehen, dort lebt eine Tante. Deutschland, denkt er, ist ein gutes Land für ihn, denn er braucht noch eine weitere Operation für seine Schusswunde, und er vertraut dem deutschen Gesundheitssystem. Es geht ihm noch immer nicht gut, er ist schwach und hat Schmerzen. All die Tabletten, die er nehmen muss, machen ihn manchmal ganz durcheinander im Kopf.

Doch was ist mit Nima? Werden sie sich je wiedersehen, wenn Ramin das Land verlässt? Ramin weiß, dass er nicht bleiben kann, aber er kämpft mit sich – allein will er nicht gehen, und außerdem hat er ein schlechtes Gewissen, sein Land zu verlassen, in dem er eine Aufgabe hat. »Aber ich konnte im Iran nichts mehr machen, ich konnte nicht mehr für Schwulenrechte kämpfen«, sagt er. »Sie hätten mich exekutiert. Zu dem Zeitpunkt haben sie Schwule exekutiert.«

Ramin sucht einen Schleuser, der ihn illegal nach Deutschland bringen kann, aber er findet keinen in Teheran. Stattdessen raten ihm Bekannte, dass der beste Weg nach Deutschland über die Türkei führt. Der Flug nach Ankara ist kurz und leicht zu organisieren. Ramin gibt bei den Behörden an, dass er in der Türkei studieren will. In Ankara will er überlegen, wie er weiter nach Deutschland reisen kann. Er holt all sein Erspartes von der Bank, bucht ein Ticket und packt schnell seine Sachen zusammen. Am Flughafen steht ihm der Schweiß auf der Stirn. Würden sie seine Lüge entdecken und ihn aufhalten?

Aber alles geht gut. Als das Interview ausgestrahlt wird, ist er in Sicherheit. Am nächsten Tag durchsucht die Polizei sein Elternhaus und nimmt seinen Vater zum Verhör mit aufs Revier. Sie lassen ihn bald wieder nach Hause gehen, sein Vater weiß nicht viel über Ramins Aktivistenleben. Aber Ramin hätte ein Verhör nicht überlebt, da ist er sich sicher.

Die Weiterreise von der Türkei nach Deutschland lässt sich gar nicht so leicht organisieren, wie er dachte. In Ankara trifft er aber einen iranischen Professor, der ihm erzählt, dass die USA vielleicht die bessere Alternative für ihn sein könnten. Statt illegal nach Deutschland zu fliehen, könnte er legal in Amerika leben. Die USA geben verfolgten Iranern sehr häufig Asyl, sagt der Professor und hilft ihm bei den Asylanträgen.

Ramin schöpft Hoffnung. Aber was ist mit Nima? Ohne Nima will er nicht ans andere Ende der Welt ziehen. Die beiden haben sich schon so lange nicht mehr gesehen, aber sie wissen, dass sie zusammengehören. Während Ramin auf die Asylbescheide und das Visum aus den USA wartet, zieht er aus Ankara in eine Kleinstadt im Osten der Türkei, zusammen mit anderen iranischen Flüchtlingen.

Ramin und Nima reden über Skype, immer öfter, immer länger. Sie vermissen einander so. Dann entschließt sich Nima, Ramin in der Türkei zu besuchen. Er fliegt nach Ankara, Ramin holt ihn dort ab. Nach mehr als einem Jahr Trennung sehen sie sich zum ersten Mal wieder. »Ich habe ihn fast nicht erkannt, er hatte sich so verändert«, sagt Nima. »Es war ein bisschen, als sei seine Persönlichkeit größer geworden.« Ramin ist lustiger und lockerer in der Türkei, in der er nicht mehr verstecken muss, dass er einen Mann liebt. Er zieht an, was er will, er bewegt sich, wie er will. Seine Haare sind noch länger, er färbt sich eine Strähne knallrot, er trägt Ringe und Ketten, seine Kleidung ist bunter. »Ich mochte ihn sogar mehr als vorher«, sagt Nima. »Er war mehr er selbst.«

Nima will eigentlich nur ein paar Wochen bei Ramin bleiben, danach soll er zurückkehren in den Iran. Seine Eltern wissen nicht, dass er schwul ist, sie verstehen nicht, wie groß die Gefahr für ihn im Iran ist, und wollen ihn nicht gehen lassen. »Aber als ich in die Türkei gekommen bin und Ramin gesehen habe, war etwas in meinem Herzen, das mich nicht zurück in den Iran lassen wollte«, sagt Nima.

In der Zeit in der Türkei wird aus ihrer immer wieder unterbrochenen Romanze eine richtige Beziehung. Sie leben zusammen in einer gemeinsamen Wohnung, sie wachen morgens nebeneinander auf, sie gehen zusammen einkaufen, sie leben einen Alltag, der im Iran undenkbar war. Nima kocht zum ersten Mal für Ramin, es schmeckt grausig, eine undefinierbare, salzige Pampe, aber sie macht Ramin trotzdem glücklich. Die beiden halten Händchen und küssen sich in der Öffentlichkeit. »Wir waren so frei, es war unglaublich«, sagt Ramin.

Sein Interview mit dem amerikanischen Fernsehsender wird ausgestrahlt, während er in der Türkei ist. Danach bekommt er noch weitere Anfragen von Journalisten und gibt einem amerikanischen Radiosender ein Interview. In dem Gespräch erwähnt er auch seinen iranischen Lebenspartner, er ist in den Monaten in der Türkei vielleicht ein bisschen leichtsinnig geworden und nennt auch den Namen. Er verrät nur den Vornamen, aber das genügt. Die Geheimdienste finden heraus, wer Ramins Freund ist.

Nima, ohnehin schon verdächtig, gerät wieder ins Visier. Kurz nach dem Interview stehen Polizisten bei seinen Eltern vor der Haustür und fragen sie aus. »Wo ist Ihr Sohn? Was macht Ihr Sohn? Wann kommt er zurück? Wir wollen ihn sprechen!« Nima wird klar, dass er nicht zurückkehren kann – und nicht zurückkehren will. Er will nicht mehr ohne Ramin leben. Im Oktober 2010 beantragt auch er Asyl in den USA. »Ich weiß nicht genau, was mit mir passiert wäre, wenn ich in den Iran zurückgegangen wäre«, sagt er. »Es wäre auf jeden Fall gefährlich gewesen.« Mit der Gefahr hätte er vielleicht leben können, er hat sich schon fast an sie gewöhnt. Aber er will nicht mehr ohne seinen Partner sein. »Mein größter Grund für die Flucht war Ramin.«

Nach fünf gemeinsamen Monaten in der Türkei bekommt Ramin Asyl in den USA. Die US-Behörden schicken ihm seine Papiere, er darf jetzt in die USA kommen. Aber inzwischen will er nicht mehr, er will weiter morgens neben Nima aufwachen und sein schauderhaft-schönes Essen genießen. »Es war so schwer, Nima wieder zu verlassen«, sagt er. Aber bleiben kann er auch nicht, in der Türkei hat er keine Zukunft. Eine Hilfsorganisation, die iranische Flüchtlinge unterstützt, bucht ihm einen Flug nach Amerika. Ramin verschiebt die Abreise einen Monat nach hinten, aber dann muss er los. Nima bringt ihn zum Flughafen, sie sind bis zur letzten Sekunde zusammen. »Wir nehmen nur für kurze Zeit Abschied, du kommst bald nach«, sagt Ramin zum Abschied.

An einem kalten Wintertag landet er in Philadelphia, der Schnee geht ihm bis zu den Knien. Er spricht kaum ein Wort Englisch außer »*Hi, how are you?*«, und er kennt niemanden. Die Flüchtlingsorganisation hilft ihm viel, er lernt langsam die Sprache und findet einen Job bei einem Hilfsverein für iranische politische Gefangene. Jeden Tag redet er mit Nima per Skype, manchmal sechs Stunden am Stück, manchmal sogar acht. Wenn Ramin einen Termin hat, ruft ihn Nima rechtzeitig an, um ihn aufzuwecken. Ramin und Nima leben für ihre Skype-Gespräche, während sie warten und warten, dass Nima endlich Nachricht von den amerikanischen Asylbehörden bekommt.

Nima ist allein in der türkischen Kleinstadt, er hat Heimweh, er vermisst Ramin, er malt und schreibt und verlässt das Haus nur selten. »Es war sehr, sehr hart für mich. Das Warten war wie Folter«, sagt er. »All die Zeit bei Skype war mein

Glück. Selbst wenn ich sonst nichts hatte, hatte ich Ramin.«
Im Sommer 2012 wird auch Nimas Asylantrag bestätigt. Jetzt
muss er nur noch auf die Unterlagen und den Flug warten.

Als schon klar ist, dass Nima zu ihm in die USA ziehen
wird, besucht Ramin ihn noch einmal in der Türkei. Es ist ein
merkwürdiger Moment, dieses erste Wiedersehen nach einein-
halb Jahren. Nima ist schüchtern, als Ramin ihm einen Kuss
geben will. Sie haben sich schon so lange nicht geküsst. Und
über Skype miteinander zu sprechen ist doch ganz anders, als
sich gegenüberzustehen. »Es war merkwürdig, ihn zu sehen.
Es war, als wäre er wieder eine andere Person«, sagt Nima.
»Aber es war wieder eine gute Veränderung, er ist erwachsen
geworden.«

Nima taut schnell auf, vor allem als er sieht, dass Ramin
das Kuscheltier mitgebracht hat, das er ihm zum Abschied
geschenkt hat. Es ist ein Hund, der Bär heißt. »Also dass du
den wieder zurück in die Türkei schleppst ...«, sagt Nima zu
Ramin. »Du bist doch ein Dummerchen.« Danach ist küssen
nicht mehr komisch. Ramin hat Nima so viel aus Amerika
mitgebracht, dass neben Bär und all den Geschenken in seinem Koffer fast kein Platz für Klamotten mehr war. Sie machen Urlaub in der Türkei wie zwei frisch Verliebte, sie reisen
im Auto durch das Land und fühlen sich so glücklich wie nie
zuvor. Bald werden sie ihr richtiges Leben beginnen, zu zweit
in Amerika, dem Land ihrer großen Freiheit.

Zwei Wochen nach Ramins Abreise bekommt Nima sein
Visum und fliegt zu Ramin in die USA. Er trifft Ramins Freunde, lernt Englisch, findet eigene Freunde und einen Job. Heute
leben die beiden zusammen in der Hauptstadt Washington.

Nima gibt Kunstunterricht in einem Kindergarten, kellnert in einem Café, malt und schreibt. Gerade ist sein erster Gedichtband erschienen. Auch seine Kunst kann er in den USA zeigen, einmal hat er eine Ausstellung mit seinen Männerbildern in Philadelphia, eines der Gemälde verkauft sich für 1500 Dollar. Am liebsten malt er Ramin, aber diese Bilder behält er. »Seit ich weg bin, habe ich mich sehr verändert«, sagt er. »Ich habe mich immerzu verborgen. Jetzt bin ich darüber hinausgewachsen.«

Ramin arbeitet noch immer für die Stiftung für politische Verfolgte, er erstellt eine Datenbank über alle Exekutionen in seinem Heimatland und befragt die Familien der Opfer über die Hintergründe. Im Iran kann er nicht auf die Straße gehen, aber er kann versuchen, aus der Ferne zu helfen. »Ich habe etwas verloren damals, meinen gesunden Körper, mein Land, ein Stück meiner Persönlichkeit«, sagt Ramin. »Aber ich bin deshalb nicht mehr traurig. Wir haben ein schönes Leben mit Liebe und Freiheit.« Die beiden haben einen Hund, Nima hat ihn Ramin zum Geburtstag geschenkt, er heißt Edgar Allan Poe. Manchmal hat Ramin Angst, Nima wieder zu verlieren, sagt er, zum Beispiel, wenn sie sich über irgendetwas streiten. »Du bist ein Dummkopf, das passiert nicht«, sagt Nima dann. »Wir bleiben für immer zusammen.« Sie wollen nicht viel. Sie wollen zusammen einschlafen und aufwachen, zusammen kochen, mit Edgar Allan Poe spazieren gehen, sich streiten und wieder vertragen, sagt Nima: »Das kleine Glück.«

Lois und Lewis

Es war Sommer im Jahr 1949, und Lewis war so verliebt wie noch nie zuvor. Er war achtzehn Jahre alt, gerade mit der Highschool fertig und schraubte in einer Fabrik in seinem Heimatstädtchen Grandville in Michigan Kühlschränke zusammen. Überall um ihn herum summten und brummten, dampften und stanken schwere Maschinen, aber Lewis hatte nur seine Freundin im Kopf. Sie hieß Lois. »Ich konnte Lois' Parfum riechen, es war immer um mich herum, sogar in der Fabrik«, erzählt er. »Ich habe nur noch an sie gedacht.«

Lewis hatte Lois am Strand kennengelernt. Mit seinem Cabrio, einem Ford Jahrgang 1946, gebraucht gekauft und sein großer Stolz, fuhr Lewis damals jeden Tag an den Michigan-See. Der Himmel war so blau wie das Wasser, der Sand so weiß wie am Meer und am Strand waren immer die hübschen Mädchen. Eines Tages entdeckte Lewis dort eine besonders hübsche junge Frau: Lois. Sie war mit einer Gruppe jüngerer Mädchen dort im Urlaub, sie wohnte eine Woche lang in einem Wohnwagen am See und passte auf die Jüngeren auf. Lois war siebzehn Jahre alt und wie Lewis gerade mit der Schule fertig. »Ich erinnere mich, wie ich sie gesehen habe und plötzlich alles still stand«, sagt Lewis. Er nahm all seinen Mut zusammen und sprach sie an, brachte aber kaum ein Wort hervor. »Ich bin dann jeden Abend wiedergekommen«, sagt er. Die beiden trafen sich immer wieder am Strand, unterhielten sich, schwammen im See und gingen am Strand spazieren. Einmal setzte Lois sich einfach auf seinen Schoß. »Ich dachte nur, wow, das fühlt sich ja ziemlich nett an«, erzählt er.

Als Lois' Urlaubswoche am See zu Ende ging, bat Lewis sie um ein Date. Sie wohnte nicht weit entfernt von ihm, gerade einmal eine halbe Stunde Fahrt. Lois sagte ja. Die beiden verbrachten den ganzen Sommer zusammen und wurden ein Paar. Sie gingen zum Bowling, trafen sich mit Freunden, fuhren mit seinem Cabrio spazieren und hielten Händchen. Lewis war hin und weg von Lois, der Sommer 1949 war der großartigste Sommer seines Lebens. »Sie war so offen und kontaktfreudig. Und schlagfertig. Sie hatte auf jede Frage eine Antwort. Und sie war sehr hübsch«, sagt er. Lois ahnte gar nicht, wie sehr Lewis sie liebte. »Er war der schüchternste Mann der Welt«, sagt sie. »Er war so schüchtern, er hat noch nicht einmal gesagt, dass ich ihm wichtig bin«, sagt sie. »Ich wusste einfach nicht, wie man sich verhält«, erzählt er. »Ein Mann ist mit achtzehn noch nicht so reif wie eine achtzehnjährige Frau. Ich war ein sehr unschuldiger Typ.« Lewis war so unschuldig und so glücklich mit seiner Freundin. Er dachte, es sei für immer.

Bis zu diesem einen Abend am Ende des langen Sommers. Da stieg Lois zu ihm ins Auto und war ganz still. Sie schweigt doch sonst nie, dachte Lewis, irgendetwas stimmt doch nicht mit ihr. Sie fuhren eine Weile umher, Lois schwieg und Lewis ahnte, dass etwas auf ihn zukam. Als er sie nach Hause brachte und vor der Tür absetzte, sagte sie ganz leise: »Ich fürchte, ich werde nicht mehr mit dir ausgehen können. Es wird einfach nicht funktionieren.« Lewis fragte nichts und sagte nichts, er drehte sich einfach um und ging. Er wusste nicht, was er antworten sollte, mit welcher Frage er anfangen sollte. Er fühlte sich so hilflos. Auf der Heimfahrt sah er die Straße kaum vor lauter Tränen. »Als sie Schluss gemacht hat, war es so schlimm für mich, wahrscheinlich einer der schlimmsten Momente meines Lebens«, sagt er. »Ich glaube nicht, dass ihr klar war, wie hart es für mich war.« Nein, Lois wusste es nicht. Er hatte ihr ja nie gesagt, wie viel sie ihm bedeutete.

Lewis war durchaus bewusst, woran es lag, dass sie ihm den Laufpass gab. Das Problem war die Religion. »Ich mochte ihn schon sehr gern«, sagt Lois heute. »Aber ich dachte auch, dass es ein großes Durcheinander würde, wenn ich die Sache noch lange hätte weiterlaufen lassen.« Denn Lois ist katholisch, und Lewis ist evangelisch. Beide waren sehr gläubig, die Kirche spielte eine große Rolle im Leben der jungen Leute. Sie hatten in diesem Sommer über ihre verschiedenen Konfessionen gesprochen, aber immer bald das Thema gewechselt – es gab ja keine Lösung. Sie war nun einmal Katholikin und glaubte, dass dies das einzig Richtige war. Und er war Protestant und glaubte, das sei auch richtig so. »Damals waren die Religionen so gegeneinander«, sagt er. »Man kann sich das heute gar nicht mehr vorstellen.«

Jeder in seiner Gemeinde wusste, dass Lewis sich in eine Katholikin verliebt hatte, es gab keine Geheimnisse damals in seinem kleinen Ort in Michigan. Sein Pastor sprach ihn einmal sogar in der Kirche an, als Lewis allein auf der Bank saß und in dem leeren Gotteshaus nachdachte. »Lewis, weißt du, was du tust?«, fragte der Pastor. »Es ist eine entsetzliche Sache, sich mit einer Katholikin einzulassen.« Auch seine Familie war gegen die Beziehung. Gegen den Katholizismus zu sein hat Tradition in den USA: Die Katholiken galten lange als unamerikanisch, obrigkeitshörig, demokratiefeindlich, fremd. Lewis hatte richtig Angst vor Katholiken, als er ein kleiner Junge war, vor den Nonnen und Priestern in ihren dunklen, unheimlichen Kutten.

Lois' Eltern haben nicht viel dazu gesagt, dass ihre Tochter sich mit einem Protestanten traf. Das mussten sie auch nicht, denn Lois wusste ohnehin, was sie dachten. Sie hätten es nie gutheißen können, wenn ihre Tochter einen Protestanten geheiratet hätte. Lois hatte noch nie einen Fuß in eine protestantische Kirche gesetzt. »Man konnte das damals nicht einfach so machen«, sagt sie. Die Protestanten waren ihr fremd, sie hatten so viele Regeln aufgegeben, die ihr wichtig waren: das Beten auf Knien, die Beichte, den Rosenkranz, die alte Orgelmusik, den Papst. Und Lois wollte Kinder, das wusste sie ganz genau, viele Kinder, die sie zu guten Katholiken erziehen und auf katholische Schulen schicken wollte. Das ginge doch gar nicht mit einem evangelischen Vater. »Ich dachte, es wäre wahrscheinlich einfach besser, die Sache mit Lewis gleich zu beenden«, sagt sie. Außerdem gab es da diesen anderen jungen Mann in ihrem Leben. Er war ein guter Katholik, und er warb um sie. Lois war sich sicher, dass der andere Mann ihren Eltern gut gefiel, viel besser als Lewis. Ihre Eltern sprachen das Thema nicht an, sie erwarteten, dass Lois sich schon richtig entscheiden würde. Und sie tat, was von ihr erwartet wurde.

Lewis wusste, dass es den anderen Mann gab, den guten

Katholiken, er war schon seit einer Weile ein bisschen eifersüchtig. Aber er glaubte trotzdem, dass er ewig mit seiner Lois
zusammenbleiben würde. So große Gefühle wie er könnte der
andere doch kaum für sie haben. Lewis wäre mit Lois zusammengeblieben trotz der Widerstände, sagt er, er hätte sich für
die Liebe entschieden und gegen die Konvention. Sie hätten
schon irgendeinen Kompromiss finden können. Aber dann
war es plötzlich vorbei. »Sie war mir so wichtig. Ich hätte sie
gern geheiratet«, sagt er. »Ich habe sehr viel geweint danach.«
Jahrelang konnte er nicht mehr durch ihr Viertel fahren, es tat
ihm zu sehr weh.

Aber die beiden waren jung, das Leben ging weiter. Lewis
wusste, dass er Lois' Wunsch respektieren musste. Er versuchte nicht, sie zu überreden und um sie zu kämpfen. Einmal
schrieb er ihr eine Geburtstagskarte, im Sommer 1950, fast ein
Jahr nach der Trennung. Aber die Karte kam nie bei Lois an.
Lois und Lewis hatten nie wieder Kontakt, sie trafen sich noch
nicht einmal per Zufall, obwohl sie ihr ganzes Leben lang nur
eine halbe Stunde entfernt voneinander wohnten.

Lewis lernte eine andere Frau kennen und lieben. Als er
einundzwanzig Jahre alt war, heiratete er sie und blieb neun-
undfünfzig Jahre mit ihr verheiratet, bis sie starb. Sie bekamen
drei Kinder, er machte Karriere in seiner Hausgerätefirma und
arbeitete viel. In seiner Freizeit sang er in einem Männerchor,
im Winter fuhr er mit dem Motorschlitten durch den Schnee,
im Sommer mit seiner Familie an den See mit dem neuen Cabrio, einem knallroten Ford Galaxie, Baujahr 1964.

Lois heiratete zweimal. Zuerst den guten Katholiken. Er
starb früh an Krebs. Jahrzehnte später starb auch ihr zweiter

Mann an Krebs. Sie bekam neun Kinder, zwei gingen aus der ersten, sieben aus der zweiten Ehe hervor. Sie arbeitete mit behinderten Kindern, ging zur Kirche und hatte immer viel zu tun. »Wir hatten getrennte Leben«, erzählt Lewis. »Aber ich habe Lois nie vergessen.« Keiner der beiden hat den Kindern je von ihrer Liebe im Sommer 1949 erzählt.

Nachdem seine Frau gestorben war, fing Lewis an, nach Lois zu suchen. Er war einsam und erinnerte sich, wie aufgeweckt, schlagfertig und hübsch das Mädchen von damals am Strand gewesen war. Und wie er ihr Parfüm selbst dann noch riechen konnte, als er mitten in der Fabrik zwischen den schweren Maschinen schuftete. Lebt sie überhaupt noch?, fragte er sich. Was sie jetzt wohl macht? Wie sie wohl aussieht? Ob sie sich an mich erinnert? Zweiundsechzig Jahre waren vergangen seit dem Sommer, in dem Lewis der Kopf schwirrte vor Liebe zu Lois.

Es war gar nicht so einfach für Lewis, sie aufzuspüren. Ihren Nachnamen wusste er nicht, sie hatte ja zweimal geheiratet. Einfach im Telefonbuch nachschlagen konnte er also nicht. Einen Computer hatte er nicht. Erst suchte er im Telefonbuch nach Leuten, die den gleichen Nachnamen wie das junge Mädchen von damals hatten. Vielleicht wusste ja jemand von einer Lois? Er machte ein paar Anrufe, ohne Erfolg. Dann fiel ihm wieder der Name dieses katholischen jungen Manns ein, auf den er eifersüchtig war, als sie mit ihm Schluss gemacht hat, ihr erster Mann. Er griff wieder zum Telefonbuch. Und fand tatsächlich eine von Lois' Enkeltöchtern, eine Tochter ihrer Tochter aus erster Ehe. Sie verriet ihm die Adresse ihrer Großmutter.

Lewis war selbst ganz überrascht von seinem Glück. Er schrieb Lois einen Brief, dann noch einen. »Zwei Briefe habe ich ihr geschrieben«, sagt er. »Nein, nein, das waren eine ganze Menge mehr, mindestens vier oder fünf, ich habe sie noch als Beweis«, sagt sie und lacht. Monatelang schrieb er ihr, er erzählte ihr von seinem Leben und seinen Erinnerungen an ihren gemeinsamen Sommer, zählte all die schönen Dinge auf, die er gern mit ihr machen wollte, versprach ihr Ausflüge mit dem Oldtimer-Cabrio. Aber Lois antwortete nicht. Sie erzählte ihrer Tochter von den Briefen des Mannes aus ihrer Vergangenheit, und die Tochter riet, ihn doch einmal kurz anzurufen, um ihm zu sagen, dass er keine Chance hat – sonst würde der nie aufhören. Also rief Lois bei der Nummer an, die Lewis in seine Briefe geschrieben hatte. »Ich hatte schon fast aufgegeben«, sagt er. »Als sie am Telefon war, bin ich von meinem Stuhl aufgesprungen, es war so ein Schock.«

Es wurde ein freundliches Gespräch. Lois fragte, wie es ihm ginge und sagte nicht, dass er sie in Ruhe lassen solle. Sie erzählten einander ein paar Geschichten aus ihren langen, getrennten Leben. »Neun Kinder?«, rief er ins Telefon. »Katholisch, das weißt du doch«, sagte sie und prustete los. Lois lachte noch immer so viel, wie Lewis in Erinnerung hatte. Er bat sie um ein Treffen. »Du weißt doch noch nicht einmal, ob ich jetzt nicht vielleicht hundertvierzig Kilo wiege«, sagte sie und lachte wieder. Aber sie willigte ein, wenn auch nur zum Lunch statt zum Dinner. Ihr zweiter Mann war noch nicht lange tot, sie hatte gesundheitliche Probleme und wollte keine große Romantik.

Lois und Lewis trafen sich zum Mittagessen beim Italiener.

Der stille, schüchterne Junge von damals war inzwischen ein älterer Herr, schütteres Haar, krummer Rücken. Lois' Haar war weiß geworden. »Ich war so aufgeregt«, sagt er. Früher wäre Lewis ganz still geworden, nun aber redet er, wenn er aufgeregt ist. »Wie ein Wasserfall«, sagt er. Er redete und redete und erzählte und erzählte. »Mannomann, ich habe dich ja gar nicht zu Wort kommen lassen«, sagte er am Ende des Mittagessens. »Falls wir uns noch mal treffen sollten, bringe ich einen Maulkorb für dich mit«, antwortete Lois und zwinkerte ihm zu. Das »noch mal treffen« weckte seine Hoffnungen.

»Ich war sehr überrascht, woran er sich alles erinnern konnte«, sagt Lois. Es war schmeichelhaft für sie, dass er nach zweiundsechzig Jahren noch ganz genau wusste, was sie ihm damals erzählt hatte, dass er sich sogar noch an ihr Parfüm erinnerte. Und sie merkte, dass es ihr Freude machte, ihm zuzuhören. Sie mochte seine Geschichten, seinen Humor, sein Lachen. Sie begann, sich auf das zweite Treffen zu freuen – und brachte keinen Maulkorb mit. Er war auch nicht nötig, beim zweiten Date war Lewis schon nicht mehr ganz so nervös, er redete nicht nur, sondern hörte auch zu. Sie hatten sich so viel zu erzählen, die Zeit verflog, wenn sie zusammen waren. Dem zweiten Treffen folgte ein drittes, dem dritten ein viertes. Alle Bedenken waren schnell wie weggeblasen: Lois und Lewis wurden ein Paar. Zum zweiten Mal.

Es störte Lois nicht mehr, dass Lewis anders betete als sie. »Die Zeiten haben sich eben geändert«, sagt sie. »Die Konfessionen verstehen einander besser, wir wissen ja heute viel mehr.« In ihren Gemeinden wundert sich heute niemand, wenn eine Katholikin einen Protestanten liebt und ein Protestant eine Katholikin. Ihre Eltern waren längst tot, Lois und Lewis mussten sich keine Sorgen machen, was sie denken würden, wenn sie einen Partner mit einer anderen Konfession hätten. Was den Kirchgang angeht, der beiden bis heute sehr wichtig ist, fanden sie leicht einen Kompromiss: Er geht jeden Samstagabend mit ihr in ihre katholische Messe. Angst vor den Priestern in den Kutten hat er längst nicht mehr. Jeden Sonntagmorgen geht sie mit ihm zu seinem Gottesdienst, den sie schöner findet, als sie dachte, die Leute sind so nett. »Es klappt alles ganz wunderbar«, sagt er. Aber sie planen ja auch keine Kinder mehr zusammen, um deren Erziehung sie streiten müssten, sagt sie und kichert.

Lewis erzählt gern von all den Witzen, die Lois immer macht, gern auch in seiner Gemeinde. Einmal brachte er ihr Kaffee, als sie vor dem Gottesdienst mit den Leuten plauderte. Sie verschüttete ein wenig auf den Boden und rief laut: »Oje, meine Fruchtblase ist geplatzt.« Inzwischen gehört Lois dazu in seiner Kirche, und Lewis in ihrer.

Kirche und Konventionen waren zweiundsechzig Jahre später kein Problem mehr. Allerdings gab es Widerstand von einer neuen Seite: den Kindern. Sie waren ganz und gar nicht begeistert von der alten, neuen Liebe. Lewis' Kinder hatten noch nie von einer Lois gehört, für sie war es ein wenig, als würde ihr Vater ihre Mutter betrügen. Liebte er seine verstorbene Frau denn nicht mehr? Und Lois' Kinder hatten noch nie von einem Lewis gehört, sie fühlten sich, als würde ihre Mutter fremdgehen. Liebte sie denn ihren verstorbenen Mann nicht mehr?

Die ersten Treffen mit den Kindern waren schwierig. Lewis

erschrak mächtig, als er zum ersten Mal einer von Lois' Töchtern begegnete, per Zufall. Er war gerade auf dem Weg in Lois' Haus, als er die Tochter bei der Garage stehen sah. Sie schaute ihn kaum an, sagte »Hi« und dann kein Wort mehr. Man hätte nicht mehr Verachtung in eine Silbe legen können als in dieses »Hi«, erzählt er. »Mir wurde ganz anders.«

Für seine Kinder war es schwer, dass Lewis schon so sehr verliebt gewesen war in Lois, bevor er ihre Mutter kennengelernt hatte. Wenn Lois ihn damals nicht abgewiesen hätte, hätte er ihre Mutter wahrscheinlich nie kennengelernt. »Sie dachten, ihre Mutter sei nur die zweite Wahl gewesen«, sagt Lewis. »Ich verstehe schon, dass das nicht leicht für sie war.« Als Lewis bei einer Familienfeier verkündete, dass er Lois gern heiraten möchte, sprang seine Tochter vom Esstisch auf und fing an zu weinen. »Du hast unsere Mutter nie geliebt«, schrie sie. Es tat Lois und Lewis weh, dass ihre Kinder gegen ihre Liebe waren – wie vor so vielen Jahren ihre Eltern. Aber diesmal wollten sie ihre Gefühle nicht nach den Wünschen anderer richten. Diesmal standen sie zu einander.

Lewis durfte nach einer Weile sogar die Nächte bei Lois verbringen, obwohl sie noch nicht verheiratet waren – das wäre für die junge Lois undenkbar gewesen. Aber ewig, dachte Lewis, könne das ja nicht so weitergehen mit der wilden Ehe. Nach einem Jahr an Lois' Seite nahm er sich vor, um ihre Hand anzuhalten. »Wir sind altmodisch«, sagt er. »Es hätte sich sonst nicht richtig angefühlt.« Er war sehr nervös, seine alte Schüchternheit kam zurück. Er wollte nichts falsch machen in diesem wichtigen Moment – und machte dann doch alles falsch. Die beiden waren unterwegs nach Hause. Lewis hielt das Auto vor ihrem Haus an, drehte sich zu ihr um und bat sie leise, ihren Ring abzuziehen. Lois wusste sofort, welchen Ring er meinte: ein Erbstück, das Lewis ihr schon vor einer Weile geschenkt hatte. Er nahm ihr den vererbten Ring aus der Hand, schob ihn gleich zurück auf den Finger und fragte: »Willst du mich heiraten?« Aber Lewis hatte ihr den Ring auf den falschen Finger gesteckt – und das ging gar nicht, fand Lois. Ein Verlobungsring gehört auf den linken Ringfinger, nicht irgendwo daneben. Lois lehnte seinen Antrag ab. »So nicht«, sagte sie. Lewis war traurig darüber, natürlich, aber er wusste, dass es nicht an ihren Gefühlen für ihn lag. Er wusste, dass er es noch einmal versuchen musste, aber dann mit einem richtigen romantischen Antrag. Und dem richtigen Finger.

Ein paar Monate verstrichen bis zu seinem neuen Versuch. In Europa, dachte er, wäre es romantisch genug für einen richtigen Antrag. Im Sommer reisten die beiden zur Hochzeit einer Enkelin von Lois auf die britische Kanalinsel Isle of Wight. Immer dabei: ein neuer Verlobungsring. Lewis hatte ihn zu Hause in Michigan gekauft und trug ihn die ganze Zeit in der Tasche, bereit für den richtigen Moment. »Wollen wir nicht spontan nach Paris fahren?«, fragte er sie nach der britischen Hochzeit. Lois, die Abenteuer schon immer geliebt hatte, war gleich begeistert von der Idee. Also fuhren die beiden mit dem Schnellzug nach Paris, und Lewis reservierte einen Tisch zum Abendessen im Restaurant des Eiffelturms. »Tagsüber sieht der ja aus wie ein Müllhaufen, das hätte ich nicht gedacht«, sagt Lois und lacht. »Aber nachts ist er wunderschön«, sagt Lewis. Nach dem Dinner bat er sie vom Tisch zum Fenster hinüber, die beiden blickten hinab auf die leuchtende Stadt. Das war er, der richtige Moment. Lewis fragte sie, ob sie seine Frau werden wolle. Auf die Knie fiel er nicht. »Ich wäre nie wieder hochgekommen«, sagt er. »Meine Knie sind nicht mehr so gut.« Lois sagte trotzdem ja, und Lewis steckte ihr den Ring an den richtigen Finger. Später fuhren sie mit dem Schiff auf der Seine und landeten aus Versehen in einer Striptease-Tanzvorstellung. Sie lachen sich kringelig, wenn sie davon erzählen.

Ein Dreivierteljahr später heirateten sie in der katholischen Kirche, beide waren einundachtzig Jahre alt. Sie trug ein elegantes türkisblaues Kleid, in der Taille gerafft, und einen Strauß Tulpen in der Hand. Es sollte eine ganz kleine Hochzeit werden, am Ende kamen doch mehr als sechzig Gäste. Ihre Kinder haben ihren Widerstand aufgegeben. Fast alle Kinder, Enkel und Urenkel kamen zur Hochzeit. Außerdem Freunde aus beiden Kirchen, Lewis' vier Schwestern und sogar eine Schwester von Lois' zweitem Mann. »Sie hat sich sehr für mich gefreut«, sagt Lois. »Alle haben sich für uns gefreut«, sagt Lewis. Die beiden haben den ganzen Abend getanzt. Sie tragen jetzt beide einen Doppelnamen. Keiner von ihnen will die Vergangenheit vergessen, die Vergangenheit gehört zu ihrem Leben. Und das hört man auch in ihren Nachnamen.

Die Kinder haben mit der Zeit gesehen, wie gut es Lois und Lewis miteinander geht. Je besser sie den neuen Partner kennenlernten, desto mehr verstanden sie ihre Eltern. Lewis' Tochter tat es bald leid, dass sie vom Tisch aufgesprungen war und geschrien hatte. Er hat ihr erklärt, dass er ihre Mutter geliebt hat. Es sei durchaus möglich, jemanden zu lieben und gleichzeitig noch einen Platz im Herzen für jemand anderen zu haben, sagt Lewis. »Das habe ich herausgefunden.« Jetzt lässt seine Tochter jedes Mal Grüße an Lois ausrichten, wenn sie mit ihrem Vater telefoniert. Auch Lois' Tochter sagt inzwischen viel mehr zu Lewis als »Hi«. »Es hat geholfen, dass die Kinder gesehen haben, wie glücklich ich bin«, sagt Lois.

Auf der Kommode in ihrem gemeinsamen Schlafzimmer stehen zwei Fotos: Eins zeigt das junge Paar im Sommer 1949 an dem Strand, an dem sie sich kennenlernten. Lewis mit hochgekrempelten Ärmeln und schüchternem Lächeln, einen halben Kopf größer als Lois und ein wenig zu ihr hinabgebeugt. Lois kerzengerade in einem Rock bis über die Knie und kurzen Locken. Sie lächelt in die Kamera, als würde sie gleich einen Witz erzählen. Neben dem alten Foto steht ein neues von der Hochzeit, Lewis im hellen Sakko, Lois in ihrem blauen Kleid, beide halten gemeinsam den Tulpenstrauß in den Händen, sie sind einander zugewandt und lächeln einander an. Lewis ist heute kaum noch größer als Lois.

Sie denken öfter darüber nach, wie ihr Leben gewesen wäre, wenn sie damals zusammengeblieben wären. Aber sie trauern nicht um die zweiundsechzig Jahre, die sie getrennt waren – fast ein ganzes Leben. Lewis hat so viel gearbeitet, er war immer so viel unterwegs mit seinem Männerchor oder dem Motorschlitten, vielleicht wäre sie gar nicht so glücklich mit ihm gewesen, sagt Lois, er hätte ja kaum Zeit gehabt. »Es hat so sein sollen. Wir sind einfach glücklich über jeden Tag, der kommt.«

Er macht ihr morgens Frühstück. Sie kocht und backt für die Kirche, für Freunde, für Feste. Jeden Donnerstagnachmittag gehen die beiden zum Seniorentanztreff. »Uns geht es gut, nichts bringt uns aus der Ruhe«, sagt sie. Sie besuchen ihre Kinder und Enkel. Er sagt ihr, wie schön und elegant sie aussieht. »Er sieht meine Schwächen gar nicht«, sagt Lois. »Ach«, sagt er, »ich liebe es, über Schwächen hinwegzusehen.« Sie hat ihm beigebracht, wie man Karten spielt, tanzt und trinkt. »Ich spiele nicht gern Karten mit ihr, sie gewinnt immer«, sagt er und lacht. Lewis ist ein anderer Mann als damals, der schüchterne Junge liebt heute das Reden, das Lachen, das Geschichtenerzählen. »Ich habe Nachholbedarf«, sagt er. »Wir verstehen uns einfach so wunderbar, es ist verrückt«, sagt sie. »Er ist ein guter Mann.« Lewis lacht laut, als er das hört. »Sie hat das ganz schön spät herausgefunden.«

Die beiden sitzen zusammen an ihrem Wohnzimmertisch in Michigan, gar nicht so weit weg von dem Strand, an dem sie sich vor mehr als einem halben Jahrhundert kennengelernt haben. Er legt seine Hand auf ihre. Sie lächelt ihn an. »Sie ist so voller Leben«, sagt er. »Wir lachen viel miteinander.« Heute gibt es ihren selbstgebackenen Walnuss-Kuchen, den er so gern mag, am liebsten mit ein wenig Butter. Nach dem Essen steht Lewis auf und räumt den Tisch ab. Er klappert in der Küche mit dem Geschirr, stellt die Teller in den Geschirrspüler und den restlichen Kuchen in den Kühlschrank. »Ist das nicht nett? Er weiß, dass ich Unordnung nicht mag«, sagt Lois und grinst. »Ich glaube, den behalte ich diesmal.«

Jenny und Fatih

Sie kann einfach nicht aufhören, an ihn zu denken. Jenny sagt Fatih immer wieder, dass sie nur befreundet sein will. Auf keinen Fall wolle sie mehr, sagt sie ihm, schließlich wäre doch alles falsch daran, wenn sich Jenny in Fatih verlieben würde: Sie hat einen anderen Freund und würde niemals fremdgehen. Und wenn sie ganz ehrlich ist, dann hat sie sich ihren Traummann auch ein bisschen anders vorgestellt als Fatih. Also sagt sie ihm immer wieder: »*We are just friends.*«

Sich selbst flüstert sie zu, als sie zurück in Deutschland ist und Fatih in der Türkei bleibt: »Du kannst dich doch da jetzt nicht verrennen und in jemanden verlieben, der dreitausend Kilometer entfernt ist. Der kleinwüchsig ist und auch noch Animateur.« Aber es funktioniert nicht, ihre Gefühle sind stärker als die Stimme, die ihr sagt: Vergiss den Mann. »Er ging mir einfach nicht aus dem Kopf«, erzählt sie. »Er blieb da drin und ging nicht raus.«

Die Geschichte von Jenny und Fatih beginnt im Frühjahr 2014. Jenny, vierundzwanzig Jahre alt, macht mit ihren Eltern Urlaub in einem türkischen Badeörtchen, zwei Wochen in einem All-Inclusive-Hotel am Strand. Der türkisblaue Pool sieht so aus, als würde er direkt ins Meer führen. Jenny will eine Zeitlang weg von zu Hause, wo ihr Freund ihr mit seiner Eifersucht das Leben zur Hölle macht, wo er sie manchmal nicht einmal ihre beste Freundin besuchen lässt. »Ich war einfach froh, mal raus zu sein und mir das Ganze durch den Kopf gehen lassen zu können«, sagt sie. Schon seit sie ein Baby war, fuhr sie mit ihren Eltern Jahr für Jahr in das Städtchen am Strand in der Türkei. Der Ort ist für sie wie eine zweite Heimat. Diesmal fahren sie in ein Holiday Resort, da waren sie in den neunziger Jahren bereits einmal. Ihre Mutter hatte erst ein anderes Hotel ausgesucht, aber Jenny hat sich durchgesetzt, weil sie so schöne Erinnerungen an den Urlaub in ihrer Kindheit hatte. »Das war unser Glück«, sagt sie. Das Glück von Jenny und Fatih.

Sie sieht Fatih nicht sofort, als sie im Hotel ankommt. Das Animationsteam nimmt die neuen Gäste in Empfang und stellt sich vor, aber Fatih ist nicht dabei. Als Jenny und ihre Eltern aus dem Empfangsraum ins Foyer treten, steht da ein Mann, ein sehr kleiner Mann, so um die dreißig, mit großen braunen Augen, einer Glatze und Badeshorts. »Ich habe kurz zu ihm hingeschaut und gesehen, dass er kleinwüchsig ist, aber gleich wieder weggeguckt«, sagt Jenny. Sie ist keine, die andere Menschen angafft. Aber der Mann starrt zurück, er wendet den Blick nicht ab von ihr und ihren Eltern. Als habe er Fragezeichen in den Augen, erzählt Jenny. Ihre Mutter starrt zurück zu dem Mann, mit den gleichen Fragezeichen im Blick, und murmelt: »Ich kenne den doch, ich habe den schon einmal irgendwo gesehen.«

Der Mann kommt herüber, lächelt sie vorsichtig an und stellt sich vor: Sein Name sei Fatih, sagt er. »Man kann sich das

kaum vorstellen«, erzählt er heute, »aber ich bin schüchtern.«
Es gehört zu seinem Job, mit den Gästen zu sprechen – also
spricht er mit Jenny und ihren Eltern. Und siehe da, Jennys
Eltern und Fatih kennen einander tatsächlich, er hat schon als
Animateur in einem Hotel gearbeitet, in dem sie ein paar Jahre
zuvor Urlaub gemacht haben. »So hat das angefangen«, sagt
Jenny, »ganz harmlos.«

In den nächsten zwei Wochen weicht Fatih Jenny und
ihren Eltern nicht von der Seite. Jennys Eltern lieben seine
humorvolle, offene Art. Mit Fatih lernt man überall schnell
Leute kennen, es gibt immer viel zu lachen. Wenn er lächelt,
strahlt er. Und alle anderen strahlen zurück. Jenny lächelt er
besonders oft an, und sie genießt das. Fatih sagt es nicht in
diesen ersten Tagen, aber sie merkt schnell, dass er sie mag
und anders behandelt als die anderen Gäste. Er stellt viele Fragen, er will alles von ihr wissen. Es tut ihr gut, dass ein Mann
Interesse an ihr hat. Ihr Freund in Deutschland hat ihr immer
wieder gesagt, dass sie sowieso nie wieder jemand anderen
findet als ihn, dass sie zu dick ist. Aber da ist jemand, der sich
– schüchtern, aber eindeutig – für sie interessiert. Der wissen
will, wer sie ist.

Jenny und Fatih können so gut miteinander reden. Obwohl
sie kein Türkisch kann und er kein Deutsch, obwohl beide
nur gebrochen Englisch sprechen, verstehen sie einander. »Ich
hatte am Anfang wirklich nur mein Schulenglisch. Ich konnte
eigentlich nur ›*How are you*‹ und ›*Where do you come from*‹
sagen«, sagt sie. Aber mit den Tagen erinnert sie sich an mehr
Vokabeln, die beiden sprechen über ihre Familien, ihre Wünsche und Hoffnungen, ihre Selbstzweifel, ihre Ängste. Beide

haben Angst vor Zurückweisungen. Angst vorm Alleinsein. Beide sind oft verletzt worden. Und beide sind sich sicher, dass sie einander nicht verletzen werden. Ihre Gespräche haben schnell nichts mehr damit zu tun, dass Fatih Animateur ist und von Berufs wegen dafür zuständig, dass Jenny Spaß hat im Urlaub. Es geht um mehr als um Spaß. Ihre Geheimnisse sind sicher bei dem anderen, das merken sie schnell. »Es gab so unglaublich viele Sachen, wo wir ähnlich ticken«, sagt Jenny.

Sie treffen sich nach seinem Feierabend oder in Fatihs Pause, sie gehen miteinander essen in dem Städtchen, das Jenny viel besser kennt als Fatih, der aus Istanbul stammt. Einmal gehen sie schwimmen im Meer, sie planschen und lachen, eine Seltenheit für Fatih, der sonst kaum das Hotel verlässt. Sie können beides miteinander sein: ernsthaft und albern. Oft sind andere Leute dabei, wenn Fatih und Jenny sich treffen, aber das merken die beiden kaum. Wenn sie zusammen sind, ist die Welt nur für sie da. Aber sie berühren einander kaum, sie sind ja nur Freunde. »Etwas anderes habe ich gar nicht an mich herangelassen damals«, sagt sie. »Und er hat das akzeptiert. Er war immer ein Gentleman.« Auch wenn sie ihm erzählt, wie unglücklich sie in ihrer Beziehung ist, nutzt er das nie aus.

Die anderen aus dem Animationsteam wollen die beiden verkuppeln. »Der redet die ganze Zeit nur von dir. Er würde dich gern mal alleine sehen. Aber er traut sich nicht, dich zu fragen«, sagen sie ihr. Aber für sie kommt das nicht in Frage, sie hat ja diesen Freund in Deutschland. »Und er war natürlich auch nicht der Typ Mann, den ich mir eigentlich für meine Zukunft vorgestellt hatte.« Fatih ist damals schon dreißig, sechs Jahre älter als sie. Und wenn er neben ihr steht, sind seine Augen auf der Höhe ihrer Ellenbogen.

Fatih ist mit Mikrosomie zur Welt gekommen. Aber nach einer Weile sieht Jenny gar nicht mehr, dass er klein ist. Als Fatih sie fragt, ob seine Kleinwüchsigkeit eine Rolle für sie spielt, antwortet sie: »Natürlich nicht. Die ist doch ein Teil von dir.« Aber es geht ja nur um Freundschaft.

Dann kommt der Abschied. Jenny weint. Es ist, als würde sie wachgerüttelt aus einem schönen Traum, sie ist voller Wehmut, erzählt sie. »Ich habe mich gefragt, was ich überhaupt mache. Warum gehe ich überhaupt zurück nach Deutschland? Warum muss ich das alles jetzt verlassen?« Fatih weint auch, sie hat noch nie einen Mann so weinen sehen. »Bitte geh nicht«, schluchzt er. »Was mache ich jetzt nur ohne dich?«

Aber Jenny muss abreisen, zurück nach Bonn und in ihr altes Leben. In ihr Zimmer im oberen Stockwerk im Haus ihrer Eltern, zurück in die gleiche Straße, auf die sie schon seit vierundzwanzig Jahren schaut. Zurück zu ihrem Freund, mit dem sie sich schon lange nicht mehr wohlfühlt. Der nicht gut für sie ist, sie hat das längst gemerkt. Fatih bleibt zurück, allein unter den Animateuren, mit denen er nicht reden kann wie mit Jenny, Tausende Kilometer weit weg von der Frau, die ihn versteht.

Fatih hat das schon mehrfach erlebt. Er hat zwar noch nie so etwas gefühlt wie für Jenny, die er noch nicht einmal geküsst hat. Aber er hat schon in den Jahren zuvor Frauen in seinen Clubhotels kennengelernt und sich ein bisschen verknallt. Manchmal lief sogar etwas zwischen ihm und den Touristinnen, aber dann reisten sie ab, verschwanden aus seinem Leben, er hörte nie wieder etwas von ihnen und fühlte sich ausgenutzt und allein. Wird es mit Jenny schon wieder so?

»Als sie abgefahren ist, dachte ich, dass sie mich nicht mag«, sagt er. »Ich dachte, sie wird mich nicht kontaktieren, es war wieder nur so eine Urlaubsgeschichte. Aber ich habe natürlich gehofft.« Dann, eines Morgens nach dem Frühstück, Fatih hat gerade angefangen zu arbeiten, bekommt er eine Nachricht bei Facebook: Jenny hat ihn als Freund hinzugefügt. Die beiden fangen an, einander zu schreiben. Immer öfter, immer länger, morgens, abends, zwischendurch. Immer wenn etwas passiert, schreibt Jenny Fatih. Und Fatih schreibt ihr. Gedanken, Gefühle, Sorgen und Hoffnungen. So wie im Urlaub, nur jetzt über ihre Handys. Sie warten ständig auf die nächste Nachricht des anderen. Bis sie ihm irgendwann schreibt: *Ich bin jetzt Single.*

Jenny denkt viel nach in den Wochen nach ihrer Rückkehr. Will sie diesen Freund noch in ihrem Leben? Die vielen Nachrichten von Fatih tun ihr gut. Sie denkt die ganze Zeit nur an den Mann in der Ferne. Sie bekommt ihn einfach nicht aus dem Kopf, obwohl doch nichts stimmt an dieser Verbindung: die junge Frau aus Bonn mit dem kleinwüchsigen Animateur aus der Türkei. Hat sie sich vielleicht doch verliebt?

Dann wird sie krank. Mit einer schweren Nierenbeckenentzündung muss sie ein paar Tage ins Krankenhaus. Dort merkt sie, dass der Freund, der eigentlich bei ihr sein könnte, sich gar nicht so sehr für ihre Krankheit interessiert. Fatih, weit weg in einem anderen Land, nimmt mehr Anteil als der Mann, der sie in den Arm nehmen könnte. Fatih lässt sogar seine Arbeit sausen, um sie anzurufen. Bei jeder SMS von ihm muss sie lächeln, seine Worte trösten sie, obwohl sie von weit weg auf dem Handy erscheinen. Im Krankenhaus fasst sie den Entschluss: Sie will nicht mehr mit ihrem Freund zusammen sein. Sie will mit Fatih zusammen sein. *Was haben wir schon zu verlieren?*, fragen sie einander in ihren Nachrichten. *Lass es uns doch einfach versuchen.* Sie wissen nicht mehr, wer es zuerst geschrieben hat, aber sie schreiben es beide in diesen Wochen: *Ich liebe dich.*

Dass Fatih klein ist, spielt schon längst keine Rolle mehr für Jenny. Wenn sie an ihn denkt, denkt sie nicht an einen kleinwüchsigen Mann mit Glatze, sie denkt an Fatih. Sie recherchiert im Internet über Beziehungen von Kleinwüchsigen und ihre gesundheitlichen Probleme, sie kennt sich da ein bisschen aus, sie ist Arzthelferin. Im Fernsehen bemerkt sie immer mehr kleinwüchsige Schauspieler, es wird immer weniger komisch für sie, dass ihr Freund klein ist. »Auf gewisse Weise ist das etwas ganz Besonderes für mich. Er ist halt nicht so ein Nullachtfünfzehn-Typ«, sagt sie. »Die Kleinwüchsigkeit gehört zu ihm, sie ändert nichts für mich. Er kann reden wie ich und lachen wie ich. Er ist einfach nur klein.«

Im August, vier Monate nach ihrem ersten Treffen, fährt Jenny wieder zu ihm in die Türkei. Sie ist unglaublich aufgeregt. Wie soll sie ihn nur begrüßen am Flughafen, mit einer Umarmung, mit einem Kuss? Die beiden sind ein Paar, das haben sie bei Facebook beschlossen, aber sie haben sich noch nie berührt, noch nie geküsst. Fatih ist genauso aufgeregt wie sie. »Ich war natürlich sehr nervös«, sagt er. »Ich hatte auch schon seit zwei Jahren keine Freundin mehr.« Aber als sie einander im Flughafenterminal sehen, geht alles ganz leicht. Ihr erster Kuss. »Eigentlich war das ja nicht sehr romantisch da am Flughafen«, sagt Jenny. »Aber es war, als würde alles um uns herum fliegen.« Sie muss sich bücken, aber sie merkt das gar nicht. Er muss sich hinaufstrecken zu ihr, aber er merkt es gar nicht. Gucken die Leute komisch? Es interessiert sie gar nicht. Sie küsst keinen Kleinwüchsigen, sie küsst den Mann, den sie liebt.

Fatih hat allen Gästen in seinem Clubhotel von Jenny erzählt, alle wissen, dass sie kommt, er hat mit ihnen die Tage heruntergezählt. Alle kennen ihren Namen und ihre Geschichte, alle wissen, dass Fatih an niemanden denkt außer an Jenny. »Das hat mir auch noch mal gezeigt, dass er mich nicht veräppelt. Wenn es einer ernst meint, dann er«, sagt sie. »Ich habe mich gefühlt wie auf Händen getragen.« In einem ernsten Moment fragt er sie noch einmal, ob sie seine Kleinwüchsigkeit nicht stört. »Ich habe mir natürlich manchmal Sorgen gemacht, dass sie mich nicht attraktiv findet. Dass sie mich nicht mag, weil ich klein bin«, erzählt er. Aber Jenny antwortet nur: »*I don't care.*« Sie ist schließlich auch nicht perfekt. Für Fatih und für Jenny werden es die schönsten Wochen in ihrem bisherigen Leben.

Einen Tag vor Jennys Abreise fasst sich Fatih ein Herz. »Ich war so schüchtern, ich musste mir ein kleines bisschen Mut antrinken«, sagt er. Bei einer der Shows, die das Animationsteam jeden Abend für die Gäste vorführt, holt Fatih Jenny auf die Bühne. Vierhundert Gäste schauen zu den beiden empor. Fatih nimmt Jennys Hand, spricht in ein Mikrophon. »Ich liebe dich«, sagt er, und Tränen laufen ihm über die Wangen.

Er wolle sie glücklich machen, er wolle ein Haus mit ihr und Kinder, sagt er, er wolle immer mit ihr zusammen sein. Hinter ihm stehen seine Animationskollegen mit roten Rosen in der Hand. Jenny weint. Fatih geht auf die Knie. »Willst du meine Frau werden?« Und Jenny sagt ja, ohne eine Sekunde zu zögern. »Ich habe gar nicht nachgedacht. Natürlich weiß ich, dass man nachdenken sollte. Aber ich habe einfach ja gesagt«, sagt sie. »Wir hatten so ein Glück, dass wir uns gefunden haben.« Im Hintergrund läuft ihr Lied: *Just The Way You Are* von Bruno Mars. »Ich wollte das unbedingt machen, ich wollte nicht, dass sie mir jemand wegnimmt«, sagt Fatih. »Ich hatte so lange gedacht, dass es nie etwas wird für mich mit der Liebe und ich immer alleine sein werde.«

Am nächsten Tag reist Jenny ab, mit seinem Ring am Finger. Ein bisschen Angst haben beide, dass ihre Liebe es nicht übersteht, wenn beide allein sind in ihren alten Welten, dass ihre Liebe nur unter der türkischen Sonne funktioniert und in Deutschland wirkt wie ein schönes Bild im Rückspiegel. Aber trotz der vielen Kilometer zwischen ihnen bleiben sie einander nah, bei Facebook, WhatsApp und Skype. Sie vermissen einander. »Das war natürlich ganz ganz furchtbar«, sagt Jenny. »Ich habe sie schrecklich vermisst«, sagt Fatih. Aber sie merken: Unsere Liebe hält. »Ich hatte niemals zuvor so jemanden in meinem Leben«, sagt er. »Alles andere war nur Spaß. Jetzt ist es wahre Liebe. Richtige Liebe.«

Jennys Eltern und ihre Freunde sind allerdings nicht sehr erfreut, dass die beiden so schnell heiraten wollen. »Die Begeisterung hielt sich in Grenzen«, sagt sie. »Alle haben sich Sorgen gemacht über die Distanz. Und dass ich von einer Beziehung in die nächste wechsele.« Dass Fatih kleinwüchsig ist, ist für ihre Eltern und ihre Freunde dagegen kaum ein Thema. Sie sprechen kurz darüber, wie sie die Wohnung umbauen müssen und was es bedeutet, dass Fatih nicht Auto fahren kann, aber alle sind sich einig: Da finden wir eine Lösung. »Aber könnt ihr euch nicht Zeit lassen?«, fragt ihre Mutter. Doch Jenny ist sich sicher – und wenn man sich sicher ist, gibt es keinen Grund zu warten, findet sie. »Und zum Glück haben alle gesagt, dass sie hinter mir stehen, wenn ich glücklich bin.«

In den Monaten danach fährt sie immer wieder zu Besuch in die Türkei, sie nimmt all ihren Jahresurlaub und verbraucht all ihr Erspartes. Sie ist zu seinem Geburtstag im September da, als Überraschung. Als er sie am Morgen am Swimmingpool zwischen all den anderen Gästen entdeckt, stößt er einen Schrei aus und rennt zu ihr. »Das werde ich nie vergessen«, sagt sie. »Er ist komplett ausgerastet, der wäre mir fast in den Pool gefallen. Er hat sich so gefreut, das war so schön.« Im Oktober fliegt sie noch einmal zu ihm. Im November und Dezember soll er nach Deutschland kommen, aber er bekommt kein Besuchervisum, es fehlt ihm die richtige Versicherung. Also fährt Jenny über Silvester wieder in die Türkei.

Die langen Wochen zwischen ihren Besuchen werden immer schwieriger. Fatih ist eifersüchtig, besonders in der Karnevalszeit, die Jenny so wichtig ist. Sie war vor ein paar Jahren einmal Karnevalsprinzessin, es ist die beste Zeit im Jahr für sie. Fatih will mitfeiern, aber er bekommt kein Visum, sie geht allein zum Karneval, und Fatih hat Angst, sie zu verlieren. »Du läufst weg und suchst dir einen anderen, weil ich klein bin.

Oder weil ich so weit weg bin«, sagt er. Jenny versteht, dass er unsicher ist und sie nicht verlieren will. Aber es tut ihr weh, dass er ihr nicht vertraut. Die beiden streiten per SMS. Einmal reden sie eine ganze Woche lang nicht miteinander. Dann versöhnen sie sich und weinen am Telefon, eine ganz Nacht lang. Im April fährt sie wieder zu ihm.

Ein paar Wochen später heiraten die beiden in der Türkei, da kennen sie sich noch nicht einmal ein Jahr. Ihre Eltern sind mit ihr in die Türkei gereist. Jenny trägt ein weißes Brautkleid und weiße Schleifen im Haar. Fatih trägt einen schwarzen Anzug und ein weißes Einstecktuch. Der Strauß weiße Rosen in Jennys Hand ist auf der gleichen Höhe wie Fatihs Kopf. Sie könnten unterschiedlicher kaum aussehen, aber sie tragen das gleiche Strahlen im Gesicht. Der Übersetzer bei der Zeremonie kann gerade mal so viel Deutsch, dass Jenny weiß, wann sie ja sagen muss. Jenny trägt seitdem einen goldenen Ehering mit einem Diamanten, Fatih hat ein schlichtes Band. Die beiden tanzen die ganze Nacht, »bis die Füße qualmten«, sagt sie. Jenny hat eine Tätowierung am Handgelenk: zwei Herzen, ineinander verwoben, darunter das Datum ihrer Hochzeit. Fatih hat ein ganz ähnliches Tattoo am Oberarm.

Ab jetzt wird alles einfach, denken die beiden, wir sind ja jetzt Mann und Frau und können zusammen sein. Aber die Behörden glauben ihnen nicht, vor allem nicht die türkische Verwaltungsstelle, die dem Konsulat vorgeschaltet ist und Visumsanträge prüft. Jenny und Fatih müssen zum Interview, es fühlt sich eher an wie ein Verhör. Eine junge Deutsche und ein kleinwüchsiger Türke, das müsse eine Scheinehe sein, deuten die Beamten an. »Da werden Fragen gestellt, die unglaublich sind«, sagt Jenny. »Und wenn man einmal nicht exakt das Richtige antwortet, hat man verloren.« Sie fragen Jenny, was Fatihs Lieblingsfarbe ist. Die beiden haben über so viel gesprochen, über alles, was sie bewegt, sie kennen einander so gut. Aber seine Lieblingsfarbe weiß Jenny nicht. »Sie ist blau, genau wie meine, jetzt weiß ich das«, sagt sie. »Aber das fragt man doch nicht beim Kennenlernen.« Fatih ist verzweifelt: »Ich will bei ihr sein. Ich liebe sie. Es ist keine Lüge.«

Jenny fährt immer wieder zu ihm, er kann ja nicht zu ihr kommen. Die Abschiede sind Mal für Mal härter. Es fühlt sich so falsch an, dass er immer noch nicht gesehen hat, wie ihr Zimmer aussieht, ihre Straße, ihr Land und ihr Leben. Immer fehlen den Behörden irgendwelche Unterlagen, um ihn nach Deutschland zu lassen. Sie haben immer neue Fragen. Doch endlich, nach monatelangem Bangen, bekommt er ein Besuchervisum, er darf drei Monate zu ihr, mitten im deutschen Winter. Er muss sich erst mal eine Winterjacke und warme Schuhe kaufen. Kurz nach Weihnachten holt Jenny ihren Mann vom Flughafen ab. »Ich war so aufgeregt, ich glaube, so aufgeregt war ich noch nie. Außer an meiner Hochzeit«, sagt sie. Was, wenn es ihm nicht gefällt in Deutschland? »Ich war richtig nervös, wie ein kleines Kind, mit feuchten Händen«, sagt sie. »Ich weiß gar nicht mehr, wie ich zum Flughafen gekommen bin.«

Sie hält die Schnur eines Ballons in den feuchten Händen, auf dem Ballon steht *Herzlich willkommen*. Fatih hat einen riesigen Koffer dabei, fast so groß wie er selbst. »Ach, das war so schön, als er dann da aus der Schleuse kam«, sagt sie. »Ich konnte das erst gar nicht so begreifen, dass er da jetzt wirklich steht.« Fatih ist zum ersten Mal in Jennys Welt. Zum ersten Mal verbringen sie mehrere Monate zusammen, zum ersten Mal hängen ihre Klamotten im gleichen Schrank. Fatih lernt Jennys Freunde kennen. Und er liebt ihre Welt so sehr, wie er sie liebt. Gleich am ersten Tag gehen Fatih und Jenny zusammen in den Supermarkt. Als sie wieder auf die Straße treten, hat er Tränen in den Augen. »Es ist unglaublich, niemand hat mich angestarrt, hast du das gemerkt?«, fragt er.

Sie feiern Karneval zusammen in Bonn. »Alaaf« ist eines der deutschen Worte, die er nie vergessen wird. »Das Tolle am Karneval ist, dass man zum Feiern nicht groß, klein, dick oder dünn sein muss. Das geht immer«, sagt sie. Sie verkleiden sich als Hippies mit Hemden und Blumenketten in der gleichen Farbe und fahren auf dem Karnevalswagen mit. Fatih hätte die Kamellen lieber für sich behalten. »Er wollte gar nicht mehr von dem Wagen runter«, sagt Jenny. Sie sind glücklich.

»Ich könnte jetzt von jedem Tag etwas erzählen«, sagt Jenny. Wie Fatih zum ersten Mal mit dem Hund ihrer besten Freundin spielt. Wie sie losziehen, um ihm das bunte Hemd für den Karneval zu kaufen. Wie er sich freut, als er zum ersten Mal Schnee sieht. Als die drei Monate vorbei sind, will er gar nicht mehr weg. »Alles Neue hat er so aufgesogen und mitgenommen«, sagt Jenny. Er fühlt sich zu Hause in Jennys Wohnung bei ihren Eltern, zum ersten Mal seit langem ist er Teil einer Familie. »Sie sind jetzt meine Familie, meine richtige Familie, ich liebe sie«, sagt er. Seine Mutter ist gestorben, als er drei Jahre alt war. Sein Vater wollte nichts mit seinem Sohn zu tun haben, er hat noch nicht einmal zur Hochzeit gratuliert. Fatih will bei Jenny bleiben, aber sein Visum läuft aus. Er reist ab, mit schwerem Herzen.

Seitdem haben die beiden einander nicht gesehen, schon fast drei Monate lang. »Er fehlt mir sehr«, sagt Jenny leise. »Ich vermisse sie, sie ist doch meine Frau«, sagt Fatih. Er sagt das gern und mit Stolz in der Stimme: »Meine Frau.« Jenny und Fatih telefonieren über das Internet miteinander, sie sehen das Gesicht des anderen immer nur auf dem kleinen Handybildschirm oder verzerrt auf dem Computer. Die Verbindung ist oft schlecht, Fatih sitzt mit Kopfhörern in einem Straßencafé, um ihn herum der Trubel des türkischen Städtchens, das WLAN ist nicht sehr gut. »*The connection is not good, Askim*«, sagt Jenny. Askim heißt »meine große Liebe« auf Türkisch, das hat sie schnell von ihm gelernt. Er nennt sie Schatz.

Wenn sie auflegen, plingt Jennys Handy pausenlos, Fatih schickt ihr kleine Nachrichten, immer mit vielen Herzchen. Jenny lächelt jedes Mal. Aber es ist auch ein trauriges Lächeln. »Ich fliege nächsten Monat noch mal hin, von meinem Notgroschen«, sagt sie. »Es geht einfach nicht anders, ich kann nicht bis September oder Oktober warten, bis ich meinen Mann sehe.« Im September oder Oktober, hoffen sie, bekommt er wieder ein Besuchervisum. Und vielleicht ändern sich bald die Regeln für Aufenthalts- und Arbeitsgenehmigungen für Türken in der EU, vielleicht können sie bald eine Familienzusammenführung beantragen. »Dass das so schwierig wird, dass einem so viele Steine in den Weg gelegt werden, haben wir nicht geahnt. Nur weil wir zusammen sein wollen. Wir möchten ja nichts anderes. Wir möchten einfach unser Leben zusammen starten«, sagt Fatih. »Er ist das Beste, was mir je passiert ist«, sagt Jenny. »Wir müssen jetzt einfach nur stark bleiben. Wir haben jetzt in zwei Jahren schon so viel überstanden, dass wir das auch noch hinkriegen. Irgendwann wird alles gut.«

Krickitt und Kim

Krickitts Augen werden leer, wenn Kim über den Anfang ihrer Liebe erzählt. Sie starrt aus dem Fenster über das Tal in New Mexico, wenn er von den ersten Spaziergängen am Strand und von den nächtelangen Gesprächen schwärmt, von Krickitts Energie, die ihr schon als kleines Mädchen ihren Spitznamen eingebracht hat: Cricket heißt Grille auf Englisch. Eigentlich heißt sie Krisxan, was man Kris-Ann ausspricht, aber niemand nennt sie mehr so. Ein kleines Lächeln ist festgezurrt auf Krickitts Lippen, wenn Kim mit leuchtenden Augen von seinem Heiratsantrag berichtet, von damals, als sie noch ganz frisch verliebt waren.

Krickitt krault gedankenverloren ihre zwei Hündchen Muffin und Joey. »Ach, ich habe das schon so oft gehört«, sagt sie. »Er redet darüber ja schon seit dreiundzwanzig Jahren.« Auch nach all den Jahren fühlt es sich so an, als würde Kim über eine fremde Frau sprechen, wenn er erzählt, wie er sich so unsterblich in Krickitt verliebt hat. Es ist eine schöne Geschichte, aber Krickitt erinnert sich an nichts.

Es geschah im Herbst 1993. Kim und Krickitt waren gerade einmal zehn Wochen verheiratet und vor kurzem aus den Flitterwochen zurückgekehrt. Sie sagten andauernd »ich liebe dich«, sie waren so glücklich. Sie hatten sich kaum ein Jahr zuvor kennengelernt, alles war so einfach miteinander, ihr Leben zusammen fühlte sich richtig an. Als Kim um Krickitts Hand anhielt, sagte sie sofort ja. Sie zog zu ihm aus Kalifornien nach New Mexico, sie richteten ihr erstes gemeinsames Heim ein, suchten zusammen Gardinen und Geschirr aus, hängten Fotos an die Wände, sprachen über die Familie, die sie gründen wollten. Krickitt lernte alle seine Freunde kennen, bei den Spielen des Baseballteams, das er trainierte, saß sie am Rand und feuerte ihn an. »Wir haben unser Nest gebaut. Ich habe meinen Traum gelebt«, sagt er. »Und dann war alles weg.« Dann konnte sich Krickitt an nichts mehr erinnern.

Es geschah auf dem Weg nach Phoenix, zu Thanksgiving fuhren die beiden im Auto zu Krickitts Eltern, eine lange Fahrt, acht Stunden mindestens. Es wurde langsam dunkel, Krickitt saß am Steuer, Kim schlief auf dem Rücksitz. Plötzlich bremste Krickitt mit voller Kraft, sie schrie, dann kam der Aufprall, alles ging so schnell. Das Auto flog durch die Luft, überschlug sich. Dann Stille. Kim rief ihren Namen, Krickitt antwortete nicht, sie hing regungslos fest in ihrem Gurt, ihr Blut tropfte auf Kim hinunter.

Rettungswagen, Hubschrauber. Erst wollte ihm niemand sagen, wie es ihr geht. Dann sagten die Ärzte, dass Krickitt wahrscheinlich nicht überleben würde. Ein Prozent Chance gaben sie ihr, ihre Kopfverletzungen waren einfach zu schwer. Sie überreichten ihm ihren Ehering. Krickitt lag im Koma, ihr Gehirn war angeschwollen, ihr Blutdruck viel zu niedrig. Aber sie überlebte die erste Nacht, dann die zweite. Die Ärzte glaubten nicht, dass sie je wieder aufwachen würde. Kim betete mit seiner Familie und seinen Freunden für seine junge Frau. Er war auch verletzt, er hatte lange Glassplitter im Rücken, seine Nase war abgerissen, aber es ging ihm nur um sie. Krickitt überlebte die dritte Nacht, dann die vierte.

Am fünften Tag kam Krickitt von der Intensivstation auf eine normale Station. Sie war noch immer nicht bei vollem Bewusstsein, erklärten die Ärzte. Seine Frau konnte ohne Maschinen leben, wirkte fast, als sei sie wach, manchmal konnte sie sogar ein paar Worte sagen. Aber was sie sagte, ergab meist keinen Sinn.

Kim wich nicht von ihrer Seite. Er fütterte sie mit Eiswürfeln, ihre Lippen waren rau, trocken und farblos. »Ich liebe dich, Krickitt«, flüsterte er. »Ich liebe dich auch«, antwortete sie. Kim war begeistert, dass Krickitt mit ihm sprach. »Ich konnte es nicht glauben«, erzählt er. »Meine Frau hat nicht nur gesprochen, sondern auch die Worte gesagt, die ich mehr hören wollte als alles andere.« Aber ein Arzt nahm ihm die Hoffnung. Krickitt könne nicht reflektieren, das »ich liebe dich« sei nur eine automatische Antwort, die ihr Gehirn abgespeichert habe, sagte der Arzt. »Vergessen Sie nicht, dass sie noch nicht bei Bewusstsein ist.« Kim entschied sich, ihre Worte trotzdem als Zeichen der Hoffnung zu nehmen.

Krickitt konnte bald aufrecht sitzen, sogar ein paar Schritte laufen, obwohl ihr Gehirn noch immer nicht vollständig funktionierte. Immer, wenn Kim »ich liebe dich« sagte, antwortete sie: »Ich liebe dich auch.« Aber ihr Gesicht zeigte keine Regung, ihre Stimme kein Auf und Nieder. Ihre Augen starrten leblos geradeaus, wie durch Kim hindurch. Es waren die Augen einer Puppe, sagt Kim. »Sie hatte kein Leben in den Augen. Es war herzzerreißend, denn als ich sie zum ersten Mal traf, waren ihre Augen einfach unglaublich schön.«

Einmal duschte er sie ab, er trug eine Badehose, zog sie aus und stieg mit ihr in die Duschkabine und schob sie unter das Wasser. Sie starrte mit ihren Puppenaugen durch ihn hindurch gegen die Wand. »Honey, ich weiß, dass du da drin bist«, sagte er zu ihr und hielt sie in den Armen. »Das ist nur eine Schale, aber du bist da drin.«

Bald wurde Krickitt aus dem Krankenhaus in eine Reha-Klinik verlegt. Kim ließ sich von der Arbeit als Baseball-Coach an seiner Uni befreien, um bei seiner Frau sein zu können. Die Klinik lag mehrere Autostunden entfernt von ihrer Heimatstadt in New Mexico.

Nach einundzwanzig Tagen versuchte Krickitts Arzt, sie aus ihrem Zustand aufzuwecken, ihr Gehirn sollte wieder voll arbeiten. Er rüttelte und schüttelte sie und kniff sie, bis sie sich regte. »Hör auf, du Arschloch«, sagte sie. Kim erschrak, seine Frau hatte vorher nie ein Schimpfwort benutzt. Würde Krickitt ein anderer Mensch sein, wenn sie wieder aufwachte?

In der Reha ging es Krickitt bald besser. Sie konnte wieder alleine essen, auf kleine Spaziergänge gehen, einfache Fragen beantworten. Wenn sie sprach, klang sie wie ein kleines Mädchen, erzählt Kim, sie machte lange Pausen, musste Wort für Wort langsam formen. Aber was sie sagte, ergab meistens Sinn. Sie schrieb sogar ein paar Sätze über ihre Liebe zu Gott in ihr Tagebuch: *Der Herr lehrt uns unaufhörlich. Ich weiß, dass er auf mich aufpasst und ich sicher bin.* Ein gutes Zeichen, dachte Kim, Krickitt war schon immer sehr religiös. Dass sie ihren Gott nicht verloren hatte, machte ihm Mut. Das Koma war überwunden.

Dann besuchte sie ein Therapeut, der ihr Gedächtnis testen sollte. Kim saß neben seiner Frau, als der Arzt mit ihr sprach, sagte nichts und hörte zu. »Krickitt, weißt du, wo du bist?«, fragte der Therapeut. Sie dachte lange nach und antwortete: »Phoenix.« »Richtig, Krickitt. Weißt du, welches Jahr es ist?«, fragte der Therapeut. »1965«, antwortete sie – dabei war es Dezember im Jahr 1993.

Kim wurde unruhig. »Wer ist der Präsident, Krickitt?«, fragte der Arzt. »Nixon«, sagte Kim. Die richtige Antwort wäre Bill Clinton gewesen, Nixons Amtszeit war schon lange vorbei. Kim bekam Angst. »Krickitt, wie lautet der Name deiner Mutter?«, fragte der Therapeut. Krickitt antwortete korrekt, auch an den Namen ihres Vaters erinnerte sie sich. »Sehr gut«, sagte der Therapeut und machte eine kleine Pause. »Krickitt, wie heißt dein Ehemann?« Krickitt schaute zu Kim herüber und dann zu dem Arzt. Kims Herz pochte, er blickte ihr fest in die Augen. »Ich bin nicht verheiratet«, antwortete seine Frau. Kim fühlte sich, als habe jemand ein Messer in seine Brust gestoßen. Der Therapeut versuchte es noch einmal. »Doch, Krickitt, du bist verheiratet. Wie heißt dein Mann?« Sie runzelte die Stirn und sagte, mit einem Fragezeichen in der Stimme, den Namen ihres Ex-Freunds aus Kalifornien, mit dem sie vor Kim eine Weile zusammen gewesen war. »Krickitt, bitte denk nach, wer ist dein Ehemann?«, fragte der Therapeut. »Ich habe doch schon gesagt, dass ich nicht verheiratet bin!«, rief Krickitt.

Kim rannte aus dem Zimmer, schlug mit der Faust gegen die

Wand, der Schmerz tat gut. Er rutschte langsam mit dem Rücken an der Mauer hinab, saß zusammengekauert im Flur. »Es hat mir so weh getan«, erzählt er. »Ich habe mich so einsam gefühlt, es war einer der Tiefpunkte meines Lebens.« Nach ein paar Minuten sammelte er sich und ging wieder hinein zu seiner Frau. Sie schaute ihn an, als sei nichts passiert. Kim wollte etwas zu ihr sagen, aber er wusste nicht, was.

Die Ärzte fanden heraus, dass sie sich zwar an Ereignisse aus ihrer Kindheit und Jugend erinnern konnte, das letzte Jahr ihres Lebens fehlte ihrem Gedächtnis aber komplett – und damit auch Kim und all die Geschichten, wie sie sich kennengelernt und verliebt hatten, wie er ihr einen Antrag gemacht hatte, wie sie geheiratet hatten, die Hochzeitsreise nach Hawaii. Vielleicht kämen die Erinnerungen noch zurück, sagten die Ärzte.

Kim betete, er kam weiterhin jeden Tag in die Klinik. Er war bei ihrer Physiotherapie dabei, feuerte sie an, wenn sie aufgeben wollte – was sie wütend machte. »Wer ist dieser Typ, der mich herumkommandiert?«, sagte sie einmal. Krickitt wurde leicht wütend, sie wollte nur schlafen. Physiotherapie, Gespräche, alles war ihr zu anstrengend. Sie schrie Kim an: »Lass mich in Ruhe.« Ein andermal trat er in ihr Zimmer, und sie begrüßte ihn mit »Hi, Honey«. Kim freute sich, aber als die Krankenschwester fragte, ob sie weiß, wer der Mann sei, verneinte Krickitt. »Die Zeit war eine Achterbahnfahrt«, sagt Kim. Krickitt fluchte. Ihre Stimmung wechselte von einer Sekunde zur nächsten.

Einmal fand er sie auf dem Teppichboden im Physiotherapieraum. »Das Leben ist so verwirrend«, sagte sie langsam.

»Sind wir wirklich verheiratet?« Kim antwortete genauso langsam: »Wir sind wirklich verheiratet, Krickitt. Ich liebe dich.« Ihr Mann war ein Fremder für sie.

Als sie aus der Reha entlassen wurde, konnte sie wieder laufen, sprechen und essen. Sie zog erst zu ihren Eltern, die in der Nähe der Klinik wohnten, weil sie noch regelmäßig dorthin zurück zur Therapie musste. Aber auch die Plätze ihrer Kindheit, all die Fotoalben und ihr altes Kinderzimmer halfen ihrem Gedächtnis nicht. Wochen vergingen, in denen Kim zwischen seinem Zuhause, seinem Job und den Besuchen bei Krickitt hin und her pendelte.

Bei einem seiner Besuche brachte er ihr Hochzeitsfotos mit. Die beiden schauten gemeinsam ihre Bilder an. Krickitt im weißen Kleid voller Rüschen, ein Schleier in den Locken wie eine Krone, ein Strauß mit Orchideen in der Hand. Kim mit weißer Fliege. Sie halten sich bei den Händen und strahlen. Krickitt erkannte sich in der Braut – aber ihre Erinnerungen kehrten nicht zurück. Es fühlte sich an, als stammten die Fotos aus einem falschen Leben.

Kim besuchte Krickitt jedes Wochenende und auch in der Woche, so oft er konnte. Er war noch nicht bereit aufzugeben. Er feuerte sie an bei der Physiotherapie, er ließ sich von ihr anschreien. Einmal kam sie zu Besuch in sein Haus in New Mexico, ihrem Nest, das sie gemeinsam eingerichtet hatten. Aber die Gardinen oder das Geschirr, das sie ausgesucht hatten, waren ihr fremd. Krickitt wurde körperlich immer fitter, aber ihr Gedächtnis verbesserte sich nicht. Ihre Stimmungsschwankungen blieben und auch ihre Wutausbrüche. Ihr Mann blieb ein Fremder für sie, mit der Amnesie hatte sie auch ihre Gefühle für ihn vergessen. Kims Zweifel wuchsen – würde sie ihn nicht mehr zum Mann haben wollen? Vielleicht wäre es besser, wenn sie sich trennten? Kim liebte seine Frau, aber er wurde immer ratloser, immer mutloser.

Aber gerade, als Kim sich dem Aufgeben näherte, sendete Krickitt ihm ein Hoffnungszeichen. Wenn er nicht bei ihr war, rief er sie jeden Abend pünktlich um 19.30 Uhr an, meistens sprachen sie nur ein paar Sätze. Er hatte es an einem Abend nicht geschafft, sie zur üblichen Zeit anzurufen. Doch am späten Abend klingelte das Telefon bei ihm, und Krickitts Mutter war am Apparat. Sie reichte den Hörer weiter an ihre Tochter. Krickitt hatte Kim noch nie angerufen seit ihrem Unfall. »Hi, hier spricht Krickitt«, sagte sie. »Hi, Krick, ich freue mich, dass du anrufst«, sagte Kim. »Okay«, sagte sie. »Ich muss auflegen. Goodbye.« Es waren nur ein paar Worte, aber für Kim waren sie enorm wichtig. Krickitts Mutter erzählte ihm später, dass Krickitt ihrem Therapeuten gesagt hat, dass sie »diesen Typen« vermisse, der manchmal vorbeikomme und anrufe. Als Kim das erfuhr, wurde ihm klar, dass er nicht aufgeben würde. Und er wusste jetzt, dass sie ihn vermisste, wenn er nicht bei ihr war. Selbst wenn sie sich nicht an mich erinnert, hat sie vielleicht noch Platz für mich in ihrem Herzen, dachte er. Manchmal lachten die beiden wieder miteinander bei seinen Besuchen. Früher hatten sie immer viel gelacht.

Krickitt kann sich an all das nicht mehr erinnern. »Ich habe achtzehn Monate vor dem Unfall und vier Monate nach dem Unfall verloren«, sagt sie heute. »Die Zeit, in der ich meinen Mann getroffen habe, mich verliebt und ihn geheiratet habe.« Ihre erste Erinnerung an Kim? »Ich weiß nicht genau«, sagt sie. »Es ist alles so verschwommen, ich glaube, das erste Mal erinnern kann ich mich an ihn aus der Zeit, als ich wieder bei ihm in New Mexico eingezogen bin.« Wenn Krickitt hört, wie Kim von den ersten Monaten nach dem Unfall erzählt, verzieht sie keine Miene. Sie weiß, dass er von ihr erzählt, aber es ist für sie, als gehe es um eine andere Frau.

Im April, fünf Monate nach dem Unfall, zog sie wieder zu ihm. Zu dem Mann, der ihr Ehemann war und trotzdem ein Fremder. Die Ärzte hatten ihr geraten, zu ihrem alten Leben zurückzukehren, vielleicht kämen dann auch die Erinnerungen zurück. »Ich war so hilflos damals, wie ein kleines Kind«, sagt sie. »Ich bin zu ihm gezogen, weil das für mich so entschieden wurde. Meine Eltern haben meine Sachen gepackt und mich zu ihm gebracht.« Krickitt war nicht dagegen, zu Kim zu ziehen, aber auch nicht dafür. Sie wusste, dass Kim ein guter Mann ist, sie hatte keine Angst. Aber sie war sehr verwirrt. »Ich war gar nicht in der Lage zu verstehen, was um mich herum passierte«, sagt sie.

Zurück in New Mexico fielen die beiden schnell in eine Routine. Kim arbeitete viel, er hatte viel nachzuholen nach den vielen verpassten Tagen. Krickitt wartete zu Hause auf ihn. Sie unternahmen wenig zusammen. »Sie hat Ehe- und Hausfrau gespielt. So wie sie dachte, dass sie sich verhalten muss«, erzählt Kim. »Wir haben aus den Augen verloren, worum es überhaupt ging. Wir haben versucht, so zu tun, als sei alles normal.« Es war eine verwirrende Zeit für beide. Oft war Kim gar nicht bewusst, dass Krickitt Erinnerungslücken hatte, weil sie nur wenig miteinander über die Vergangenheit sprachen. Krickitt fühlte sich wie in einem Albtraum gefangen. Sie stand jeden Morgen auf, putzte sich die Zähne, kochte Abendessen, aber alles fühlte sich falsch an. Dann erinnerte sie sich wieder, dass sie sich nicht erinnerte.

Krickitt hatte gewaltige Wutausbrüche in der Zeit, ihre Stimmungen waren unberechenbar. »Als sie weinen sollte, hat sie gelacht. Und wenn etwas lustig war, war sie traurig oder hat gar keine Regung gezeigt«, sagt Kim. Krickitt konnte nicht mehr weinen, aber sie konnte schreien. Und sie schrie. Die beiden stritten fast pausenlos. Einmal brannte ihr beim Kochen das Essen an, sie war deswegen furchtbar aufgebracht. Als Kim erwähnte, dass der Bacon verkohlt sei, rastete sie aus. Sie schrie ihn an, er schrie zurück. Sie warf ihm einen Cowboystiefel an den Kopf. Immer wieder rannte sie weg von zu Hause, Kim musste sie in der halben Stadt suchen. Kim vergaß manchmal, dass Krickitt krank war, und wurde wütend. Er fühlte sich sehr schwach in dieser Zeit, sagt er.

Immer wieder drohte Krickitt damit, sich umzubringen. Das ist eine der ersten Erinnerungen, die sie nach der Zeit der Amnesie hat, auch wenn es nur dunkle Erinnerungen sind. »Er hat Dinge gesagt, die mich verletzt haben«, erzählt sie. »Ich habe etwas zurückgesagt, um ihn zu verletzen, es hat sich hochgeschaukelt. Und dann habe ich eben gedroht, mir die Pulsadern aufzuschneiden. Ich wusste ja, dass ihm das Angst macht.« Kim kam mittags von der Arbeit nach Hause, um zu schauen, ob Krickitt noch lebte. »Jeden Tag hatte ich Angst, dass ich nach Hause komme zu einer toten Ehefrau«, sagt er. Manchmal fühlte er sich, als hätte er keine Kraft mehr. Er wusste nicht, was er noch tun konnte. »Wir haben den Fokus verloren«, sagt er.

Kim und Krickitt schliefen weiter im gleichen Bett. Aber in ihrer Beziehung ging es nur darum, zu streiten oder Streits zu vermeiden. Sie sprachen nie über Gefühle. Sie sprachen auch nicht mehr von dem Unfall oder davon, woran genau Krickitt sich eigentlich erinnern konnte. »Man schaute sie an und dachte, dass alles in Ordnung ist, von außen sieht man ja nichts«, sagt Kim. »Das macht es sehr schwer, mit der Verletzung umzugehen.« Er machte sich ständig Sorgen um Krickitt und wie sie es schaffen würde, wieder wie ein normaler, zufriedener Mensch zu leben. Krickitt wurde ständig wütend, weil sie sich herumkommandiert fühlte. »Unsere Beziehung war lange Zeit wie die zwischen Vater und Tochter«, sagt Kim. »Ich habe mich nicht mehr wie ihr Mann gefühlt.« Es gab keine Küsse, keine Nähe, sie sagte ihm immer wieder, dass sie ihn hasse. »Es war sehr merkwürdig zwischen uns, es war merkwürdig, sie zu umarmen. Sie fühlte sich an wie Pappe«, sagt Kim. »Und sie war gemein zu mir. Es war, als würde ein Messer langsam immer tiefer in meinen Rücken gestochen.«

Wenn Kim hörte, dass Krickitt ihn hasste, fiel es ihm schwer, sich klarzumachen, dass sie noch nicht wieder gesund war. Aber würde sie je gesund werden – oder war diese neue Krickitt die Frau, mit der er für immer zusammenbleiben musste? Gleichzeitig türmten sich die Rechnungen von der Krankenkasse, es dauerte nach dem Unfall noch Jahre, bis alle Rechtsstreitigkeiten geklärt und die Rechnungen bezahlt waren. Wenn sie sich scheiden ließen, wäre Kim die Schulden für Krickitts Arztkosten los, rieten Freunde.

Der Wendepunkt kam, als Kim nicht mehr konnte. Sein Chef an dem Lehrstuhl für Sport an der Universität sah, dass sein Mitarbeiter völlig ausgelaugt war, und schickte ihn zum Therapeuten. Wenn er sich weigerte, würde er seinen Job verlieren. Kim rebellierte erst, er fand es unmännlich, eine Therapie zu machen. Aber er wusste, dass sein Chef recht hatte, und suchte sich einen Psychologen. Nach ein paar Sitzungen schlug der Therapeut vor, Krickitt mit hinzuzuholen. Er hörte lange zu, stellte ein paar wenige Fragen und sagte dann etwas, das niemandem mehr bewusst war: »Ich glaube, Krickitt, dass du keine Erinnerung daran hast, wie du Kim kennengelernt, dich in ihn verliebt und ihn geheiratet hast.« Der Unfall lag da schon ein Jahr zurück. Und Kim und Krickitt hatten versucht, ihn so gut wie möglich zu verdrängen. Statt ihn zu verarbeiten, hatten sie so getan, als wäre alles in Ordnung, und die Probleme einfach zur Seite geschoben. Und Krickitt, die ihrem eigenen Gehirn nicht mehr vertraute, hatte versucht, sich nichts anmerken zu lassen. »Ich habe so getan, als würde ich ihn kennen«, sagt Krickitt. »Ich war so verwirrt, ich wusste gar nicht mehr, dass ich ihn nicht kannte. Das klingt verrückt, aber so war es.«

Es war eine große Erleichterung, als der Therapeut aussprach, was sie fühlte, aber nicht fassen konnte: dass sie ihren Mann nicht kannte. Niemand hatte es ihr je so eindeutig gesagt. Sie hatte sich schuldig gefühlt. Manchmal dachte sie, sie sei verrückt. Manchmal dachte sie, sie lebe in einem bösen Traum. »Meine Schale hat angefangen zu bröckeln, als der Therapeut wieder aufgezeigt hat, dass ich mich nicht erinnern kann«, sagt sie. Endlich verstand Krickitt, dass sie vor Kim nicht schauspielern musste. Beiden wurde in den Gesprächen klar, dass sie sich der Tatsache stellen mussten, dass Krickitt eine Amnesie hat. »Ich war wie ein Roboter mit einer neuen Person in mir, ich musste selbst diese neue Person in mir kennenlernen«, sagt sie. »Ich habe gemerkt, dass ich ganz ungeduldig war und schnell so unglaublich wütend wurde. Es war sehr schmerzhaft, ich habe immer gedacht, dass ich doch eigentlich gar nicht so bin. Ich war nicht mehr ich.« Krickitt musste nicht nur ihren Mann neu kennenlernen, sondern auch sich selbst.

Kim, der nach dem Unfall so darauf konzentriert war, Krickitts Gedächtnis zurückzuholen und damit die Frau, in die er sich verliebt hatte, verstand plötzlich, dass das nicht gehen würde. Er würde Krickitt neu kennenlernen müssen, sich öffnen für die neue Krickitt. Innerlich war sie nicht mehr die Frau, die er geheiratet hatte, sie war eine Fremde. Er entschied, dass er die neue Krickitt für sich gewinnen wollte.

Eine Trennung kam für beide nicht in Betracht. Sie hatten einen Eheschwur geleistet, vor ihren Freunden und ihrer Familie in der Kirche, vor Gott. Diesen Schwur wollten sie nicht brechen und setzten alles daran, die Gefühle zurückzuholen, die zu ihrem Schwur gehörten. »Mich wieder in Kim zu verlieben war eine Entscheidung. Ich habe mich entschieden, mich in ihn zu verlieben. Die Gefühle waren ja alle weg«, sagt Krickitt. »Aber ich dachte mir, dass ich ihn ja vor dem Unfall mochte, also warum nicht wieder?« Ihr Glaube ist für Krickitt bis heute sehr wichtig. Sie betete, dass ihre Gefühle zurückkommen würden. Für Kim war es manchmal schwer, wieder von vorne anzufangen, schwerer als für Krickitt. Er konnte sich ja an alles erinnern, seine Gefühle waren alle noch da – auch die neuen, all die Verletzungen. Aber auch er ist sehr religiös, und einen Schwur vor Gott wollte er nicht brechen.

Die beiden begannen, wieder auf Dates zu gehen, Kim warb um Krickitt und begann, sie zu behandeln, als sei sie seine neue Freundin. In ihrer Kleinstadt konnte man nicht viel unternehmen, aber sie machten so viel wie möglich. Sie gingen tanzen, zum Dinner in die wenigen Restaurants der Stadt, schauten Filme im Kino, fuhren zum Bowling, machten eine Wanderung und eine Fahrradtour. Einmal fuhren sie in die Nachbarstadt und gingen in den Zoo.

Sie versuchten, zusammen Golf spielen zu gehen, aber das funktionierte nicht, sie stritten wieder. »Sie hatte überhaupt keine Geduld. Sie war sehr unsicher und nicht sehr motiviert.« So ist das, wenn ein Gehirn heilt, es braucht viel Schlaf und Ruhe, das wussten Kim und Krickitt, aber es war schwer zu akzeptieren. »Ich dachte manchmal, dass er einfach nur gemein zu mir ist«, sagt sie. Aber sie hatten immer öfter auch gute Zeiten miteinander, sie lachten wieder mehr, er nahm sie manchmal vorsichtig in den Arm, sie küssten sich.

»Auch wenn ich mich nicht mehr daran erinnere, wusste ich ja von den Videos und den Fotos, dass ich geschworen hatte, mit ihm mein Leben zu verbringen«, sagt Krickitt. Der Schwur war noch immer gültig für sie, und sie entschied sich, das Beste daraus zu machen. Je besser sie Kim kennenlernte, je offener sie war, desto mehr entdeckte sie Gründe, weshalb sie sich damals in ihn verliebt haben musste. Die Therapie half ihr sehr. Und es half ihr, als sie merkte, dass Kim sich jetzt darauf einließ, sie neu für sich zu gewinnen. »Wir hatten dann tatsächlich Spaß miteinander«, sagt Krickitt. Einmal fuhren sie an einem Freitagabend in den Supermarkt und kauften ihrem Lieblingsmitarbeiter eine Tüte seiner Lieblingssüßigkeiten. Es war ihr Date an einem Freitagabend, eigentlich nicht sehr spektakulär, aber es war ein lustiger Abend.

Nun hatten sie wieder Dinge, über die sie reden konnten, die nicht mit dem Unfall und seinen Folgen zu tun hatten. Sie schufen neue Erinnerungen. »Es hat sich ein bisschen angefühlt wie eine arrangierte Ehe. Da war ein Mann, mit dem ich nun verheiratet war«, sagt Krickitt. »Nach und nach habe ich ihn dann kennengelernt und gemerkt, dass er lustig ist, liebevoll und großzügig. Es war erstaunlich, wie viel er für andere Leute getan hat.« Die beiden schafften sich eine Katze an, weil die Ärzte glaubten, es würde ihr helfen, sich um ein Tier zu kümmern, ein Tier zu streicheln. Und es klappte. »Sie hat sich die hässlichste Katze überhaupt ausgesucht. Aber das Kätzchen hat unser Leben verändert«, sagt Kim. Krickitt lächelt und sagt mit sanfter Stimme: »Nelly.« Krickitt ging es immer besser, von Tag zu Tag wurde sie ausgeglichener. Und langsam wuchsen wieder Gefühle für den Mann, der ihr Ehemann war. Es waren neue Gefühle, keine Erneuerung der alten, sagt Krickitt. »Ich habe mich noch einmal ganz neu in ihn verliebt.«

Es war die Idee ihres Psychologen, dass die beiden noch einmal heiraten sollten. Kim war erst dagegen, er war ja schon verheiratet – und es war dieser erste, große Schwur, der ihm so wichtig war. Aber Krickitt liebte die Idee. Also einigten sie sich, noch einmal Hochzeit zu feiern, aber dabei zu betonen, dass sie nicht ein ganz neues Ehegelübde leisteten, sondern das alte erneuern wollten. »Wir haben es gemacht, damit ich die Erinnerung habe, die eine Ehefrau haben sollte. Ich wollte wissen, wie es sich anfühlt, ein großes, weißes Kleid zu tragen«, sagt sie.

Kim nahm die zweite Hochzeit anfangs nicht so ernst. Bei seinem zweiten Antrag gab er sich längst nicht so viel Mühe wie bei dem ersten. Er kam einfach in dem Fitnessstudio vorbei, in dem Krickitt damals jobbte, er hatte einen Strauß Rosen dabei, kniete nieder, zog ihr den Ehering vom Finger, stellte die Frage und steckte den Ring wieder an. Krickitt sagte ja, aber sie war enttäuscht. Einen Antrag im Fitnessstudio fand sie nicht sehr romantisch. »Ich habe immer noch manchmal ein schlechtes Gewissen deswegen«, sagt Kim. »Es ist ja der einzige Antrag, an den sie sich erinnert.« Als er sah, dass Krickitt traurig war, tat sie ihm plötzlich leid, und er nahm sich vor, ab sofort alles richtig zu machen. »Als ich gemerkt habe, wie sehr sie Feuer und Flamme für die Hochzeit war, hat es bei mir Klick gemacht.«

Zweieinhalb Jahre nach ihrer ersten Hochzeit war es so weit. Sie wählten eine Kapelle in den Bergen mit Platz für dreißig Gäste. Ihre engsten Freunde und ihre Familien kamen und auch Krickitts Rettungssanitäter und die Krankenschwester, die mit ihr im Helikopter geflogen war nach dem Unfall. Kims Augen waren so voller Tränen, dass er seine Braut kaum sehen konnte. Aber etwas sah er: Krickitts Augen waren voller Leben, voller Licht, sie waren nicht mehr die Puppenaugen, die ihn nach dem Koma so erschreckt hatten, sondern wieder die Augen der Frau, in die er sich vor mehr als drei Jahren verliebt hatte. Sie war wunderschön, fand er. Obwohl sie verabredet hatten, ihre alten Ringe weiterzutragen, hatten beide dem anderen einen zweiten Ring gekauft. Kim wird die Worte nie vergessen, die Krickitt zu ihm in der Kirche sagte: »Kim, ich liebe dich. Ich schätze und achte dich als meinen Ehemann. Danke, dass du dein erstes Gelübde gehalten hast. Ich verspreche, dass ich immer für dich da sein werde, dich unterstütze und tröste, wenn du Trost brauchst. Ich bete, dass ich die Frau sein werde, die Gott für dich vorgesehen hat. Ich brauche dich, Kim. Und ich liebe dich.« Sie trug das gleiche Kleid wie bei der ersten Hochzeit.

Zur Hochzeitsreise fuhren sie ins gleiche Hotel auf Hawaii, aßen im gleichen Restaurant, unternahmen die gleichen Dinge. Die Ärzte hatten dazu geraten, vielleicht würde es ihr Gedächtnis zurückbringen. Krickitt hatte inzwischen ein paar wenige Erinnerungen aus dem Jahr vor dem Unfall, sie waren wie Schnappschüsse, und ein Bild ihrer Erinnerung war von einem Tisch in einem Restaurant am Strand. Sie fanden den Tisch auf Hawaii wieder. Krickitt erkannte ihn, aber nichts geschah, keine der anderen Erinnerungen kehrte zurück. Das war das letzte Mal, dass Kim versuchte, ihr Gedächtnis anzukurbeln. »Nach der zweiten Hochzeit haben wir ein neues Leben angefangen«, sagt er. »Wir haben neue Erinnerungen geschaffen, alles von vorn.«

Kim und Krickitt schaffen jetzt seit zwei Jahrzehnten neue Erinnerungen. Sie sind seit dreiundzwanzig Jahren verheiratet, wenn man die erste Hochzeit zählt. Krickitts Gehirn heilt noch immer. Jedes Jahr hat sie mehr Energie, mehr Geduld und mehr Gefühle. »Sie ist inzwischen viel mehr sie selbst, viel mehr wie die Frau, in die ich mich verliebt habe«, sagt Kim. Neulich, sagt Krickitt, fuhr sie Auto und dachte ganz unvermittelt: »Wow, ich bin wieder die alte Krickitt.« Sie fühlte sich wohl, sicher, fröhlich und lebendig. Vor kurzem hat sie auch zum ersten Mal seit dem Unfall wieder geweint, die ersten Tränen nach mehr als zwanzig Jahren.

Sie hat noch immer Schwierigkeiten mit dem Kurzzeitgedächtnis, manchmal erkennt sie Bekannte nicht wieder, wenn sie ihnen auf der Straße begegnet. »Aber ich versuche, mein Leben nicht darauf zu fokussieren, was ich nicht kann«, sagt sie. »Ich konzentriere mich auf das Positive.« Sie arbeitet als Aushilfslehrerin an der Highschool, es macht ihr viel Freude. Im Jahr 2000 ist ihr Sohn geboren, drei Jahre später ihre Tochter. Kim ist jetzt fünfzig Jahre alt, Krickitt ist siebenundvierzig. Sie gehen regelmäßig in die Kirche, ihr Glaube ist noch immer sehr wichtig. Sie haben ein schönes, ruhiges Leben, finden sie. »Wir hatten nicht dieses flauschige Verliebtheitsgefühl«, sagt Krickitt. »Also zumindest habe ich keine Erinnerung daran. Aber wir haben eine tiefe Liebe.«

Wenn Krickitt hört, wie Kim von den alten Zeiten vor dem Unfall erzählt, schweift ihr Blick ab über das weite Tal in New Mexico vor ihrem Wohnzimmerfenster. Es ist eine schöne Geschichte, sagt sie, aber es ist nicht ihre. Sie denkt nie daran, wie ihr Leben ohne den Unfall gewesen wäre. Wie es wäre, sich an die Unbeschwertheit zu erinnern, von der Kim so gern erzählt. »Er schaut viel mehr zurück in die Vergangenheit als ich«, sagt sie. »Ich schaue eher geradeaus, vorwärts. Die Vergangenheit ist die Vergangenheit.«

Eigentlich, findet Krickitt, ist ihre Geschichte gar nicht so besonders – obwohl sie sich zweimal in den gleichen Mann verliebt hat. Obwohl ihr Mann bei ihr geblieben ist und sie neu kennenlernen musste. »Wir haben einfach getan, was man tun sollte«, sagt sie. »Wir haben unser Wort gehalten.«

Sie haben ein Buch über ihre Liebe geschrieben, es ist sogar verfilmt worden. »Wir machen den Leuten Mut, dass man Hürden überwinden kann«, sagt Krickitt. »Was uns passiert ist, könnte jedem passieren«, sagt Kim. »Wenn man jemanden heiratet und denkt, man bliebe ab sofort mit derselben, unveränderten Person zusammen und müsse nichts dafür tun, dann wird das scheitern. Menschen ändern sich ständig. Man muss seine Beziehung und seine Liebe pflegen.«

Claudia und Dorothea

Als Claudia erfuhr, dass ihr Mann eine Frau ist, saßen sie zusammen am Küchentisch. Claudia und Andreas tranken gerade ihren Vormittagskaffee, ihr Sohn war in der Schule. Es war ein Tag im Herbst, sie hatten gerade Silberhochzeit gefeiert, fünfundzwanzig Jahre Ehe, fünfundzwanzig Jahre Liebe. »Du, ich muss dir etwas sagen«, sagte Andreas. »Ich bin eine transsexuelle Frau.« Claudia blickte Andreas an. »Was ist denn das? Wieso? Was bedeutet das?«, antwortete sie. Andreas sagte ruhig: »Ich bin eigentlich in meinem Innersten eine Frau und muss mich da angleichen.«

Claudia weinte nicht, Claudia schrie nicht, Claudia lachte nicht. »Ich habe das wie durch einen Nebel gehört«, sagt sie. »Ich habe das erst gar nicht an mich herankommen lassen, gar nicht ernst genommen.« Sie dreht sich um zu Dorothea, die heute, fünf Jahre später, neben ihr an dem gleichen Tisch sitzt. »Du hast es ernst gemeint, aber ich habe es nicht ernst genommen.« Dorothea war bis zu diesem Moment Claudias Mann, zumindest nach außen, zumindest dachte Claudia das. Aber Andreas gab es nur äußerlich. Und weil Dorothea im Innersten schon immer eine Frau war, ist es wichtig, das Pronomen »sie« auch zu verwenden, wenn man von den alten

Zeiten erzählt, in denen sie noch als Mann wahrgenommen wurde.

In der Zeit vor ihrem Coming-out am Küchentisch hatte sie viel gearbeitet, sie hatte eine neue Pfarrstelle in einem bayerischen Dorf angenommen, die Familie war gerade umgezogen, manchmal war sie so im Stress, dass sie die Treppen so schnell hinauf- und hinabrannte, dass sich Claudia Sorgen machte, sie würde stolpern und sich das Genick brechen. »Ich dachte, er sei überarbeitet«, sagt Claudia. »Es gibt ja diesen Spruch: Der arbeitet so hart, dass er nicht mehr weiß, ob er Männlein oder Weiblein ist.«

Aber Dorothea war nicht überarbeitet, jedenfalls war das nicht die Ursache des Coming-outs. Sie war sich absolut sicher, dass sie in Wirklichkeit eine Frau ist. Eigentlich hatte sie es schon ganz lange geahnt, schon seit ihrer Kindheit. Ihr ganzes Erwachsenenleben war es, als hätte sie ganz verschiedene Puzzlestücke in der Hand. Sie sah die Puzzlestücke und wunderte sich, aber sie konnte sie nie zu einem vollständigen Bild zusammensetzen, das ihr sagte: Ich bin eine transsexuelle Frau. Bis zu diesem Sommer, als sie das letzte Puzzleteil fand, das Bild zusammensetzte und verstand, dass sie als Frau leben wollte und musste. Dass sie Claudia davon erzählen musste. Dass in ihrem Leben nichts mehr so sein würde, wie es einmal war.

Claudia und Andreas hatten eine gute Ehe. Sie hatten 1985 gleichzeitig angefangen, in München Theologie zu studieren. Sie hatten gemeinsame Freunde, fuhren die gleiche S-Bahn-Strecke zur Universität und trafen sich manchmal bei Claudia auf eine Kanne Ostfriesentee. »Es war nett, jemanden zum Reden zu haben«, sagt Dorothea. »Wir waren locker befreundet«, sagt Claudia. Andreas, wie Dorothea damals ja hieß, hatte eine andere Freundin zu dieser Zeit, Claudia gab Beziehungstipps. Verliebt waren sie nicht ineinander. Bis Claudia Andreas zu ihrer Geburtstagsparty in ihre Heimatstadt einlud und die beiden gar nicht mehr aufhören konnten, miteinander zu reden. Andreas kam vier Tage vor Claudias Geburtstag zu Besuch. Die beiden wechselten von einer Parkbank auf die nächste in der Kleinstadt und sprachen über alles, was ihnen wichtig war. Und plötzlich war die Liebe da. »Es passierte auf einen Schlag, als ich gemerkt habe: Mit der kann ich über alles reden, stundenlang«, sagt Dorothea. »Wir waren oft einer Meinung und wenn wir mal nicht einer Meinung waren, haben wir einen Kompromiss gefunden.« Zwei Tage nach Claudias Geburtstag waren sie schon verlobt. »Wir haben gleich gesagt: wenn dann richtig«, sagt Claudia. 1986 heirateten sie.

Sie haben mal gestritten, immer viel gelacht und manchmal versucht, einander zu erziehen. Sie haben unterschiedliche Interessen entwickelt, gelernt, Kompromisse zu schließen, und Gemeinsamkeiten entdeckt. »Es war für uns immer ein wichtiger Punkt in unserer Ehe, dass wir die Sonne über unseren Streitereien nicht haben untergehen lassen«, sagt Dorothea. »Wenn wir uns gestritten haben, haben wir uns noch am selben Tag vertragen«, sagt Claudia. Sie haben lange miteinander gesprochen, was eine gute Ehe ausmacht, und überlegt, woran andere Paare scheitern. »Wir hatten beide den Eindruck, dass andere Ehen daran scheitern, dass die Leute nicht genug miteinander reden«, sagt Claudia. »Gefühle machen eine Ehe aus, natürlich, aber das ist ein Auf und Ab«, sagt Dorothea. »Das

Wichtigste für uns beide war, dass wir immer bereit sind, miteinander zu reden, alles auszusprechen und uns dafür Zeit zu nehmen.«

Sie wurden beide Pfarrer, über Jahre hinweg teilten sie sich eine Pfarrstelle. Nachdem sie ihren Sohn bekamen, kümmerte sich Claudia um den Haushalt und hielt Dorothea den Rücken frei. Ihnen gefiel das so. Sie schafften sich einen Hund an. Trixi ist inzwischen schon alt, heute liegt sie unter dem Tisch, schnarcht und bellt manchmal im Schlaf.

Andreas bewegt sich ab und zu ein bisschen wie eine Frau, dachte Claudia damals öfter für sich. Und wie er die Kaffeetasse hält, auch so feminin. »Du warst auch manchmal etepetete mit dir selbst«, sagt Claudia. »So richtig männlich war mein Mann nie, so einer, der allen Witterungen trotzt.« Dorothea – damals noch Andreas – gab ihr Klamottentipps, sie hatte einfach mehr Geschmack als Claudia. »Ich habe mir immer gesagt, dass er halt ein Künstlertyp ist. Ich habe nie gedacht, dass er eine Frau ist, ich kannte das ja gar nicht.« Mehr als fünfundzwanzig Jahre lang ahnte Claudia nicht, dass in ihrem Mann eine Frau steckte.

Bis zu dem Herbsttag am Küchentisch. »Mir war klar, dass ich es ihr jetzt sagen muss«, erzählt Dorothea. »Ich wollte es noch hinausschieben, aber ich konnte nicht mehr. Ich musste meiner Frau reinen Wein einschenken.« Dorothea sah nun das ganze Bild. Das letzte Puzzleteil hatte sie bei einer Veranstaltung zur Faschingszeit in ihrer Gemeinde gefunden. Etliche Leute kamen verkleidet oder schminkten sich, und eine der jungen Frauen fragte, ob sie auch den Herrn Pfarrer schminken dürfe. Alle fanden das lustig, aber für Dorothea war es ein Schock. »Als es dann im Pfarrhaus daran ging, sich abzuschminken, kam eine abgrundtiefe Traurigkeit hoch«, sagt sie. Es fühlte sich so gut und so richtig an, wie sich schon lange nichts mehr für sie angefühlt hatte. Aber konnte das denn sein? Sie googelte »Männer« und »Schminke« und fand auf einer Website für Schminkkurse den Begriff »Transsexualität«.

Nach und nach erinnerte sie sich an die anderen Erlebnisse. Wie sie schon mit fünf Jahren ihre Mutter, die sie ja Andreas nannte und für einen kleinen Jungen hielt, gefragt hatte, wie sie schwanger werden könne und dann so traurig war, als sie erfuhr, dass das nicht ginge, weil sie ja keine Gebärmutter hat. Als Kind und Jugendliche hatte sie niemanden, mit dem sie über ihre Gefühle sprechen konnte. »Bei den Mädchen hättest du als Spanner gegolten, wenn du das erzählt hättest. Bei den Jungen ging es schon gar nicht«, sagt Dorothea. »Es gab kein Internet, ich konnte mich nicht informieren.« Das Wort »transsexuell« hatte Dorothea noch nie gehört. Ihr Elternhaus war konservativ. »Bei uns gab es so etwas nicht«, sagt Dorothea. »Und alle hatten große Angst vor der Psychiatrie, alles war tabu.«

Die Teenager-Jahre waren besonders schwierig. Dorothea wollte Brüste bekommen, stattdessen wuchsen zu viele Haare. Ein Puzzleteil folgte auf das andere. Einmal ertappte sie sich zum Beispiel beim Einkaufen an der Kasse, wie sie Nylonstrumpfhosen für sich selbst kaufte, das hatte sie eigentlich gar nicht vorgehabt. Und sie liebte es, sich Damenkleidungskataloge anzuschauen. »Es war schon immer da, als wäre Dorothea unter Andreas«, sagt Dorothea.

Am Ende des Studiums hörte sie zum ersten Mal das Wort

»Transsexualität«. Sie war zu dem Zeitpunkt schon mit Claudia verheiratet und liebte ihre Frau. Aber sie wollte mehr über ihre Gefühle und Transsexualität herausfinden und ging heimlich zum Psychiater. Als die damals Siebenundzwanzigjährige dem Psychiater erzählte, dass sie glücklich verheiratet sei, antwortete der nur ganz trocken, dass eine Scheidung zwingend sei für Transsexuelle. Das sei im Transsexuellengesetz vorgeschrieben. Ohne Scheidung könne sie zwar den Vornamen, aber nicht den Personenstand ändern lassen. Sie würde dann Briefe bekommen, die als Anrede weiter »Herrn« hätten, aber dann einen weiblichen Vornamen dahinter, erklärte der Psychiater. »An Herrn Dorothea«, zum Beispiel. Aber Dorothea wollte auf keinen Fall ihre Ehe auflösen, sie liebte Claudia.

Und außerdem stünde Andreas doch auf Männer, unterstellte der Arzt. Dorothea antwortete zunehmend verzweifelt: »Ich weiß ganz genau, dass ich nicht auf Männer stehe, ich hatte immer Freundinnen.« Doch der Arzt glaubte ihr nicht. Wenn sie sich nicht scheiden lassen wollen würde, habe sie keinen klinisch relevanten Leidensdruck, diagnostizierte er. Und der sei entscheidend für die Krankenkasse. Der Psychiater sagte, so dürfe er keine Hormone verschreiben, die sie brauchte, damit aus ihr auch körperlich eine Frau werden konnte. Sie sei einfach etwas verklemmt, sie müsse mal ihre männliche Sexualität ausleben, urteilte er. Sie sei ein Mann und müsse damit leben. Dorothea glaubte dem Psychiater, schließlich war er ein Experte. Nach dem entmutigenden Arztbesuch stürzte sie sich in die Arbeit und versuchte, ihr Leben als Mann zu leben. Jahrelang. Bis es nicht mehr ging.

Dorothea hatte wochenlang gewartet, bis sie Claudia von

dem Durchbruch mit dem Schminken beim Faschingsfest erzählte. »Es war ein Albtraum. Sonst habe ich meiner Frau alles erzählt«, sagt Dorothea. »Ich war völlig verzweifelt.« Vor allem hatte sie Angst, dass Claudia denken würde, dass sie ihr fünfundzwanzig Jahre lang etwas vorgemacht hatte. Sie hatte Angst, sie zu verlieren. Aber sie wusste gleichzeitig, dass sie nicht mehr als Mann weiterleben konnte. »Man kann nicht ewig weiterfasten, wenn man Grillhähnchen gerochen hat. Es hätte mich krank gemacht.« Sie las im Internet von anderen Transsexuellen und ihren Coming-outs. Sie holte sich Tipps, wie man es am besten erzählt. Aber es gab nicht viele Fälle, die Hoffnung machten. »Ich dachte, jetzt kommt wahrscheinlich die Scheidung«, sagt sie. »Ich dachte, meine Chance ist ein Prozent, ich hatte keine große Hoffnung.«

Das erste Gespräch am Küchentisch war gar nicht so schlimm, Claudia glaubte Dorothea einfach nicht und blieb ganz ruhig. Dorothea ging zu einem Psychiater in München, und Claudia hoffte, dass der raten würde, einfach ein bisschen weniger zu arbeiten. »Und dann wird er wieder normal.« Aber Dorothea blieb dabei: Sie ist eine Frau, und sie will als Frau leben. Nein, sie muss als Frau leben. Sie redete jeden Tag davon, wenn sie zu zweit waren. Sie redete von nichts anderem mehr. Irgendwann merkte Claudia: Da steckt mehr dahinter als Überarbeitung. Nach und nach sickerte die Erkenntnis durch Claudias Gefühlsnebel. »Warum tust du mir das an?«, rief sie. Dorothea antwortete: »Ich kann nicht anders.« Beide weinten viel in diesen Monaten. Bei einem der ersten großen Streits rief Claudia: »Wenn du dich umwandeln lässt, bringe ich mich um.«

Das war schlimmer, als Dorothea sich vorgestellt hatte. »Ich dachte, wenn ich was Falsches mache, hängt sie sich am nächsten Baum auf.« Claudia sagt heute, die Drohung sei ein unfertiger Satz gewesen, noch nicht vollständig durchdacht. Aber der Tod erschreckte sie in diesen Tagen wirklich weniger als das Leben. »Ich sah keine Perspektive mehr«, sagt sie. »Der Lebensentwurf, wie ich ihn hatte, war am Ende.« Sie konnte gar nicht daran denken, dass sie mit Dorothea, die bald auch aussehen würde wie eine Frau, zusammenbleiben könnte. Sie war ja nicht lesbisch, sie liebte ihren Mann als Mann. »Es war ein Schock. Ich dachte, alles ist aus.« Sie weinte in den Gesprächen, sie weinte allein in ihrem Bett, sie weinte bei Spaziergängen im Wald, sie weinte, wenn sie betete.

»Es ist ein kleineres Problem, wenn ein Mensch stirbt und dann nicht mehr da ist, dann hat man Zeitgenossen, die das gleiche Schicksal teilen, mit denen man sich austauschen kann«, sagt Claudia. Sie wusste, dass der Mensch, den sie liebte, nicht gestorben war, aber er war trotzdem nicht mehr da. Andreas verschwand, stattdessen war da nun eine transsexuelle Frau. Und wenn die Hormontherapie beginnen würde, würde Andreas immer weiter verschwinden. »Die Liebe zwischen Mann und Frau ist anders als von Frau zu Frau, wenn man nicht lesbisch ist«, sagt Claudia. »Darüber hinwegzukommen, dass nichts mehr so ist wie früher, das muss man erst mal schaffen. Selbst wenn da etwas Neues ist, das spannend sein kann.«

Dorothea, die damals noch Andreas hieß, hatte ihre Recherche erledigt, bevor sie mit ihrer Frau sprach. Sie hatte mit anderen Transsexuellen Kontakt aufgenommen, viele Fachbeiträge gewälzt, Internetforen und Artikel gelesen. Jetzt war

Claudia an der Reihe mit der Recherche. Sie las viel im Internet. Einmal fuhr sie nach München für ein Treffen von Angehörigen Transsexueller und lernte viel über eine Welt, die ihr vorher fremd war. »Hinterher habe ich gedacht, es wäre schön gewesen, ein Vokabelheft dabeizuhaben. Was es noch alles gibt: bisexuell, butch und so weiter. Ich war ziemlich gewürfelt.« Es war schwer für sie, dass sie mit niemandem darüber reden durfte. Nicht mit ihrer besten Freundin, es musste ja ein Geheimnis bleiben, schließlich ist ein Pfarrer eine öffentliche Person. Nicht mit ihrem Sohn, er würde es nicht verstehen. Und nicht mit Andreas. »Mit ihm konnte ich ja nicht, weil er der Grund für alles war.«

Nach und nach fand Claudia heraus, was Dorothea schon wusste: dass Transsexualität keine Krankheit ist und nichts, das man heilen kann. Dass manche Menschen von Kindheit an transsexuell sind. Dass niemand etwas dafür kann und es sich nicht ändern lässt. Claudias Glaube half ihr in dieser Zeit. »Jeder ist von Gott geliebt, und das ist nicht nur ein Spruch«, sagt sie. »Ich könnte nie jemanden auf Grund seiner sexuellen Neigungen verurteilen.« Also auch nicht Andreas beziehungsweise Dorothea. Es half ihr, ihn zu verstehen – beziehungsweise sie. Aber es half nur wenig mit dem Gefühl, angelogen worden zu sein. »Wir haben drei Grundfesten unsere Ehe: den Glauben, die Treue und die Wahrhaftigkeit«, sagt sie. »War vorher alles nur gefälscht?«, fragte sie. Dorothea antwortete immer wieder: »Ich habe dir nichts vorgemacht. Ich liebe dich wirklich. Was ich sage, das gilt.«

Schon wenige Wochen nach dem Geständnis am Küchentisch gab es den ersten kleinen Durchbruch. Die beiden waren zusammen einkaufen und Dorothea, damals noch kurzhaarig und gekleidet wie ein Mann, schaute verträumt auf einen Ständer voller Damenschals. Claudia bemerkte den Blick und fragte: »Magst du so einen Schal haben?« Dorothea antwortete: »Wenn du dich dann umbringst, das ist es mir nicht wert.« Claudia verstand das nicht. »Wieso umbringen?«, fragte sie. »Aber du hast das doch erst vor drei Wochen gesagt«, erinnerte sie Dorothea. »Das war etwas anderes«, antwortete Claudia. Sie kauften den Schal. »Ich war so was von happy«, sagt Dorothea. »Für mich war die Zeit ein Wechselbad«, sagt Claudia. »Bis zu dem Ereignis mit dem Schal ist ja bei mir auch einiges gelaufen, was sie nicht so mitkriegte.« Dorothea wusste nicht, dass Claudia über Transsexualität las und langsam verstand, dass sie nicht Dorotheas Schuld war.

Nach und nach öffnete sich Claudia für das Neue. Ob sie die Scheidung verlangen würde, wusste sie noch nicht. Aber sie entschied sich schon recht schnell, Modeberaterin für Dorothea zu werden. »Ich liebe Herausforderungen«, sagt sie. Der Schal war nur der Anfang. Sie überlegte, welche Farben Dorothea stehen könnten. Sie kauften Damenschuhe Größe sechsundvierzig, die waren gar nicht so leicht zu finden. Claudia bewunderte, wie leicht es Dorothea fiel, auf den hochhackigen Schuhen zu laufen, sie konnte es besser als Claudia. »Diese Attribute typisch weiblich und typisch männlich verrutschen ziemlich«, sagt Claudia. Claudia suchte einen neuen Namen für Andreas. Dorothea hatte eigentlich einen anderen im Sinn, Jasmin, Petra oder Julia gefielen ihr. »Geht gar nicht«, sagte Claudia und schlug Dorothea vor. Eine große Person mit einer tiefen Stimme brauche einen längeren Namen. Dorothea ist 1,86 Meter groß. Und außerdem heißt der Name übersetzt »Geschenk Gottes«, das gefiel beiden. Früher hat Claudia Andi gesagt, jetzt sagt sie Doro – immerhin blieb es zweisilbig. Eine kurze Zeit lang probierte sie Andoro oder Dorandi, aber dann fiel der Wechsel zu Dorothea doch gar nicht so schwer.

Claudia erlebte, wie freudig Dorothea nach Hause kam, wenn sie auf der Straße oder an der Tankstelle als Frau erkannt wurde. »So von innen heraus begeistert war er nur in der ersten Zeit unserer Ehe«, sagt Claudia. »Ich habe gemerkt, dass es den Menschen glücklich macht, den ich so lieb habe.« Sie merkte, dass sie die Person, die sie vor fünfundzwanzig Jahren geheiratet hatte, noch immer liebte – und dass sie mehr miteinander verband, als Mann und Frau zu sein: Gefühle, Gedanken, Erinnerungen, ihr Glaube. Statt darum zu bitten, ihr altes Leben zurückzubekommen, begann sie zu beten: »Herr, mach aus Andreas den Menschen, den du haben möchtest.«

Nach und nach begann sie zu denken, dass Dorothea der Mensch war, den Gott aus Andreas machen wollte. Im Juli, fast ein Jahr nach dem Geständnis, traf Claudia ihre Entscheidung. »Ganz egal, was passiert, ich bleibe bei dir«, verkündete sie. Dorothea weinte, Claudia nahm sie in den Arm. Von nun an wollten sie zusammen gehen auf dem schwierigen Weg, der vor ihnen lag. »Gott freut sich, dass ich mich entschieden habe, bei meinem …«, sagt Claudia und stockt, »… bei Dorothea zu bleiben.«

Für Dorothea waren die Monate zuvor gleich doppelt schwer. Sie wollte die Scheidung nicht, sie wollte bei ihrer Frau bleiben und machte sich Sorgen um sie. Und sie begann gleichzeitig mit der Geschlechtsangleichung. Sie musste dem Psychiater beweisen, dass sie wirklich transsexuell und deshalb die Angleichung medizinisch notwendig ist. Dafür musste sie zunächst einmal anfangen, auch äußerlich als Frau zu leben und darum Frauenkleidung zu tragen. In Deutschland müssen zwei Gutachter bestätigen, dass Menschen transsexuell sind, bevor sie mit der Hormontherapie beginnen und ihren Namen und Personenstand ändern dürfen. Ständig hatte Dorothea Angst, noch zu männlich zu wirken.

Sie ließ sich die Haare wachsen und die Barthaare epilieren. Manchmal hatte sie ein zweites Outfit und einen Lippenstift in der Tasche, denn in der Kirchengemeinde und der Kirchenverwaltung durfte ja noch niemand von ihren Plänen wissen. Sie nahm Unterricht bei einem Logopäden und lernte, wie Frauen sprechen: leiser und mit weicherer Stimme, nicht so sehr in der Kehle, sondern weiter vorn im Mund. Sie machte Übungen, sagte immer wieder »Gack gack gack«. »Stell dir vor, du erklärst einem kleinen Kind etwas«, riet Claudia. Im Herbst begann Dorothea dann mit der Hormontherapie, die Psychiater hatten ihre Transsexualität eindeutig diagnostiziert.

Claudia bereitete sich derweil auf ihr neues Leben als Ehefrau einer transsexuellen Frau vor. »Für die Optik von anderen Leuten bin ich ja lesbisch«, sagt sie. Sie musste sich erst einmal informieren: Was heißt das denn, lesbisch zu sein? Was genau würde der Unterschied sein zu zwei Frauen, die einfach nur Freundinnen sind? Würde sie Dorothea in der Öffentlichkeit umarmen und Händchen halten wie früher? Küssen?

Bald würde der Zeitpunkt kommen, an dem Dorotheas Veränderungen so sichtbar werden würden, dass sie niemand mehr übersehen konnte. Sie wollte sich nicht mehr verstecken und erzählte dem Dekan und dem Personalchef der bayerischen Landeskirche von ihrer Transsexualität – noch vor der Hormontherapie. Sie brauche sich keine Sorgen zu machen, man würde schon eine Lösung finden, sagte der Personalchef. Sie würde die Gemeinde gern wechseln und woanders von vorn anfangen, sagte Dorothea, aber sie wollte gerne Pfarrerin bleiben. Die Kirche erklärte sich bereit, das möglich zu machen. »Ich war so etwas von glücklich, meine Frau bleibt bei mir, und ich kann meinen Beruf behalten«, sagt Dorothea. Sie erzählte auch ihren früher so konservativen Eltern von ihrer Transsexualität. Danach schrieben sie ihr per SMS: *Wir stehen voll hinter dir.*

Eine große Hürde war das Coming-out in ihrer niederbayerischen Gemeinde. Nach dem Gottesdienst zog Dorothea den Talar aus und verkündete, dass sie etwas Privates zu sagen habe. Claudia saß in der ersten Reihe. Dorothea hatte Tränen in den Augen, als sie sie ansah. Dann erklärte sie es den Kirchgängern, wie sie es vor vielen Monaten schon Claudia erklärt hatte. Sie erzählte von dem Puzzle, das sie jetzt vollständig sehen kann. Am Ende sagte sie: »Wir haben beschlossen zu gehen.« Nach kurzem Schweigen sagte eine Frau ganz laut: »Ich bin dafür, dass sie bleiben. Wer ist dafür, dass unser Pfarrer bleibt? Hände hoch!« Und alle Hände gingen nach oben. »Es war ein ergreifender Moment«, sagt Claudia.

Sie entschieden sich dann aber doch für den Wechsel und zogen einige Zeit später um in eine neue Gemeinde im Norden Bayerns. Dorothea war der erste transsexuelle Mensch im

Pfarramt in Bayern, der dritte deutschlandweit. In ihrer neuen Gemeinde waren die Menschen neugierig und offen. Als sie Anfang des neuen Jahres ankam, wurde sie mit Glockengeläut begrüßt. Als sie kurz darauf in der Kirche offiziell ins Amt eingeführt wurde, läuteten die Glocken wieder. »Die ganze Gemeinde war auf den Beinen, um die neue Pfarrerin willkommen zu heißen«, schrieb die Lokalzeitung. Der Dekan zitierte bei der Feier den Apostel Paulus: »Nehmt einander an, wie Christus euch angenommen hat!«

In den ersten Wochen der Hormontherapie, sie lebten noch in der alten Gemeinde, war Dorothea oft krank. Die Hormone waren ein Schock für ihren Körper, und die Veränderungen kamen schnell. »Es war ein Schock, aber auch eine Befreiung«, sagt Dorothea. »Ich hätte nicht gedacht, dass Hormone so viel ausmachen.« In den ersten Monaten der Umstellung war sie manchmal zickig wie ein Teenager. »In der Szene nennt man das die zweite Pubertät«, erzählt sie. »Aber es ging mir so was von gut. Ich war so euphorisch, so etwas habe ich noch nie erlebt.« Sie macht eine Pause und lächelt Claudia an. »Außer vielleicht am Anfang unserer Ehe.«

Ihre Gesichtszüge wurden schmaler und weicher, sagt Dorothea, ihre Haut zarter, die Lippen voller. Außerdem weinte sie mehr, alle Gefühle wirkten nachdrücklicher. Auch Berührungen fühlten sich viel intensiver an. Gestreichelt werden war natürlich schon immer schön, aber nun war es noch viel schöner. Sie konnte sogar besser riechen. »Ich kann mich jetzt an Dingen freuen, die ich vorher gar nicht bemerkt habe: Blumen oder Farben zum Beispiel«, sagt Dorothea. »Ich genieße das in einer Art und Weise … Ich hätte mir vorher gar nicht vorstellen können, wie schön das ist.« Wenn sie ihren eigenen Körper sah, fühlte sie sich zum ersten Mal wie sie selbst. »Es war, wie wenn man immer mit angezogener Handbremse fährt und plötzlich nimmt einer die Handbremse raus.« Dorothea war glücklich. Und Claudia war glücklich, sie so glücklich zu sehen.

Im Herbst nach dem großen Coming-out fuhren Claudia und Dorothea zusammen in ein Bekleidungsgeschäft, Dorothea brauchte einen Mantel. Solche Situationen in der Öffentlichkeit waren noch schwierig für Claudia, Dorothea sah zwar fast aus wie eine Frau, aber noch nicht komplett. Sie fanden einen Mantel, der beiden gefiel. Aber als sie dazu noch einen Schal oder Hut aussuchen wollten, kam eine ältere Verkäuferin zu ihnen und bemerkte spitz: »Das hier ist eigentlich die Damenabteilung.« Claudia konterte: »Genau das wollen wir auch.« Claudia rauchte vor Wut auf die Verkäuferin. Und merkte an ihrer Wut, wie sehr sie Dorothea beschützen wollte. Auf der U-Bahn-Fahrt nach Hause saßen sie einander gegenüber, Dorothea spiegelte sich in den Fenstern, als die Bahn durch das Dunkel fuhr. Claudia sah gleichzeitig den Bartschatten und den roten Lippenstift in Dorotheas Gesicht, und ihr kamen die Tränen. Das, was sie sich so sehr wünscht, nicht zu haben, ist das, was ich an ihm liebe, dachte sie. Einerseits möchte ich, dass sie sich wohlfühlt als Frau. Aber andererseits liebe ich meinen Mann so sehr.

Claudia erzählte auch ihrer besten Freundin von Andreas' Transsexualität: »Du hast zwar deinen Mann verloren, aber eine allerbeste Freundin hinzugewonnen, die du besser kennst als jeden anderen Menschen«, sagte ihre Freundin. Claudia

166

mochte diesen Ausdruck: allerbeste Freundin. »Das war für mich ein Arbeitstitel, eine Art Übergangstitel«, sagt sie. In der Adventszeit fand sie eine hübsche Glaskugel mit einer kleinen roten Zipfelmütze. Auf der Kugel stand: »Für die allerbeste Freundin.« Sie schenkte Dorothea die Kugel. Aber letztlich wusste – und wollte – sie, dass Dorothea mehr ist als nur eine Freundin: ihre große Liebe.

Nach und nach trauten sich Dorothea und Claudia mehr miteinander. Für Küsschen oder Händchenhalten in der Öffentlichkeit war Claudia zwar noch nicht bereit. Zu Hause, beim Spaziergang im Wald, im Garten oder im Auto ging es aber schon. Und dann stellte sich noch die Frage: Wie sollte Claudia Dorothea nennen, wenn sie mit anderen Menschen über sie sprach: eine Freundin, meine Freundin, meine Frau? Einmal sagte sie aus Verlegenheit »ein Familienmitglied« und schämte sich hinterher für den hölzernen Begriff.

Claudia und Dorothea haben lange gemeinsam überlegt, ob die Hormone genügten oder ob Dorothea sich auch operativ an ihr Innerstes angleichen sollte. Die Risiken, dass etwas schiefgeht, waren nicht klein, es gab Schreckensgeschichten über Operationsfehler im Internet, und Dorothea lernte einige Transsexuelle kennen, die viele Nachoperationen brauchten. Und es ging Dorothea ja schon deutlich besser durch die Hormontherapie. Aber dann fanden sie in München einen Spezialisten und entschieden sich für die Geschlechtsangleichung. Am Tag nach ihrem einundfünfzigsten Geburtstag ließ Dorothea sich operieren. Die OP gelang ohne Komplikationen, alles heilte gut, jetzt verrät sie kein Teil ihres Körpers mehr. Manchmal, wenn sie in den Spiegel schaut, denkt sie zwar noch immer: Mensch, du schaust ja immer noch männlich aus. Das Gesicht, meine Güte. Und die Stimme. Und die Frisur, reicht das jetzt?, erzählt sie. »Ich wäre gern noch kompletter fertig.« Sie ist groß und breitschultrig für eine Frau, aber wer keine Ahnung von ihrer Transsexualität hat, merkt vermutlich nichts.

Sie musste vieles lernen nach der Operation: zum Beispiel, wie Frauen im Wald auf Toilette gehen. Claudia erklärte es ihr. Und sie hat eine Chance, die sonst kaum ein Mensch bekommt: Sie kann die Welt als Frau und als Mann erleben und erfahren, wie die Welt auf sie als Frau und als Mann reagiert. »Ich bin nicht mehr so getrieben innerlich«, sagt sie und denkt, dass das am fehlenden Testosteron liegt. Wenn Andreas früher eine hübsche Frau sah, war es schwierig, sich noch auf die Arbeit zu konzentrieren. Einmal vergaß er in der S-Bahn seine Jacke, weil er so durcheinander war, weil er eine besonders schöne Frau gesehen hatte. So etwas würde Dorothea nicht mehr passieren.

Andererseits wird Dorothea in Dienstsitzungen nun häufiger unterbrochen. »Ich muss ständig aufpassen, dass ich zu Wort komme«, sagt sie. »Es waren immer alle still und hörten zu, wenn ich als Mann etwas gesagt habe.« Andererseits wiederum helfen ihr jetzt die Müllmänner bei der Selbstabladestelle mit den Müllsäcken, früher musste sie sie selbst schleppen. Ab und zu hält ihr jemand die Autotür auf. Bei Facebook flirten sie manchmal fremde Männer an. Und einmal hat sogar ein LKW gebremst, nur um sie über die Straße zu lassen. »Das sind Momente, die ich schon genieße«, sagt Dorothea. »Mir passiert so etwas nie«, sagt Claudia und grinst. Es ist ein Thema, das sie heute viel beschäftigt und früher nie: Was bedeutet es, ein Mann zu sein? Was macht es aus, eine Frau zu sein?

Es gab ein paar Enttäuschungen für Dorothea und Claudia: Sie haben ein paar Freunde verloren, die mit Dorotheas Transsexualität nicht zurechtkamen. In manchen Gemeinden war Dorothea als Pfarrerin nicht willkommen. Sie bekam ein paar böse E-Mails. Und bei einer Beerdigung wurde sie abgelehnt mit der Begründung: »Wir wollen keine von St. Pauli« – obwohl Dorothea sich immer sehr dezent kleidet. Aber bereut hat sie die Angleichung nie.

Mittlerweile haben sich auch die Hemmungen gelegt, inzwischen halten die beiden in der Öffentlichkeit Händchen. Gerade hier in ihrem fränkischen Heimatörtchen ist das kein Problem, schließlich weiß ohnehin jeder Bescheid. »Ich mache mir nichts mehr daraus«, sagt Claudia. »Auch von meiner Seite aus war es am Anfang komisch, aber irgendwann einfach wurscht«, sagt Dorothea. Auch sie hatte darüber nachgedacht, wie es ist, nach außen lesbisch zu sein. »Meine Unbefangenheit war weg, aber jetzt habe ich sie wieder.« Sie erwähnt sogar in Predigten manchmal »ihre Frau«.

Claudia ist heute sechsundfünfzig Jahre alt, Dorothea ist zweiundfünfzig. »Ich bin zwar dreißig Jahre insgesamt verheiratet, aber eigentlich bin ich 25 + 1 + 4 Jahre verheiratet«, sagt Claudia. »Fünfundzwanzig Jahre mit Andreas, dann ein Jahr Bedenkzeit und vier Jahre mit Dorothea.« Die Grundfesten ihrer Beziehung haben sich aber nie geändert, ihr Eheversprechen gelte noch immer, sagt Dorothea: »Wir wollen einander treu sein in guten wie in schlechten Tagen. Wir wollen einander gegenüber ehrlich und wahrhaftig sein, auch wenn es schwer ist und schmerzt.«

Wenn Claudia in Beziehungsratgebern liest, dass man auch in langen Beziehungen immer wieder etwas ändern und neue Seiten an dem Partner entdecken sollte, muss sie lachen, sagt sie. »Das haben wir wieder voll im Griff.«

Julie und Rudi

Nach und nach haben Julie und Rudi Dinge gefunden, die sie vereinen. Am Anfang aber, da gab es nur Gegensätze.

Julie, geboren 1944 in New York, ist in der Bronx aufgewachsen, als Tochter jüdischer Einwanderer aus Osteuropa. In ihrer Familie und ihrer gesamten jüdischen Nachbarschaft gab es Regeln, an die sich alle hielten, und Meinungen, bei denen sich alle einig waren: Wir kaufen nichts von Deutschen. Keinen BMW, keinen Mercedes, keinen VW und kein deutsches Brot. Wir fahren nicht nach Deutschland in den Urlaub. Wir wollen mit den Deutschen nichts zu tun haben. Alle Deutschen sind Nazis. Die Deutschen hassen uns, also hassen wir sie. »So bin ich aufgewachsen«, sagt Julie. Einen Deutschen hat sie nie gekannt. Sie spricht mit dem typischen, breiten Akzent der Bronx.

Rudi, geboren 1945 in Hamburg, wenige Tage nach Kriegsende, ist der Sohn eines Nazis – und zwar nicht irgendeines Mitläufers, sondern eines recht hohen Tiers. Wusste Rudis Vater Bescheid über die Gräueltaten des sogenannten Dritten Reichs? Was genau hat er im Krieg gemacht? Rudi weiß es nicht. Wenige Tage vor dem Ende des Kriegs ist sein Vater von den Amerikanern verhaftet worden, aber den Nürnberger Prozessen und all den anderen Verfahren entkommen, die Nazis wie ihn eigentlich nicht ungeschoren davonkommen lassen sollten. Rudi weiß nicht wie. Er weiß so viel nicht über seinen Vater. Er hat den unterkühlten, strengen Mann nie verstanden, nie gemocht. Für ihn war er immer nur »der Alte«. Rudi hat nichts gegen Juden, aber er kennt keine, in seiner Kindheit in Deutschland gab es keine, und später ergab es sich einfach nicht. Rudi hat einen deutschen Akzent, wenn er Englisch spricht.

Die Liebe ist stärker als Vorurteile und Gegensätze. Aber das wussten Julie und Rudi am Anfang ihrer gemeinsamen Geschichte noch nicht.

Rudi ist 1967 in die USA ausgewandert. Weg von seinem strengen Vater, weg aus Deutschland. »Das erst war der Zeitpunkt, zu dem für mich das Naziregime zu Ende ging«, sagt er. Er hatte sich in eine Amerikanerin verliebt und folgte ihr in ihre Heimat. Die Ehe hielt nicht. Die zweite mit einer anderen Amerikanerin ging ebenfalls in die Brüche. Aber Rudi blieb im freien Kalifornien, weit weg von dem Alten. Er schrieb eine Doktorarbeit in deutscher Literatur, wurde danach aber Polizist, weil er fand, dass er damit etwas Gutes tun kann.

Als er Julie trifft, lebt er in Berkeley, einer Universitätsstadt in Kalifornien. Das Meer ist nahe, noch näher als in Hamburg. Er geht gern mit seinem Hund am Strand spazieren. Seine Lieblingskneipe heißt *Brennan's*, er ist Stammgast. Auch nach Jahrzehnten in den USA findet er das amerikanische Bier scheußlich, bei *Brennan's* trinkt er immer nur Irish Coffee. Manchmal kommt er in seiner Pause in die Kneipe und sitzt in seiner Polizistenuniform am Tresen.

Als sie Rudi trifft, ist Julie Reporterin in Berkeley, freie Journalistin, zweimal geschieden, Single und eigentlich ganz glücklich damit. Politisch ist sie linksorientiert und hält wenig von der Polizei, wenig von Uniformen im Allgemeinen. Viele ihrer Freunde sind jüdisch, sie arbeitet für die jüdische Zeitung in Berkeley, gläubig ist sie allerdings nicht. Ihre Lieblingskneipe heißt *Brennan's*, sie ist Stammgast und findet das amerikanische Bier ganz in Ordnung, sie kennt ja nichts anderes, sie hat das deutsche Bier damals noch nicht probiert.

Sie sieht diesen deutschen Polizisten öfter in der Kneipe. Sie weiß, dass er Deutscher ist, er hat ja einen Akzent, wenn er Englisch spricht. »Er sah aus wie ein Nazi aus dem Film. Und wenn er etwas gesagt hat, klang das für mich nach Gestapo«, sagt sie. »Ich hatte deswegen eine extreme Abneigung gegen ihn. Ich wollte nichts mit ihm zu tun haben.«

1989 schreibt Julie einen Artikel über den Drogenkrieg in Berkeley und die Hilflosigkeit der Polizei. Für ihren Artikel kommt ihr der Deutsche aus der Stammkneipe gelegen, sie braucht Insider-Informationen von Polizisten. Rudi willigt ein, sich von ihr interviewen zu lassen. Es ist ein interessantes Gespräch. Julie ist überrascht von dem Mann, der für alles steht, was sie ablehnt. Er hat einen Akzent, aber er ist redegewandt und kennt tolle englische Wörter. Er ist gebildet, er denkt über die Dinge nach, über die sie auch nachdenkt. Und er sieht gut aus, groß und blond. Typisch arisch eben, denkt Julie, aber gutaussehend findet sie ihn trotzdem. Auch nach dem Interview reden sie miteinander, wenn sie sich bei *Brennan's* treffen. Ganz so unsympathisch findet Julie Rudi plötzlich nicht mehr. Ihre Gespräche werden immer länger.

Julies Freundinnen merken, dass etwas wächst zwischen ihr und dem deutschen Polizisten. »Hast du den Verstand verloren?«, fragt eine. Julie ist neugierig auf Rudi, aber sie traut ihrer eigenen Neugier nicht, ihrem eigenen Interesse an diesem Mann, der wie ein typischer Arier aussieht und wie ein Nazi klingt. »Was hat dein Vater im Krieg gemacht?«, fragt sie Rudi, da kennen sie einander noch kaum. Sie hofft, dass er ihr etwas Beruhigendes antwortet: Der Vater war Bauer, der Vater war im Widerstand, der Vater wusste von nichts.

Rudi hat diese Frage so oft gehört in seinen Jahren in den USA. Er seufzt und gibt die Antwort, die er sich zurechtgelegt hat und immer abspult, wenn die Frage kommt: »Na ja, das Gleiche wie dein Vater, nur auf der anderen Seite.« Julie weiß, dass das Quatsch ist, ihr jüdischer Vater hat gar nichts gemacht im Krieg. Sie ist Journalistin und lässt sich so leicht nicht abwiegeln, sie hakt nach und quetscht alles aus Rudi heraus, was er weiß. Aber Rudi weiß selbst nicht viel. »In meiner Familie wurde über dieses Thema nicht gesprochen«, sagt er. »Es war ein Tabuthema.« Julie ist enttäuscht und gibt erst mal auf. Kann sie diesem Mann trauen?

Ein paar Wochen später fragt Rudi, ob Julie am Morgen mit ihm am Strand spazieren gehen will. Er sagt, er will noch einmal über den Drogenkrieg und den Artikel reden. Julie ist ein wenig verwirrt, was Rudi wohl von ihr will. Soll das ein Date sein oder will er wirklich nur über die Arbeit sprechen? Aber sie sagt zu. Rudi holt sie am nächsten Morgen ab, er bringt seinen Hund mit, die beiden reden nicht über den Drogenkrieg, sondern über ihre gescheiterten Ehen, ihre Leben. Weiß er überhaupt, dass ich jüdisch bin?, fragt sich Julie und fängt an, jiddische Wörter in ihre Sätze zu mischen, um zu sehen, wie er reagiert. Rudi versteht diese Wörter, denn viele von ihnen klingen wie Deutsch oder wie das alte Deutsch, das er aus seinem Literaturstudium kennt. »Ich wusste nicht, ob sie mich testen oder abschrecken wollte«, erzählt Rudi. Er weiß schon längst, dass sie Jüdin ist, und es schreckt ihn nicht ab. »Natürlich nicht«, sagt er. Julie gefällt es, dass er die jiddischen Wörter versteht. Und sie merkt: Das hier ist kein Arbeitstreffen, sondern ein Date. Auf dem Nachhauseweg im Auto streicht sie über seine Hand, die auf dem Lenkrad liegt.

Rudi will es langsam angehen lassen mit Julie, seine zweite Ehe ist gerade erst zerbrochen, und er will sich erst sicher sein, was er fühlt. Sie werden nicht sofort ein Paar, aber sie treffen sich immer häufiger und reden viel miteinander. Einmal sitzen die beiden zusammen in einem Restaurant, Rudi raucht und isst einen Hamburger, Julie verzieht das Gesicht, wedelt den Rauch weg und bestellt Hühnchen. »Abgesehen von unserem unterschiedlichen Stil – du rauchst, isst Hamburger und trinkst zu viel – mache ich mir noch immer Gedanken darüber, was dein Vater im Krieg gemacht hat«, sagt sie zu ihm. »Deutsche Akzente erinnern mich einfach immer an die Gestapo.« Rudi nimmt Julies Hand. »Wollen wir zulassen, dass unsere Vergangenheit unsere Zukunft bestimmt? Oder unsere Gegenwart?«, fragt er. »Zukunft« scheint ihm plötzlich ein zu großes Wort. Für Gespräche über die Zukunft mit dem Mann, der wie ein Nazi klingt, ist Julie noch nicht bereit, und Rudi weiß das, er will sie nicht unter Druck setzen.

Es dauert Monate, bis die beiden ein Paar werden. In der ersten gemeinsamen Nacht holt Julie ein dickes, in Leder gebundenes Fotoalbum hervor, sie will, dass er mehr von ihr weiß. »Statt der Zigarette danach reden wir über die Vergangenheit«, sagt sie zu ihm und kichert. Rudi findet in dem dicken Album einen kleinen gelben Ausweis mit dem Aufdruck *Allied High Commission, Occupation Forces, Hamburg, Germany 1950*. Er fragt seine neue Freundin danach – schließlich ist Hamburg seine Heimatstadt. Julie hatte ihm noch nicht erzählt, dass sie als Kind drei Jahre in Hamburg gelebt hat, ihr Vater war im Auftrag der US-Regierung in Deutschland und hat KZ-Überlebenden bei der Ausreise geholfen. Rudi schaut auf den Ausweis, dann zu Julie. *Occupation Forces.* »Wir waren die Besetzten, *the occupied*«, sagt er. Julie kann sich an die Zeit kaum noch erinnern, sie war ja ein sehr kleines Mädchen. Ihre Mutter fand es furchtbar in Deutschland, das weiß sie noch, aber eigene Erinnerungen hat sie kaum. Zum ersten Mal wird ihr klar, dass die Zeit nach dem Krieg schwer war für Rudi. Er gehört zum Tätervolk, das vielleicht schon, aber er ist selbst kein Täter, sondern war ein Kind, das selbst im Krieg und in den Jahren danach gelitten hat. Der Sohn des Nazis und das jüdische Mädchen haben zur gleichen Zeit im zerstörten Nachkriegs-Deutschland gelebt. Die Vergangenheit trennt sie nicht, sie bringt sie zusammen.

Ihre Beziehung wird immer ernster, sie verbringen fast ihre gesamte Zeit miteinander. »Je besser wir uns kennenlernten, desto mehr Gemeinsamkeiten haben wir entdeckt«, erzählt Rudi. Julie backt Latkes, die jüdischen Kartoffelpuffer, die es immer zu Hanukkah gibt. Rudi macht deutsche Kartoffelpuffer – und sie schmecken fast genauso. Julie zeigt ihm hölzerne Kasperlepuppen, die sie noch aus Hamburg hat, eine Prinzessin im hellblauen Kleid und eine Hexe mit Kopftuch. Rudi hat die gleichen Figuren, nur in einer größeren Ausgabe, sie stammen vom gleichen Puppen-Schnitzer. »Das hat geholfen, ihn als *mensch* zu sehen«, sagt Julie. Sie meint nicht das deutsche Wort für ein menschliches Wesen, sondern benutzt es auch auf Englisch: »*a real mensch*«. Der jiddische Ausdruck beschreibt Menschen mit großem Charakter, freundliche und ehrenwerte Menschen. Er ist ein großes Lob. »Ein Typ, der noch seine Puppen hat, muss ein *mensch* sein«, sagt Julie.

Julie und Rudi erzählen sich alles voneinander: Geschichten aus der Kindheit, Träume, Wünsche, Hoffnungen. Irgendwann will sie wissen, wie das Land aussieht, aus dem Rudi stammt. Außerdem, denkt sie, kann sie vielleicht einen Artikel schreiben über ihre Reise in das Land, das ihre Vorfahren vernichten wollte. Als Erwachsene war sie nie nach Deutschland zurückgekehrt, zusammen mit Rudi will sie es wagen. »Du findest besser vorher raus, wo die amerikanische Botschaft ist«, rät eine Freundin, man könne den Deutschen schließlich nicht trauen. Julie macht sich Sorgen, ob aus dem *mensch* Rudi in Deutschland ein Unmensch wird, ob er zu dem Nazi wird, den sie am Anfang in ihm gesehen hat.

Zuerst fühlt sie sich sehr unwohl in Deutschland. Am Bahnhof in Hamburg erinnern die blechernen deutschen Durchsagen aus den Lautsprechern sie an Nazifilme im Fernsehen. Die beiden fahren zu Rudis Mutter. Die alte Frau ist freundlich und beantwortet Julies viele Fragen ohne Ungeduld. Sie erzählt von ihrer Zeit im Bund Deutscher Mädel, sie erzählt von der Schwangerschaft im Krieg. Einmal war sie auf einem Fußmarsch, hochschwanger mit Rudi im Bauch, und blickte plötzlich in die Waffe eines russischen Soldaten, zwei weinende Kleinkinder neben ihr, Rudis ältere Geschwister. »Sie war ein Nazi, aber sie war eine einfache Frau, ein normaler Mensch, der Leid erlebt hat«, sagt Julie. »Sie war einfach ein Produkt ihrer Zeit.« Es ist ein Schock für Julie, dass sie plötzlich mit einer Frau von der anderen Seite Mitgefühl empfindet. »Ich dachte, dass sie sich bestimmt gut mit meiner Mutter verstanden hätte. Beide wollten nur das Beste für ihre Kinder.«

Nach Rudis Mutter besuchen sie »den Alten«, der sich nie für irgendetwas entschuldigt hat. »Für ihn hatte ich nicht gerade warme Gefühle«, sagt Julie. Der Mann erzählt von Konzentrationslagern, und dass er schon sehr früh von ihnen wusste. Er lügt nicht, er versteckt nichts. Aber der Mann ist alt und gebrechlich, und sie kann sich nicht dazu bringen, ihn zu hassen. »Er war kein Monster«, sagt sie. »Und mir wurde bei dieser Begegnung klar, dass er der Vater des Mannes ist, den ich liebe.« Rudis Abneigung gegen seinen unterkühlten Vater ist so stark, dass Julie sich frei fühlt, um sich selbst ein Urteil zu bilden. »Ich habe dann sogar Rudi ermuntert, freundlicher zu seinem Vater zu sein«, sagt sie. Sie sieht sich nicht in der Position der Anklägerin, sondern in der Position der Freundin, der Lebenspartnerin.

Nach den Besuchen bei Vater und Mutter bereisen Rudi und Julie Deutschland als Touristen, sie sehen Heidelberg, den Rhein und den Kölner Dom. »Es gibt eine Menge schöne Dinge in Deutschland, die nichts mit den Nazis zu tun haben«, erzählt Julie. Sie haben eine wunderbare Zeit zusammen, die Reise zu Rudis Wurzeln eint sie. Sie lernt ihn besser kennen, seine deutsche und seine amerikanische Seite. Rudi betrachtet sein Land als Beobachter, fast so sehr wie Julie. Und er will genauso wie Julie herausfinden, was im Krieg wirklich passiert ist. »Ich habe gemerkt, wie amerikanisch Rudi schon ist«, sagt Julie. Und nach der Reise findet sie genau wie Rudi, dass das amerikanische Bier schmeckt wie gelbes Wasser.

Es ist schwer, nach zwei gemeinsam verbrachten Wochen in Deutschland wieder in ihre getrennten Häuser in Kalifornien zurückzukehren. Sie vermissen einander. Und ziehen bald danach zusammen.

Nachdem Julie Rudis Eltern kennengelernt hat, ist nun Rudi dran. Er hat versprochen, auch ihre Familie zu besuchen. »Ich war unglaublich aufgeregt«, erzählt er. Schließlich weiß er, wie schwierig es war, Julies Skepsis zu durchbrechen. »Aber dann war ich sehr überrascht, wie nett die Leute zu mir waren.« Julies Eltern sind schon tot, als Rudi Julie kennenlernt. Statt ihrer fürchtet er Julies Schwester, weil sie angeblich die Deutschen so sehr hasst. Aber sogar Julies Schwester ist freundlich zu ihm. Es gibt keinen Streit, keine komischen Fragen, keine Andeutungen. Rudi ist sehr erstaunt.

Zu Besuch bei Julies Familie stellen die beiden fest, dass sie noch etwas miteinander teilen: Redeverbote. Auch in der jüdischen Familie durfte über die Nazizeit nicht gesprochen werden. Die Jahre in Hamburg, all die Erlebnisse in dem zerstörten Land, wurden nie wieder erwähnt, als sie zurück in New York waren, sagt Julie. »Ich habe gemerkt, dass die Juden und die Deutschen eine Sache gemeinsam haben: Schweigen.«

Julie und Rudi sind auf einer Mission gegen das Schweigen. Sie haben über Rudis Onkel recherchiert, der vor Rudis Geburt verschwand und in der Familie kaum je erwähnt wurde.

Die Nazis hatten ihn verhaftet und als politischen Gefangenen nach Buchenwald gebracht. Er starb in einem Polizeirevier. Über die Geschichte von Rudis Onkel und ihre eigene Geschichte haben Julie und Rudi zusammen ein Buch geschrieben. Es heißt *Stumbling Stone*, sie erzählen im Radio und in Schulen davon. Ohne Julie, sagt Rudi, hätte er sich nie getraut, Fragen zu stellen und sich mit der Geschichte seiner Familie auseinanderzusetzen. »Wir haben für uns eine Zukunft geschmiedet, die unsere Vergangenheit einschließt«, sagt Julie.

Sie feiern Pessach, das Fest für den Auszug aus Ägypten, und Weihnachten, weil man bei beiden Festen groß kochen und Gäste einladen kann – das machen sie beide gern. Sie gehen weder in die Synagoge noch in die Kirche. Julie backt Latkes, Rudi Kartoffelpuffer. Aus den zwei Kulturen haben sie eine gemacht, ihre eigene.

Sandra und Tom

Sandra sieht sich nicht um. Mit schnellen Schritten geht sie auf das schwere, dunkelgrüne Metalltor zu. Kein Blick nach oben auf den Stacheldraht, kein Blick zur Seite auf die meterhohen, fensterlosen Backsteinmauern, kein Blick nach vorn auf die Kabine mit dem Panzerglas. Sandra will vergessen, dass sie auf dem Weg ins Gefängnis ist. Sie schaut auf ihre Schuhe und geht, so schnell sie kann.

Der Mann hinter dem Panzerglas trägt Uniform und kennt Sandra schon. »Einmal zu Thomas Schmidt?«, fragt er und nickt ihr zu. »Na klar, wohin sonst«, antwortet Sandra. Der Beamte prüft ihren Personalausweis lange von vorne und von hinten, obwohl er ja weiß, wer Sandra ist. Er schaut vom Passfoto hinauf zu ihrem Gesicht und wieder hinab, tippt auf seiner Computertastatur herum, bis er ihr den Besuchsschein durch die Schublade unter dem Sicherheitsglas hindurch zuschiebt. Die Sonne hinter dem Stacheldraht wirft zackige Schatten auf das Pflaster vor den Mauern. Der Türöffner summt, Sandra stemmt die Metalltür auf und tritt ein in die Justizvollzugsanstalt. Die Tür fällt mit einem dumpfen Knall hinter ihr zu.

Sandra weiß, wie es sich anfühlt, wenn sich die Tür schließt und sie drinnen eingesperrt ist, sie saß selbst einmal im Gefängnis. Diesmal ist sie freiwillig hier. Sie besucht ihren Verlobten, ihre große Liebe Thomas, genannt Tom. Sandra ist die Freundin eines verurteilten Mörders. Tom ist zu lebenslanger Freiheitsstrafe verurteilt – und vielleicht bedeutet das wirklich: bis ans Ende seines Lebens. Er sitzt schon seit mehr als vierzehn Jahren hinter Gittern. Jedes Mal, wenn Sandra den Mann, den sie liebt, sehen will, muss sie in die Justizvollzugsanstalt fahren. Zu Panzerglas, Gitterfenstern und Stacheldraht. Sandra heißt nicht wirklich Sandra, und Tom heißt nicht wirklich Tom oder Thomas Schmidt. Die Namen sind geändert, damit die beiden ihre Geschichte erzählen können – ohne Angst vor dem Urteil der Menschen, die sie kennen oder finden könnten.

Für Besucher gibt es hinter den Gefängnismauern kleine Schließfächer, Sandra lässt ihre Handtasche darin zurück, auch ihr Handy, sie darf nichts mit hineinnehmen. Sogar die Fotos von ihren Hunden, die sie Tom zeigen will, wollen die Vollzugsbeamten genau prüfen und behalten sie vorerst bei sich. Sandra hat einen neuen Hund, einen kleinen Mischling. Tom hat erst einmal ein Bild von ihm gesehen, und Sandras zwei Hunde sollen doch auch Toms Hunde werden, wenn er vielleicht irgendwann entlassen wird. Hoffentlich geben die Beamten die Fotos noch frei, denkt Sandra. Dann tritt sie durch die Sicherheitsschleuse. Das graue Gerät sieht aus wie am Flughafen und schlägt heute laut Alarm, als Sandra hindurchgeht. Sie muss ihre Stiefeletten ausziehen, die Reißverschlüsse sind aus Metall. Als sie endlich in den Aufenthaltsraum im ersten Stock kommt, wartet Tom schon.

Tom ist groß und breitschultrig, achtundvierzig Jahre alt. Er nimmt Sandra in den Arm und drückt sie an sich. Sein Kopf ist kahlgeschoren. Wo einst Ohrringe steckten, klaffen Löcher. Er ist mit Tätowierungen übersät, auch am Hals und hinten am Kopf. Sandra gefällt das gut. Tom strahlt sie aus hellen grünen Augen an und küsst sie. Sandra, zweiundvierzig Jahre alt, ist schlank und hat lange, dunkle Haare, ihre Augen haben fast dieselbe Farbe wie Toms und strahlen jetzt genauso wie seine. Sie haben sich schon seit ein paar Wochen nicht gesehen. Die beiden halten ihre Finger fest ineinander verschlungen. Sie setzen sich an einen der hellen Holztische im Besuchsraum und lächeln, als hätten sie die Wachleute hinter der verspiegelten Scheibe und den sterilen Ort mit dem blaugemusterten Linoleumboden und den blaugepolsterten Stühlen um sich herum vergessen.

Warum nur? Warum verliebt sich eine Frau in einen Mann im Gefängnis, in einen verurteilten Mörder? »Ich habe das nicht geplant«, sagt Sandra. »Ich wollte mich ja eigentlich nicht verlieben. Ich wollte nur eine Brieffreundschaft.« Aber sie ließ sich nicht aufhalten, die Liebe von Sandra und Tom.

Die Brieffreundschaft begann, als Sandra selbst im Gefängnis saß und jemanden suchte, mit dem sie reden konnte. Jemanden, der ihr zuhörte, der für sie da war, auch wenn er ganz weit weg festsaß in einem anderen Knast in einem anderen Bundesland. Sie gab eine Anzeige in einer Gefangenenzeitschrift auf. Die Zeitschrift heißt *Lichtblick* und hat meist sechs Seiten »Er sucht sie« und zwei Seiten »Sie sucht ihn«. Tom strich Sandras Anzeige mit dem Textmarker an, das war in der Dezemberausgabe vor fünf Jahren, sie hatte nur ein paar kurze Worte über sich selbst geschrieben, aus denen Tom kaum etwas erfuhr, dahinter stand eine Chiffre-Nummer. Sie suche nur Freundschaft, keine Beziehung, hatte sie geschrieben und danach ganz schnell ganz viele Zuschriften von Männern aus Gefängnissen aus dem ganzen Land bekommen. Eine davon kam von Tom. Er hatte gleich mehrere Annoncen beantwortet, er konnte sich nicht entscheiden zwischen all den Frauen, die Brieffreunde suchten und kaum mehr preisgaben als eine Chiffre-Nummer. Nur eins war auch ihm wichtig: keine Beziehung, nur Freundschaft.

Sandra bekam erst einen Schreck, als sie diese zwei Buchstaben in Toms erstem Brief las: LL. Lebenslänglich. Wollte sie mit einem Lebenslänglichen befreundet sein, selbst wenn es nur per Brief war? Aber warum nicht? Wenn sie einander ohnehin nur schreiben würden, war es doch egal, ob und wann der Brieffreund freigelassen würde, sagte sie sich. Also schrieb sie Tom zurück, der schon in seinem ersten Brief so freundlich und ernsthaft klang. Die beiden machten keinen Smalltalk in ihren Briefen, sie schrieben sich keine Belanglosigkeiten. Sie erzählten einander von Sorgen und Hoffnungen, von ihrem Alltag, von ihrer Einsamkeit hinter Gittern. Er schickte ihr manchmal zwölf oder vierzehn Seiten, sie meist zwei bis drei. »Wir haben uns alles geschrieben: über Familie, Kinder, die Taten«, sagt sie. »Und über unsere Einstellungen und Wünsche«, sagt er. »Und auch was wir uns nicht wünschen«, sagt sie. Sie merkten schnell: Sie verstehen einander. Bald hörten sie auf, Nachrichten an andere Brieffreunde zu schicken.

Einmal sendeten sie einander Fotos von sich selbst. Sandra trug auf dem Bild eine Sonnenbrille, Tom war ein bisschen enttäuscht, er hätte so gern ihre Augen gesehen. Aber er sah: Sandra ist eine hübsche Frau. Sie gefiel ihm. Und er gefiel ihr.

Tom schrieb ihr in seiner schönen geschwungenen Handschrift und schickte ihr kleine Zeichnungen, er ist Künstler. Einmal erzählte sie ihm, dass die Briefe in ihrem Gefängnis immer auf dem Flur verteilt wurden, vor den Augen aller Häftlinge. Die Aufseher riefen die Namen der Frauen aus, jeder wusste, wer Briefe bekam und wie die Briefe aussahen. Danach schrieb ihr Tom noch häufiger, fast jeden Tag, oft schon mit Zeichnungen auf dem Umschlag. Er schickte ihr gemalte Engel, Herzen und Blumen und einmal eine Deutschlandkarte mit Straßen übersät und zwei Punkten, die miteinander verbunden waren: ihr Gefängnis und seins. Hunderte Kilometer voneinander entfernt.

Sandra wehrte sich erst gegen ihre Gefühle, erzählt sie. »Aber mit jedem Brief wurde er mir vertrauter.« Das Briefausgabe-Ritual wurde zum liebsten Moment ihres Tages. Nach ein paar Monaten war beiden klar: Das hier ist mehr als eine Brieffreundschaft. Sie durfte in ihrer Haftanstalt nicht telefonieren, sie hatten noch nie die Stimme des anderen gehört, einander noch nie gesehen, aber sie waren sich sicher: Das hier ist Liebe. Tom schrieb Sandra: *Wir sind jetzt zusammen.* Das Datum wird sie nie vergessen. Danach schmückten seine Briefe noch mehr gemalte Herzen.

Sandra hat es nicht leicht gehabt in ihrem Leben. Mit vierzehn lief sie von zu Hause weg, es war ein brutales Zuhause, Schläge gehörten zu ihrer Kindheit. Plötzlich war sie allein in der Welt und traf auf einen Motorradclub. Motorradclubs fand sie schon immer aufregend. Die Männer hatten Mitleid mit dem Mädchen und nahmen es bei sich auf, Sandra übernachtete jahrelang im Vereinsheim und ging tagsüber zur

Schule. Die alten Rocker passten auf sie auf, niemand durfte mit ihr ausgehen, von allem Kriminellen hielten sie sie fern. Sandra hat noch nicht einmal eine Razzia miterlebt, obwohl die Polizei den Motorradverein immer wieder durchsuchte. Es waren fürsorgliche Ersatzväter an einer Stelle, an der sie kaum jemand erwartet hätte. »Sie wurden meine Familie«, sagt Sandra.

Später studierte sie Germanistik, fand einen Job bei einem Zeitschriftenverlag und einen Mann, den sie heiratete. Aber er war brutal und schlug sie. »So ist das oft«, sagt Sandra, »wer mit häuslicher Gewalt aufwächst, sucht sich dann auch einen Partner, der gewalttätig ist.« Sandra wollte weg von ihrem Mann, aber er ließ sie nicht. Sie wurde schwanger, er setzte sie allein im Wald aus, weil er keine Kinder wollte. Trotz allem kehrte sie zu ihm zurück. Sandra bekam Zwillinge, einen Jungen und ein Mädchen, ihre Namen hat sie sich auf die Handgelenke tätowieren lassen. Die beiden sind heute Teenager und Sandras Ein und Alles. Nach ein paar Jahren Quälerei, die Kinder waren noch klein, trennten sich Sandra und ihr Mann und ließen sich scheiden. Er hatte schnell eine Neue, brach aber jahrelang weiter in Sandras Wohnung ein und drohte ihr, erzählt sie. Sie hatte immer Angst vor ihm. Und Angst, dass er ihr die Kinder wegnimmt. Es war diese Angst, die sie schließlich ins Gefängnis brachte.

Nach einem Besuchswochenende beim Vater brachte ihr Exmann, mit dem sie das Sorgerecht teilte, die Zwillinge nicht zurück. Um achtzehn Uhr sollten die Kinder, damals neun Jahre alt, wieder zu Hause sein, aber sie kamen einfach nicht. Sandra rief ihren Exmann an. Er würde ihr die Kinder nicht zurückgeben, sagte er und legte auf. Sandra war verzweifelt, sie wusste nicht, wo die Kinder waren, ob es ihnen gut ging, was ihr Exmann mit ihnen vorhatte. Sie redete mit der Polizei, aber die konnte nicht helfen. Bei geteiltem Sorgerecht sei die Polizei nicht zuständig, sondern das Familiengericht – und dessen Entscheidung könne dauern, sagte der Polizist zu Sandra. Sandra war blind vor Panik, erzählt sie, und wollte ihre Kinder zurückholen.

Sie besorgte sich bei einem Bikerclub-Bekannten eine Waffe und fuhr zusammen mit einem Freund zu ihrem Exmann. Die beiden brachen die Tür ein, mit der Pistole in der Hand stand Sandra vor ihrem Exmann und dessen Freundin. »Ich knall dich ab«, schrie sie. Als sie merkte, dass ihre Kinder nicht in der Wohnung waren, fuhr sie wieder weg. »Es war eine total hinrissige Aktion«, sagt sie heute. Heute ist sie auch froh, dass ihre Kinder nicht da waren und sie damals nicht gesehen haben. Am Morgen nach dem Überfall weckte die Polizei Sandra auf, ein Sondereinsatzkommando stand mit Waffen im Anschlag um ihr Bett herum. Der Gerichtsprozess war ein Albtraum, sagt sie, sie fühlte sich, als komme sie kaum zu Wort. Sandra, bislang nicht vorbestraft, wurde wegen Freiheitsberaubung, Bedrohung und Hausfriedensbruch zu dreieinhalb Jahren Haft verurteilt – und landete in einem bayerischen Frauengefängnis. An die ersten Tage dort kann sie sich kaum erinnern, sie stand unter Schock.

Es waren furchtbare Jahre im Gefängnis. Das Essen war schlecht, die Zelle alt und hässlich, die Kinder kamen erst gar nicht und später nur selten zu Besuch, telefonieren war verboten. »Das ist ein altes Zuchthaus, da ist noch alles aus

Eisen«, sagt Sandra. Wenn sie zur Toilette musste, konnte sie sich nirgends vor den anderen Häftlingen verstecken, alle sahen alles. Und ein Arzt glaubte ihr nicht, als sie ihm erklärte, dass sie spezielle Medikamente braucht für ihre seltene Erbkrankheit, wegen der ihr Tumore wachsen und sie sich schlecht bewegen kann. Es ärgert sie, dass viele Menschen glauben, dass es Häftlingen im Knast viel zu gut geht. »Es gibt einen riesigen Unterschied zwischen dem, was im Gefängnis wirklich abläuft, und dem, was die Leute draußen denken.« Die Frauen riefen sich den ganzen Tag von einem Fenster zum nächsten zu, es war ständig laut. Sandra war nie allein, aber furchtbar einsam. Bis Toms Briefe kamen.

Bei ihrem ersten Freigang fuhr sie sofort zu einer Telefonzelle. Die Sozialarbeiterin stand davor und konnte jedes Wort hören. Sandra und Tom hatten genau vereinbart, wann sie ihn anrufen würde, Tom wartete schon ganz nervös darauf, dass sein Name ausgerufen wurde für ein Telefonat. Sie waren beide so aufgeregt, dass sie kaum miteinander reden konnten. »Als mir dann endlich etwas einfiel, das ich hätte sagen können, war das Gespräch schon fast vorbei«, sagt Tom. »Es war unfassbar. Und als es fassbar wurde, war die Zeit vorbei.« Das Telefonat war merkwürdig, holprig, ein wenig peinlich, die Stimmen klangen anders, als sie es sich vorgestellt hatten. Wie klingt ein Mörder? Seine Stimme war weicher als gedacht, sagt Sandra. Aber das Gespräch machte ihre Beziehung fester, sie fühlte sich wirklicher an. Sandra hatte danach tagelang noch einen roten Kopf, erzählt sie. In ihren Briefen schrieben sie: *Ich liebe dich.*

Nach zwei Jahren und vier Monaten im Gefängnis wurde

Sandra entlassen. So schnell es ging, fuhr sie zu dem Mann, den sie nur aus Briefen und wenigen kurzen Telefonaten kannte. Sie wollte wissen, wie er aussieht, wie es sich anfühlt, ihn zu treffen. Tom lebte damals noch im Hochsicherheitsgefängnis. Im Besuchsraum standen sechs Tische, man durfte sich nicht anfassen, auf dem Tisch standen Mikrophone, die Justizbeamten zeichneten jedes Wort auf.

Sandra war so aufgeregt, dass sie Tom kaum in die Augen schauen konnte. Wenn Tom heute daran zurückdenkt, kann er sich kaum an ihr Gesicht erinnern an diesem Tag, nur an den Haarschleier, der vor ihren Augen hing, während sie auf den Tisch hinabstarrte. Das Gespräch stockte. Dabei hatte Tom sich so viel Mühe gegeben. Er hatte einen Bekannten gebeten, ein Hotelzimmer für Sandra zu buchen, dort warteten kleine Geschenke auf sie: Parfum, Duschgel und Bodylotion Marke Trésor. Sie sollte es schön haben. Als sie am Abend nach dem Besuch im Gefängnis in ihr Hotelzimmer kam, hatte Sandra schreckliche Angst. Habe ich alles verdorben? Will er mich überhaupt noch einmal sehen?, fragte sie sich. Dann klingelte das Hoteltelefon, und Tom war am Apparat. »Ich hoffe, dass du morgen wiederkommst und ich dann auch mal in deine Augen sehen kann«, sagte er. Auch er hatte Angst, dass sie ihn nicht würde wiedersehen wollen. Sandra kam am nächsten Tag zurück in den Besuchsraum mit den Mikrophonen, es war schon viel weniger komisch zwischen den beiden. Und Tom sah ihre grünen Augen.

Sie kam ihn, so oft es ging, besuchen. Die Fahrt war lang, also zog sie in die Nähe seines Gefängnisses. Eine Arbeit fand sie ohnehin nicht in ihrer alten Heimat, es war schwer mit der

Vorstrafe und ihrer Krankheit. Die Kinder sah sie nur an manchen Wochenenden, außer Tom hatte sie nicht viel im Leben, es hielt sie nichts in Süddeutschland. Tom, sagt Sandra, war für sie da. Auch wenn er hinter Mauern und Stacheldraht saß. Sie waren erst sehr vorsichtig miteinander bei ihren Besuchen, erzählt Tom, dann wurden sie immer vertrauter.

Sandra und Tom leben für die Hoffnung. Vielleicht wird Tom in den nächsten Jahren vorzeitig entlassen. Nach fünfzehn Jahren Haft ist das zum ersten Mal möglich, in ein paar Monaten ist diese Zeit für ihn gekommen. Im Schnitt bleiben lebenslänglich Verurteilte in Deutschland neunzehn Jahre hinter Gittern, manche noch viel länger. »Im Allgemeinen denkt man doch so, dass nach fünfzehn Jahren alle rauskommen, aber das stimmt überhaupt nicht«, sagt Sandra. Lange hat Tom nicht daran geglaubt, dass er je entlassen wird. Er war sich nicht einmal sicher, ob er es überhaupt noch wollte. Aber dann kam Sandra. Seither will er raus.

Tom kann gar nicht glauben, dass da eine Frau zu ihm hält, nun schon seit Jahren. Dass da eine Frau ist, die ihm sagt, dass sie ihn liebt. Er kann sein Glück nicht fassen, sagt er. Er hat jetzt zum ersten Mal den Mord gestanden. Bei der Polizei, vor Gericht und in all den Jahren im Gefängnis hat er immer gesagt: »Ich war das nicht.« Ein anderer habe den Mann erschossen, mit dem Tom in ein Geschäft um illegalen Whiskey verstrickt war und den er eigentlich nur flüchtig kannte. Inzwischen gesteht er und spricht mit den Gefängnispsychologen über die Tat. Das ist wichtig, um einen Richter von sich zu überzeugen. Tom will raus. Er will zu Sandra und mit ihr ein normales Leben führen. Sandra zieht ihre Hand aus seiner, während er von der Tat spricht. Aber sie sagt: »Die Vergangenheit ist Vergangenheit.«

Als Vorbereitung auf eine mögliche Entlassung wurde Tom bereits aus dem Hochsicherheitsgefängnis in eine andere Anstalt verlegt, die eine sogenannten Sozialtherapie anbietet, ein erster Schritt zur Freiheit. Er hat eine kleine Zelle für sich allein: dreieinhalb Meter lang, zwei Meter breit, an der Stirnseite ein vergittertes Fensterchen. Ein kleiner Tisch und ein Stuhl, ein schmales Bett. Wenn er darin liegt, enden seine Beine unter einem Bücherregal mit der Topfpflanze. Eine Toilettenschüssel und eine Nasszelle daneben. Seine Tage sehen immer gleich aus: 6.15 Uhr Frühstück, dann Therapiegespräche. 11.30 Uhr Mittagessen, danach zur Arbeit. Er führt die Gefängnisbibliothek, bei ihm leihen die anderen Insassen Bücher aus, er kocht auch Kaffee und macht den Abwasch, wenn wie so oft eine Sitzung in dem Aufenthaltsraum der Bücherei ist.

Jeden Tag um neunzehn Uhr ist Einschluss in seinem Zellentrakt. Danach ruft er Sandra an, fast sein ganzes Monatsbudget steckt er in die Telefonapparate, eine Minute kostet fünfzehn Cent. Ob und wann sie ihn entlassen, weiß er nicht. Neulich hatte er einmal auf eine Frage seiner Therapeutin keine gute Antwort. »Na ja, wir haben ja viele Jahre Zeit, um darauf eine Antwort zu finden«, sagte die Psychologin. Tom erzählte Sandra am Abend am Telefon von diesem Satz, von diesem »viele Jahre« in dem Satz. Manchmal ist es schwer, nicht zu verzweifeln.

Nur wenn sie sich sehen, verfliegen alle Zweifel und die Verzweiflung. Einmal im Monat, manchmal auch zweimal, fährt Sandra zu Tom, sie wohnt zwei Stunden entfernt. Inzwischen sitzen sie nur noch selten in dem Aufenthaltsraum mit der verspiegelten Scheibe, hinter der die Aufseher alles bewachen. Tom hat ein paar Privilegien bekommen, vor allem weil er sich im Gefängnis immer gut benommen hat. Darum darf er mit Sandra fast einen ganzen Tag verbringen, nicht nur die strikten Besuchszeiten von zwei Stunden vormittags und zwei Stunden nachmittags. Sie haben dann von 8.30 bis 16 Uhr Zeit für sich, ungestört und unbeobachtet. Im Gefängnis gibt es ein spezielles Apartment für diese Langzeitbesuche, es hat eine kleine Küche und ein Ausklappsofa. »Wohlfühlatmosphäre sieht anders aus«, sagt Sandra und grinst freudlos.

Es ist ihr anfangs schwergefallen, in die kleine Gefängniswohnung zu gehen und vor allem danach wieder hinaus. Ein bisschen peinlich ist es ihr immer noch, sie macht sich Sorgen, was die Justizbeamten denken. Aber bei den Langzeitbesuchen können sie über Dinge reden, die sich am Telefon nicht besprechen lassen. Meistens liegen sie fast die ganze Zeit Arm in Arm auf dem Sofa, halten einander fest, manchmal schlafen sie ein. Nebeneinander schlafen und nebeneinander aufwachen ist etwas Besonderes für sie.

Zweimal durfte Tom Sandra schon zu Hause besuchen, da hatte er Freigang. Am linken Arm trug er eine Handfessel. Zwei Polizisten waren dabei. Tom ging langsam durch alle Räume in Sandras Wohnung, die er nur aus ihren Erzählungen kannte. Er spielte mit ihrem Hund. Es war alles so schön, so normal. Die beiden kochten miteinander. Beim ersten Mal gab es Steaks und Salat, beim zweiten Mal Chili Con Carne. Tom schnitt die Paprika und die Zwiebeln, Sandra rührte im Topf. Dann aßen sie miteinander – und mit den zwei Polizisten.

»Mit ihr schmeckt alles besser, da könnte es sogar nur trockenen Reis geben«, sagt Tom. Der Abschied war schwer nach dem Besuch. »Es war ein überwältigender Moment. Ich stand da mit meiner Frau in unserer Wohnung und dann sagt einer: ›Abfahren!‹« Beide weinten. Seither hat Sandra kaum noch Lust, für sich alleine zu kochen. »Allein ist das deprimierend«, sagt sie. Die Besuche sind selten, vorerst ist kein weiterer geplant. Im Moment bleibt nur das Apartment mit dem Klappsofa in der Justizvollzugsanstalt. Und Briefe. Tom schreibt ihr noch immer. Sie fangen an mit *Mein geliebter Engel.*

Im Aufenthaltsraum holt Tom Kaffee für Sandra und sich aus einem Automaten in dünnen, dunkelbraunen Plastikbecherchen. Bei ihrem Besuch heute haben die beiden ein bisschen Streit. Wenn Tom entlassen werden will, muss er nachweisen, dass draußen ein Job und eine Wohnung auf ihn warten. Er könnte bei Sandra wohnen, das ist klar, ihre Wohnung ist schon ein bisschen zu seiner geworden. Ein Freund von ihm hat ihm auch einen Job in seiner Baufirma angeboten. Aber Job und Wohnung wären zu weit voneinander entfernt, und Sandra möchte nicht schon wieder umziehen. »Ich kann nicht immer mein Leben nach dir richten«, sagt sie. »Das verlange ich doch gar nicht, Schatz«, sagt Tom und greift nach Sandras Hand, die sie gerade weggezogen hat. »Es geht doch erst einmal nur darum, dass ich das jetzt beides nachweisen kann. Ich glaube, wir reden aneinander vorbei.« Sandra verdreht die Augen und zieht die Hand wieder weg. Sie seufzt. »Na gut, dann erklär es mir besser«, sagt sie und nimmt seine Hand wieder in ihre.

Es ist wichtig, dass sie sich streiten können, findet sie, sie kann ihm die Meinung sagen und auf ihre eigenen Interessen pochen. »Ich habe überhaupt keine Angst, dass er mir etwas tut. Er kann auch damit leben, wenn er mal einen schlechten Tag von mir abkriegt«, sagt Sandra. »Egal, wie oft es einen kleinen Zoff gibt, wir vertragen uns danach und gehen gestärkt daraus hervor«, ergänzt Tom. Die meisten Frauen, die schon einmal Opfer häuslicher Gewalt waren, kennen sich aus mit den Männern und können die Warnsignale lesen, sagt Sandra. Wenn ein Mann oft mit der Faust auf den Tisch haut, wenn er aufspringt und der Stuhl umfällt oder wenn er gegen die Wand schlägt, muss man sich in Acht nehmen. »So einer ist Tom nicht, überhaupt nicht«, sagt sie entschieden, »ganz im Gegenteil.« Tom wird nie laut.

Manchmal ist es Sandra schon fast zu viel, wie Tom sich um sie kümmert. Wenn sie gemeinsam die Treppe hinuntergehen, nimmt er ihren Arm, damit sie nicht stolpert. Sie hinkt ein wenig wegen ihrer Krankheit. »Du behandelst mich wie eine Behinderte«, sagt sie dann, aber sie mag es auch, dass er für sie sorgt. »Es ist für mich das Wichtigste, dass es ihr gutgeht«, sagt er. Inzwischen sind sie verlobt, aber sie wollen erst heiraten, wenn Tom frei ist – es soll ein richtiges Fest werden, ohne Polizisten und Fußfesseln. Ihre Kinder sollen dabei sein, die er bislang nur von Fotos kennt. Und Sandra will ihn erst heiraten, wenn ihre Beziehung auch draußen hält. Manchmal hat sie Angst, dass er sich eine andere sucht, wenn er entlassen wird. Tom nimmt ihre Hand und lächelt, wenn sie das sagt. »Du musst mir vertrauen, dass das nicht passieren wird«, sagt er. »Alles, was ich je mit Frauen hatte, kommt mir jetzt so oberflächlich vor. Diese Liebe ist nicht vergleichbar.« Nach all den Jahren zusammen hat er immer noch jedes Mal Schmetterlinge im Bauch, wenn er sie sieht, sagt er. Er hat sich ihren Namen auf die Brust tätowieren lassen. Sein Name steht auf ihrem Dekolleté.

Dann öffnet sich die Tür, der Vollzugsbeamte tritt hinter der Scheibe hervor und in den Besuchsraum. »Besuchszeit vorbei«, ruft er. Sandra und Tom umarmen sich, ein schneller Abschiedskuss, dann muss er mit den anderen Häftlingen gehen. Wenn die Sicherheitstüren sich hinter ihnen geschlossen haben und die Insassen außer Sicht sind, müssen auch die Besucher den Raum verlassen. Sandra holt ihre Handtasche und ihr Handy aus dem Schließfach. Der Beamte, der die Fotos von den Hunden begutachtet hat, verspricht, dass er sie Tom geben wird. Sandra wartet, bis der Türöffner brummt, stemmt die schwere Metalltür auf und nickt dem Beamten hinter dem Panzerglas zum Abschied zu. Sie geht schnellen Schrittes weg von dem Gefängnis. Zurück auf die meterhohen Backsteinmauern und den Stacheldraht blickt sie nie.

Lisa und Kristina

Darling, hab keine Angst. Ich liebe dich seit tausend Jahren. Und ich werde dich noch tausend weitere lieben. Lisa und Kristina haben diesen Text des Liedes »A Thousand Years« für ihr Hochzeitsvideo ausgesucht, das sie so glücklich zeigt: Hand in Hand und frei. Auf tausend Jahre kommt ihre Liebe zwar nicht ganz, aber als die beiden heirateten, waren sie schon fünfunddreißig Jahre zusammen. Dreißig Jahre nach ihrer Flucht, fünf davor – vielleicht noch mehr. Es lässt sich schwer sagen, wann aus ihrer Kinderfreundschaft Liebe wurde. »Du bist meine erste Liebe«, sagte Kristina in ihrem Eheversprechen. »Ich werde mit dir sein bis ans Ende der Zeit.«

Die Geschichte von Lisa und Kristina begann, als die beiden neun Jahre alt waren. Kristina und ihre Familie waren gerade neu in das Örtchen im amerikanischen Bundesstaat New Jersey gezogen, in dem Lisa mit ihrer Familie lebte. Die Mädchen hatten viel gemeinsam: Beide Familien waren sehr katholisch, beide Mädchen hatten viele Geschwister, sie waren fast gleich alt und sollten sogar in die gleiche Schule gehen. Aber Lisa und Kristina hätten unterschiedlicher kaum sein können.

Kristina: klein, schmal, leise, auf dem Kopf eine ordentliche Topffrisur. Ihre Eltern waren aus den Philippinen in die USA gekommen. Sie haben das Gefühl nie abgelegt, Außenseiter in einem fremden Land zu sein. Das Gefühl gaben sie an ihre Kinder weiter, die nie richtig lernten, sich in Amerika zurechtzufinden, die kaum mit anderen Menschen sprachen und dafür alles miteinander teilten. Ihr Zuhause war die Familie, alle sprachen mit den gleichen leisen Stimmen.

Lisa war ganz anders: groß, laut, stark, auf dem Kopf eine Art wilder Afroschnitt. Sie hatte fünf Brüder, sie wusste, wie man sich durchsetzt, mit Worten und mit Fäusten. Ihre Familie stammte aus Italien, war aber schon seit Generationen in den USA, sie kannten jeden in ihrem Städtchen in New Jersey. Beim Essen redeten alle durcheinander, bei Lisa zu Hause war immer etwas los.

Es war keine Freundschaft auf den ersten Blick zwischen der schüchternen Kristina und der stürmischen Lisa. Es war eine Freundschaft, die wachsen musste. Und die dann unaufhaltsam weiterwuchs. Heute sind Kristina und Lisa fünfzig Jahre alt und schütteln die Köpfe, wenn sie von der Ironie erzählen, dass ihre Eltern sie zur Freundschaft erst drängen mussten.

Die Eltern der kleinen Mädchen lernten sich damals in der Kirche kennen und verstanden sich sehr schnell sehr gut. Trotz der Unterschiede verband Lisas und Kristinas Eltern der Glaube, der ihr Leben bestimmte. Sie stellten es sich schön vor, wenn ihre Töchter miteinander spielen würden, sie waren ja gleich alt. Also lud Kristinas Familie Lisa und ihre Familie zu sich nach Hause ein. Kristina und ihre Brüder und Schwestern, die sonst nie mit anderen Kindern spielten, fürchteten sich vor dem Besuch der fremden Familie. Alle Kinder saßen brav um den Vater herum und starrten die Fremden aus großen Augen an, als Lisa mit ihren Brüdern ins Wohnzimmer trat. Lisa trug kurze Hosen und Tennissocken bis zu den Knien, das war so Mode damals in Amerika – aber eigentlich eher für Jungen. Kristina wusste erst gar nicht, wer von all den Kindern das Mädchen war, erzählt sie. »Ich war von ihr ganz schön eingeschüchtert.« Lisas Mutter deutete auf Kristina und sagte zu Lisa: »Vielleicht könnt ihr ja Freundinnen werden.« Kristina schaute zu Boden und sagte kein Wort. Sie wusste gar nicht genau, was das bedeutete: Freundinnen.

Das stille Mädchen mit den rabenschwarzen Haaren, das so anders war als sie selbst, berührte etwas in Lisa. Ich will auf sie aufpassen, dachte sie sich. Ich will, dass sie meine beste Freundin wird.

Lisa warb danach um Kristinas Freundschaft, sie kam immer wieder vorbei, um mit Kristina zu spielen. »Sei doch mal freundlicher zu Lisa«, befahl Kristinas Mutter, »spiel doch mal mit ihr, sie hat doch so nette Eltern.« Aber Kristina wollte nicht, manchmal kam sie noch nicht einmal aus ihrem Zimmer, wenn Lisa vor der Tür stand. »Ich glaube, sie hat gar nicht verstanden, was ich von ihr wollte«, sagt Lisa heute. Es tat ihr weh damals, sie konnte nicht verstehen, warum das Mädchen nicht ihre Freundin sein wollte. Aber Lisa ist keine, die leicht aufgibt.

Lisas Werben dauerte Wochen und Monate, und nach und nach hatte es Erfolg. Die beiden redeten immer mehr miteinander, langsam verstanden sie sich besser, Kristina verlor ihre Angst vor dem fremden Mädchen. Mit der Zeit wurden sie, was sich ihre Eltern gewünscht hatten: erst Freundinnen, dann richtig gute Freundinnen, dann beste Freundinnen. Auch die Eltern verbrachten immer mehr Zeit miteinander. Sie verband die Ablehnung der gottlosen Welt da draußen. Selbst die Katholiken waren ihnen nicht katholisch genug.

Lisa und Kristina waren zwölf Jahre alt, als sich die Eltern entschlossen, gemeinsam mit einer kleinen Zahl Gleichgesinnter eine eigene Glaubensgruppe zu gründen. Sie glaubten, sie seien wiedergeborene Katholiken, viele ihrer Ideen entstammten der Erweckungsbewegung. Die Frauen in der Sekte mussten lange Kleider mit Rüschenkragen tragen. Fernsehen war verboten, Kontakt zu Ungläubigen unerwünscht. Jeden Morgen um fünf Uhr mussten alle zum Morgengebet antreten, jeden Sonntag gingen sie in die Kirche, dazu kamen Gebetskreise. Die Frau hatte dem Mann zu dienen. Junge Männer und Frauen durften nur Zeit miteinander verbringen, wenn sie verlobt waren – und wer sich mit wem verlobte, bestimmte die Kirche. Die Eltern arrangierten eine Ehe für Kristinas ältere Schwester. Manchmal kam ein Exorzist vorbei, um das Böse auszutreiben, dann sprach die Gemeinde in anderen Zungen, die niemand verstehe außer Gott. Sie beteten mit den Händen in den Himmel gereckt.

In fünf Jahren schlossen sich ihnen zweitausend Menschen an, sie gründeten eine eigene Schule, viele Familien lebten direkt nebeneinander in Häusern, die die Kirche gebaut hatte. Liberalere Katholiken demonstrierten gegen die Gemeinschaft und ihre »Gehirnwäsche«. Die Lokalzeitungen schrieben, die Sekte habe die katholische Kirche des Örtchens vollständig übernommen. Sogar die New York Times schickte Reporter nach New Jersey, um über den Christenkult zu berichten.

Lisas und Kristinas ganzes Leben spielte in den Grenzen der Glaubensgruppe, was draußen vorging, wussten sie kaum. Sie näherten sich der Pubertät, und gleichzeitig entwarfen ihre Eltern ein Leben, in dem dafür kein Platz war.

Dieses Leben gefiel den Mädchen nicht. Vor allem Lisa fand die Regeln immer alberner, je strenger sie wurden. »Wieso? Wieso? Wieso?«, fragte sie – je älter sie wurde desto lauter. Sie konnte sich nicht vorstellen, dass Gott dieses Leben für sie vorgesehen hatte. »Sie ist die geborene Rebellin«, sagt Kristina. Kristina, die so anders war als Lisa, blieb gehorsam und hielt sich an die Regeln, so gehörte sich das eben in ihrer asiatisch-amerikanischen Familie: Gemacht wurde, was der Vater sagte. Aber mit dem Herzen dabei war auch Kristina nicht, auch in ihrem Kopf drehten sich all die Fragen um das Wieso – sie traute sich nur nie, sie zu stellen. Nur mit Lisa sprach sie über ihre Zweifel. Die beiden Mädchen, inzwischen Teenager, führten lange Gespräche über die Religion, die Welt, die Familie, das Leben, das Ich. Sie sprachen miteinander, wie es nur Jugendliche können, sie fühlten sich, als dächten sie zusammen große Gedanken, die noch nie zuvor gedacht worden waren. Sie waren unzertrennlich. Bei den Gebetskreisen zwinkerten sie sich zu, wenn jemand wieder besonders emsig die Hände in die Luft riss und in fremden Zungen sprach. Es half, dass da noch jemand war, der dachte wie man selbst.

Lisa eckte immer mehr an mit ihren vielen Fragen und ihrer Rebellion. Ihre Familie und die anderen Gemeindemitglieder versuchten, sie zu retten. Sie nannten sie Lisa, die Gottlose, die Besessene. Es gab eine Zeremonie, die den Teufel aus dem jungen Mädchen austreiben sollte. Die Gemeinde betete für

Lisa, alle hielten sich an den Händen, legten ihr die Hände auf den Kopf, während ein Exorzist um sie herumtanzte. »Die haben alle so ein unverständliches Zeug gesungen, trajahastaramawadarama und so, es war völlig verrückt«, erzählt Kristina, die im Stillen genauso dachte wie die Freundin. Als Lisa fünfzehn Jahre alt war, musste sie bei einer der Teufelsaustreibungen so haltlos kichern, dass ihre Eltern aufgaben, sie zu bekehren. Sie war die verlorene Tochter, die Gemeinde warf sie hinaus. Lisa wohnte zwar weiter bei den Eltern, zur Kirche gehen musste sie nicht mehr – sie war dort nicht mehr willkommen. Von nun an war Kristina allein bei den Gottesdiensten.

Außerhalb der Kirche verbrachten die Mädchen jede freie Minute miteinander. Sie schrieben einander kleine Briefe, bastelten einander bunte Karten. Sie haben sie aufgehoben über all die Jahrzehnte, sie stecken in Tüten und Klarsichtfolien, manchmal ziehen sie sie heraus in ihrem gemeinsamen Wohnzimmer und lesen darin.

Meine Liebe, ich bin so glücklich, dass ich dich kenne, schrieb Kristina an Lisa, da waren sie vierzehn Jahre alt. Ostern 1982 schrieb Lisa: *Für meine ganz besondere Freundin. Ich liebe dich, Lisa, deine beste Freundin.* Am Valentinstag 1987 schrieb Kristina an Lisa: *Ich danke Gott jeden Tag, dass er mir dich geschickt hat, um mein Leben mit dir zu teilen.* Sie waren freundschaftlich gemeint, diese Liebeserklärungen, an etwas anderes dachten die beiden nicht, etwas anderes gab es in ihrer Welt nicht. In der Sekte sagten alle ständig, dass sie einander liebten – was sollte daran falsch sein? »Wir waren so unschuldig«, sagt Lisa.

In ihrer Glaubensgemeinschaft war es üblich, dass man einander viel umarmte. Lange, innige Umarmungen sollten zeigen: Wir sind alle eins. Darum nahmen sich auch Lisa und Kristina oft in den Arm. Mit der Zeit wurden ihre Abschiedsumarmungen immer länger. Aus einem schnellen Drücken wurden zehn Minuten, aus zehn wurden zwanzig, dann dreißig Minuten. »Irgendwann«, erzählt Lisa, »dachten wir uns, dass es doch bequemer wäre, sich für die Abschiedsumarmungen einfach hinzulegen.« Sie küssten sich auch zum Abschied zuerst nur auf die Wange, das war üblich in der Sekte. Dann kam der erste richtige Kuss. »Ich weiß das noch wie heute, sie hat ihre Zunge losgelassen«, sagt Lisa. »Es war elektrisch, ich habe sie gefragt, ob sie das auch gefühlt hat«, sagt Kristina. »Es war wirklich wie Schmetterlinge im Bauch.« Irgendwann haben sie sich ausgezogen. »Wir haben bei jeder Gelegenheit rumgefummelt, überall«, sagt Lisa. »Es gab kein Halten mehr.«

Das haben dann auch die Eltern bemerkt, auch die Verwandten, die Gemeinde, die Schulleiterin, die so lange nicht gesehen hatten, dass zwischen Lisa und Kristina etwas gewachsen war, das mehr war als Freundschaft. Nur Lisa und Kristina ahnten noch immer nicht, dass sie etwas taten, das ihre Eltern für verboten hielten. »Ich dachte einfach, dass wir eine ganz besonders schöne Freundschaft haben«, erzählt Lisa. »Wir waren so verknallt, dass wir nichts um uns herum mitbekommen haben«, sagt Kristina.

Bis ihre Eltern den Kampf gegen ihre Liebe aufnahmen. An einen Schock kann sich Kristina noch besonders gut erinnern. Sie hatte Lisa zum sechzehnten Geburtstag eine kleine, herzförmige Schmuckschatulle gekauft. *Ich liebe dich*, stand auf dem Deckel. *Bis in die Tiefen meines Herzens*, stand auf dem Boden. Kristina freute sich so über ihr hübsches Geschenk für ihre Freundin, dass sie es ihrer Mutter zeigte, bevor sie es Lisa überreichte. Doch ihre Mutter fand das Geschenk gar nicht schön. Statt die Schatulle zu bewundern, schrie sie die Tochter an: »Ihr müsst damit aufhören, es ist falsch, Gott will das nicht.« Kristina war erschüttert, sie verstand nicht, was ihre Mutter meinte: Was will Gott nicht? Sie wussten nicht, dass es etwas wie Homosexualität überhaupt gibt.

Lisa sah zu dieser Zeit einmal das Titelbild eines Time-Magazins, auf dem ein Soldat abgebildet war und der Satz: *Ich bin homosexuell.* Sie dachte, er habe eine Krankheit: Ist er ein Bluter wie damals die Zaren? Auch die Eltern haben das Wort nie verwendet: Homosexualität. Sie haben geschrien und verboten, immer öfter und immer lauter – aber Lisa und Kristina wussten nie genau, was überhaupt verboten war. Liebe ist doch etwas Gutes, oder? Freundschaft ist doch etwas Gutes? »Wir haben nie gedacht, dass wir ein Paar sind«, sagt Lisa. »Ein Paar können ja nur ein Mann und eine Frau sein.« Einmal fuhren die beiden in ein Fotostudio, sie wollten ihre Freundschaft dokumentieren. Beide trugen die langen Sektenkleider, beigefarben und mit Rüschen. Lisas linke Hand, ein Ring daran, lag auf Kristinas rechter Hand. Sie strahlten in die Kamera und sahen so unschuldig aus.

Die Eltern bestraften sie jedes Mal, wenn die eine von der anderen erzählte oder wenn sie sich treffen wollten. »Ich dachte, meine Eltern sind ausgeflippt«, sagt Kristina. »Erst sagen sie, wir sollen Freundinnen sein. Dann verbieten sie uns, Freundinnen zu sein.« Lisas Vater verprügelte die rebellische

Tochter. Lisas Mutter, mit einem Ring an jedem Finger, verpasste ihr schallende Ohrfeigen, deren Spuren man noch nach Tagen sah. Kristinas Eltern straften durch Schweigen, was fast noch mehr weh tat. Ein einziges Mal, als Kristina sich wieder einmal weggeschlichen hatte, zog ihr Vater seine Krawatte aus und schlug sie damit. Der Schlag tat noch nicht einmal weh, aber die ganze Familie schaute dabei zu, es war ein Schock für alle. Dass der Vater, ein milder, leiser Mann, seine Tochter schlug, zeigte Kristina seine Verzweiflung. Ihr Vater tat ihr leid.

Auch bei den beiden Mädchen wuchsen die Zweifel. Wenn alle gegen sie waren, könnte das vielleicht doch bedeuten, dass es böse war, was sie taten? Vielleicht war Gott dagegen? Als sie sechzehn Jahre alt waren, versuchten sie, voneinander zu lassen, und verabredeten eine Trennung auf Zeit. Eine Woche lang wollten sie einander aus dem Weg gehen und testen, wie sich das Leben anfühlt, dass ihre Familien für sie wollten: ein Leben ohne die andere. Jeden Abend telefonierten sie miteinander, sagten einander, wie sehr sie sich vermissten, dass sie aneinander dachten. »Wenn Gott Liebe ist, dann ist das hier auch Liebe«, sagte Kristina nach dem Ende der Woche. »Wenn wir dafür zur Hölle fahren, dann lass uns zusammen fahren.«

Ihre Eltern überwachten die Mädchen immer strenger, es wurde immer schwieriger, einander zu sehen. Jeden Brief, jedes Telefonat und jedes Treffen hielten sie geheim. Aber Heimlichkeit war nicht vorgesehen in dem Sektenleben. Jeder kannte die Mädchen, sie konnten nirgends hingehen, nirgendwo in Ruhe zusammen sein. Selbst Kristinas Geschwister, einst ihre einzigen Freunde, wendeten sich gegen sie und überwachten sie im Auftrag der Eltern. Ihr großer Bruder, den sie so liebte, ließ sie einmal nicht zurück ins Haus, als sie sich abends nach einem ihrer Treffen mit Lisa hereinschleichen wollte. Alle Geschwister standen drinnen und starrten mit großen Augen durch das Fenster hinaus auf die Schwester. Kristina stand draußen, rüttelte an der Tür, weinte und schrie. Als sie siebzehn Jahre alt war, warfen die Sektenführer auch Kristina aus der Kirche. Auch sie war nun eine Gottlose, eine Verstoßene. Für die beiden hatte das einen großen Vorteil: Wenn die anderen im Gottesdienst waren, war dies die sicherste Zeit, um einander zu treffen.

Sie schmiedeten einen Plan: Sobald wir beide achtzehn Jahre alt sind, hauen wir ab. »Wir dachten, wir rennen weg und erobern die Welt«, erzählt Kristina. »Wir wussten, dass wir einander lieben und dass nichts anderes wichtig ist«, sagt Lisa.

Die beiden begannen, Geld zu sparen für das Leben in der Welt da draußen, die sie kaum kannten. Sie suchten sich kleine Jobs nach der Schule, arbeiteten als Babysitter oder füllten im Supermarkt die Regale auf. Nach und nach kauften sie Verpflegung und versteckten sie in Lisas Schrank: Kisten voller Seife, Taschentücher, Tampons, Klopapier, Zahnpasta. Lisa hatte Autofahren gelernt und kaufte von ihrem Ersparten ein Auto, einen kleinen, gelben Datsun für zweitausend Dollar. Ein Auto für die Freiheit. Ihre Eltern wussten von nichts. Einmal fragte Lisas Vater nach dem gelben Kleinwagen, der immer auf der Straße vor dem Haus parkte. Lisa zuckte nur mit den Schultern.

Im Oktober kam die Nacht der Flucht: Es war gerade dun-

205

kel geworden, ihre Familie schlief schon, als Lisa ihren Proviant zusammenpackte und ihn vorsichtig aus dem Fenster in den Garten warf. Sie lauschte auf Geräusche im Haus, die Eltern sollten nicht aufwachen, sie hielt immer wieder inne, bewegte sich vorsichtig und so leise sie konnte. Doch eine der Kisten hatte sie nicht fest genug verpackt, sie schepperte, als sie im Garten landete, wahrscheinlich war ihre Lieblingstasse mit Mickey Mouse darauf zerbrochen, dachte Lisa. Hatte jemand das Poltern gehört? Lisa bemerkte Schritte im Flur, sprang ins Bett und stellte sich schlafend. Sie zog die Decke hoch, damit niemand sah, dass sie in Flanellhemd und Turnschuhen im Bett lag. Ihr Herz pochte laut. Würde das Pochen sie verraten?

Lisas Mutter trat in ihr Zimmer, Lisa hielt den Atem an. Mitten im Raum standen noch Kisten voller Proviant, die sie nicht rechtzeitig hatte verstecken können. Ihre Mutter stand vor Lisas Bett und blickte lange auf die Kisten. Aber sie sagte kein Wort, drehte sich um und ging. »Ich konnte es nicht glauben«, sagt Lisa. »Ich dachte mir: Warum werde ich nicht verprügelt? Komme ich davon, einfach so?« Nach einer Weile traute sie sich wieder aus dem Bett, stieg leise aus dem Fenster, lud ihre Sachen in den Kofferraum und kletterte wieder hinein durch das Fenster.

Ein letztes Mal, eine einzige Kiste musste sie noch holen. Als sie aufschaute, stand sie in ihrem Kinderzimmer plötzlich vor ihrem Vater und ihrer Mutter, die im Dunklen auf sie warteten. »Ich dachte, ich würde sterben«, erzählt sie. Die Mutter öffnete Lisas Schrank und sah, dass er leer war. »Wo ist all dein Zeug?«, fragte sie. »Ich habe alles eingepackt«, antwortete Lisa mit trotziger Stimme. »Das Auto da draußen gehört mir. Ich haue ab.« Ihre Eltern schlugen sie nicht und protestierten nicht. Ihr Vater sagte nur: »Du haust nicht ab, wir werfen dich raus.«

Also stieg Lisa in ihr kleines, gelbes Auto und fuhr davon. Sie war viel später dran, als sie ausgemacht hatten, und sie konnte Kristina nicht Bescheid geben. Es gab ja noch keine Handys, und auf dem Festnetz hätte sie natürlich mitten in der Nacht nicht anrufen können. Was, wenn Kristina nicht am Treffpunkt war? Ohne sie wollte sie nicht abhauen. Lieber gemeinsam in Unterdrückung als frei und allein, das hatten sie einander geschworen. Als Lisa um die Ecke zum Treffpunkt bog, war es schon fast vier Uhr morgens. Und dann sah sie Kristina, die mit ihrem Kopfkissen und einer Tüte mit all ihren Sachen auf sie wartete. »Der glücklichste Moment meines Lebens«, sagt Lisa heute. Kristinas Eltern hatten ihre Flucht verschlafen, sie hinterließ ihnen eine Nachricht: *Ich liebe Lisa. Wenn Gott Liebe ist, dann machen wir das Richtige. Ich möchte nicht mehr hier leben.*

Die beiden fuhren erst einmal in einen Hamburgerladen zum Frühstück. Sie hatten einen Hunger, wie man ihn nur in Freiheit haben kann. Und zweihundert Dollar in der Tasche. Dann ging es weiter zu Lisas großem Bruder, der auch nicht mehr zu Hause lebte und sich von der Familie abgewandt hatte. Bei ihm schliefen sie ein paar Tage auf dem Fußboden, dann suchten sie sich Jobs, meldeten sich an zum Teilzeitstudium und fanden die erste kleine Wohnung. Die ersten Jahre waren hart, sie waren fast noch Kinder und ganz auf sich allein gestellt. »Wir hatten immer viel Arbeit und nie viel Geld, aber wir waren zusammen«, erzählt Lisa. »Für uns war es ein großes Abenteuer«, sagt Kristina.

Lisas Bruder, der zu ihnen hielt, erklärte den beiden Mädchen zum ersten Mal, dass sie lesbisch sind. »Wir haben quasi im Chor gerufen: nein, sind wir nicht«, erzählt Lisa. Das Wort klang für sie nach einem Schimpfwort. Als sie einundzwanzig Jahre alt waren, nahm er sie mit nach New York in eine Schwulen- und Lesbendisco. Da sahen die beiden zum ersten Mal, dass sie nicht allein waren, dass es viele gab, die so wie sie waren. Erst war das ein kleiner Schock: Ist ihre Liebe doch gar nichts Besonderes? Aber sie merkten schnell, wie schön es sich anfühlte, nicht mehr allein zu sein. Sie fanden Freunde und engagierten sich in der Homosexuellen-Bewegung der achtziger Jahre, sie fuhren zu Demonstrationen nach Washington und forderten gleiches Recht auf Liebe.

Nur von ihren Familien sollten sie dieses Recht nicht bekommen. In den ersten zehn Jahren nach der Flucht hatten sie fast keinen Kontakt zu ihren Eltern und Geschwistern. Sie schrieben kurze Briefe, dass es ihnen gutgehe, verrieten ihren Eltern aber nicht, wo sie wohnten. Mit den Jahren versuchten sie, auf ihre Eltern zuzugehen. Aber es kam nichts zurück. Kristina rief regelmäßig zu Hause an, erkundigte sich, wie es allen ging. Aber sie bekam immer die gleichen Vorwürfe: »Ihr lebt in Sünde. Ihr fahrt zur Hölle.« Als Kristinas Vater einen Herzinfarkt hatte, gaben ihre Mutter und ihre Geschwister ihr die Schuld – und natürlich Lisa. Für Kristinas Eltern war Lisa immer an allem schuld, es sei Lisa gewesen, die ihre Tochter verdorben habe. Kristina und Lisa schrieben den Eltern, baten um Versöhnung. Sie verbrachten auch Weihnachten bei ihren Familien, natürlich getrennt voneinander. Lisa war bei Kristinas Eltern nicht willkommen, aus dem Fenster warfen sie ihr böse Blicke zu, wenn sie Kristina vor Weihnachten absetzte. »Es war schwer für mich, von meiner Familie getrennt zu sein«, sagt Kristina. »Aber es war auch hart, mit ihnen zusammen zu sein. Ich habe gesehen, dass sie mich nicht mehr lieben und wie hasserfüllt sie Lisa behandeln.«

Anfang der neunziger Jahre zogen die beiden nach San Francisco. Tausende Meilen entfernt von ihren Eltern fuhren sie zum ersten Mal über die Golden Gate Bridge. Sie kauften ein Haus, es ist lichtdurchflutet, hat einen kleinen Garten und Palmen vor der Tür. Hier leben sie noch immer.

Auf ihrem Sofatisch liegt ein dickes Fotoalbum, das Lisa Kristina zum zwanzigsten Jahrestag geschenkt hat. Jedes Jahr im Oktober feiern die beiden ihren Jahrestag am Jubiläum ihrer Flucht. Das Fotoalbum beginnt mit dem Bild der beiden aus dem Fotostudio, als sie siebzehn Jahre alt waren und so unschuldig aussahen. Die Fotos zeigen ihr langes Leben zusammen: 1986 bei ihrer ersten Broadway-Show, beide mit dicken Schulterpolstern. 1989: ihr erster Urlaub außerhalb des Landes, in der Dominikanischen Republik. 1989: beide mit riesigen Sonnenbrillen auf einer Demo in Washington. 1992: Gay Pride Parade, Lisa sieht auf dem Bild aus wie ein Mann. Oktober 1994: die beiden vor ihrem neuen Haus mit den Palmen im Garten.

Heute tragen sie kurze Hosen und T-Shirts statt beigefarbener Kleider mit Rüschen. Lisa achtet auf gesunde Ernährung, Kristina gärtnert gern. Sie verbringen viel Zeit in China, wo Kristinas Job sie oft hinführt. Sie wissen alles voneinander, sie sind noch immer beste Freundinnen. »Wir halten einander jung, unsere Beziehung ist wie eine Zeitmaschine«, sagt Kristina. »Wenn wir zusammen sind, benehmen wir uns manchmal immer noch wie Teenager, obwohl mir graue Haare wachsen«, sagt Lisa.

Genau dreißig Jahre nach ihrer Flucht haben die beiden geheiratet. Als Kalifornien die gleichgeschlechtliche Ehe legalisierte, zählten sie zu den Ersten, die sich zur Hochzeit anmeldeten. Lisa trug einen weißen Smoking, Kristina ein weißes langes Kleid, das weich um sie herum fiel. Es kamen sechzig Gäste. Die Hochzeit war ein Durchbruch, denn sie war das erste Mal in den dreißig Jahren nach ihrer Flucht und den Jahren vor ihrer Flucht, dass sie ihre Liebe in der Öffentlichkeit zeigten. Vorher hatten sie sich nie geküsst oder Händchen gehalten, wenn sie jemand sehen konnte. »Wir sind dieses Gefühl nie ganz losgeworden, dass wir etwas Verbotenes tun«, sagt Lisa. »Bei der Hochzeit ist das zum ersten Mal von mir abgefallen.«

Kristinas Geschwister kamen zur Feier nach Kalifornien, sie sind milder geworden und verständnisvoller, sie haben das Leben kennengelernt und gemerkt, dass nichts einfach richtig oder falsch ist, glaubt Kristina. Sogar der Bruder war angereist, der sie einst ausgesperrt hatte. »Ich bin so überwältigt von eurer Liebe«, sagte er zu den beiden, als habe er zum ersten Mal verstanden, was sie fühlen. »Die Leute haben gerufen, dass wir uns küssen sollen«, erzählt Lisa. »Es war so unglaublich für mich, dass sich niemand vor uns ekelt. Seither ist nichts mehr für mich, wie es war.« Die Gäste sagten, wie schön sie zusammen aussehen, dass sie ein tolles Paar sind. Lisa schaut sich seither immer wieder das Video von ihrer Hochzeit an, wie sie Kristina vor den kalifornischen

Weinbergen küsst – im Hintergrund singt die Sängerin von tausend Jahren Liebe.

Lisas Familie ist noch immer streng gegen die Beziehung. Zur Hochzeit kam nur ihr Bruder, der ihnen schon ganz am Anfang geholfen hatte, am Tag nach ihrer Flucht. Auch Kristinas Mutter redet noch immer nicht mit Lisa, ihr Vater ist vor ein paar Jahren gestorben, ohne ihnen zu verzeihen. »Unsere Eltern denken noch immer, dass wir zur Hölle fahren«, sagt Lisa. »Aber wenn wir zur Hölle fahren«, sagt Kristina, »dann wenigstens zusammen.«

Chrissy und Aliou

Die Angst wohnt mit Chrissy und Aliou in ihrer Dreizimmerwohnung in Rostock. Sie wohnt im Schlafzimmer, wenn sie abends ins Bett gehen. Sie wohnt in der Küche, wenn sie kochen. Sie wohnt auf dem Balkon, wenn sie dabei zusehen, wie die Möwen an ihnen vorbeigleiten. Sie wohnt im Kinderzimmer, in dem sie schon den hellblauen Strampelanzug für ihr Baby in die Krippe gelegt haben, das in wenigen Wochen zur Welt kommen wird. Die Angst ist da, wenn jemand an die Tür klopft, bei lauten Schritten im Treppenhaus und wenn es klingelt. »Wenn ich Pizza bestelle und es klingelt kurz danach, dann weiß ich ja, dass der Pizzamann kommt«, sagt Chrissy. »Aber wenn es einfach so klingelt, fange ich an zu überlegen. Die Angst ist immer da.«

Chrissy und Aliou haben sich schon oft vorgestellt, wie es wäre, wenn die Polizei käme. Es würde plötzlich Sturm klingeln, vielleicht wäre es mitten in der Nacht und Männer in Uniform würden sie aus dem Schlaf reißen. Aliou hätte noch kurz Zeit, um ein paar seiner Sachen zu packen. Dann würden sie ihn mitnehmen, so wie sie Freunde von ihm schon mitten in der Nacht aus ihren Betten mitgenommen haben. Sie würden Aliou nach Mauretanien zurückschicken, in das Land, in dem der Geheimdienst und vielleicht der Tod auf ihn warten. Chrissy und Aliou würden sich wahrscheinlich nie wiedersehen. »Eingesackt und in den Transporter und weg«, sagt Chrissy. »Abgeschoben.«

Dies ist die Geschichte von Chrissy und Aliou, den Chrissy meist »Steppi«, »Schatzi« oder »Cherie« nennt und manchmal, wenn sie böse auf ihn ist, auch einfach nur Aliou. Seine Arbeitskollegen nennen ihn anders, weil er sich bei ihnen mit dem falschen Namen vorgestellt hat, der in dem gefälschten Pass steht, mit dem er nach Deutschand gekommen ist. Und auf dem Brief, mit dem Deutschland ihm das Asyl verweigerte. Aber auf dem Papier, das er jetzt bekommen hat, als die deutschen Behörden ihn als Vater des Babys in Chrissys Bauch anerkannt haben, steht zum ersten Mal sein richtiger Name, das ist ihm wichtig.

Als Chrissy und Aliou sich zum ersten Mal trafen, war die Angst noch in weiter Ferne. Sie haben gelacht und getanzt und geredet. Nicht über Abschiebung, Asyl und Duldung, über Flüchtlingsheime, die Dublin-Verordnung, Reisepass-Ersatzdokumente oder Ledigkeitsbescheinigungen, sondern über die Themen, für die sich die beiden schon lange interessieren: Kommunismus und Kapitalismus, die Macht des Geldes, Freiheit und ihre Neugier auf die weite Welt. »Hakuna Matata«, sagte Aliou damals und auch heute noch oft, obwohl die Angst jetzt in ihrer Wohnung lebt: »Hakuna Matata. Du musst das Leben genießen, jeden Tag.«

Zum ersten Mal getroffen haben sie sich im Sommer 2013 in einer Rostocker Disco – es hätte der Anfang einer ganz normalen Liebesgeschichte sein können. Chrissy war mit einer Freundin tanzen wie so oft damals, um drei Uhr nachts sind die zwei noch in den Club gekommen, in dem Aliou mit einem Freund schon den ganzen Abend lang war. Chrissys Freundin fing sofort an, mit Alious Freund zu tanzen. Also fingen auch Chrissy und Aliou an zu tanzen und ein wenig zu reden. Aber es war laut in der Disco, und die beiden sprachen Englisch miteinander, was weder seine noch ihre Muttersprache ist. Sie riefen sich ein paar kurze Sätze zu, aber richtig unterhalten konnten sie sich nicht. Also tanzten sie miteinander, beobachteten ihre Freunde und lachten viel. »Das war ein lustiger Abend, feucht-fröhlich«, sagt sie.

»Mein Freund und ich haben sie und ihre Freundin gleich gesehen, als sie reinkamen«, sagt Aliou, der inzwischen gut Deutsch kann. »Sie waren anders, schick, *très jolies.*« Chrissy lächelt über das »schick«. »Da hatte ich noch nicht so viele Wassereinlagerungen wie jetzt«, sagt sie. Sie sitzt auf dem Balkon, blinzelt in die Sonne und hält die geschwollenen Füße in eine Schüssel mit kaltem Wasser, sie ist im neunten Monat schwanger. Sie sind schon gespannt, wie hell- oder dunkelhäutig ihr Baby sein wird, eine Mischung aus Chrissys weißer und Alious schwarzer Haut.

Als Chrissy und ihre Freundin damals aus der Disco nach Hause gehen wollten, kamen die beiden Jungs mit. Auf dem Weg nach draußen, an der Garderobe, wo es leiser war, sprachen Chrissy und Aliou dann zum ersten Mal richtig miteinander. »Darüber, dass man sich immer so bescheuert über Geld definiert, für das Schöne aber gar kein Geld braucht«, sagt Chrissy. »Man braucht viel weniger, als man denkt«, sagt Aliou. Die vier machten auf dem Weg nach Hause noch Halt an einer Bäckerei. Während die anderen Brötchen holten, warteten Aliou und Chrissy draußen vor der Tür. Es war fünf Uhr morgens und die beiden sprachen über das Leben und waren sich bei allem so einig. Trotzdem sagte sie »nö«, als Aliou sie nach ihrer Telefonnummer fragte. »Ich finde das immer so plump. Ich habe meine Telefonnummern den Männern nie gegeben«, sagt sie. »Am Ende der Nacht wollen alle Männer immer nur die Telefonnummer haben.« Aber Aliou wollte sie so gern wiedersehen. »Ich wollte sie kennenlernen«, sagt er. »Und ich war auch neugierig: Du sagst nö? Warum?« Heute kennt Chrissy das an ihm: »Er will immer wissen warum, bei allen Dingen.«

Statt ihm die Telefonnummer zu geben, sagte Chrissy, er könne ja am Samstag in zwei Wochen wieder in die gleiche Disco kommen, sie sei dann auch da. Aber die beiden trafen sich zufällig schon vorher in einer anderen Bar, die an dem Abend ein Fußballspiel zeigte. Rostock ist eben keine große Stadt, sagt Chrissy. Erst tat sie so, als würde sie ihn nicht wiedererkennen. Aber er kam zu ihr herüber, sie plauderten und tanzten wieder ein bisschen miteinander. Als Chrissy sich verabschieden wollte, weil sie am nächsten Morgen früh arbeiten musste, begleitete Aliou sie nach draußen. »Ich gehe auch nach Hause«, sagte er. »Aber du gehst dann wirklich zu dir«, antwortete sie streng. Schließlich sollte Aliou nicht denken, dass Chrissy leicht zu haben ist.

Also schlenderten die beiden zu Fuß durch die Innenstadt zur Straßenbahn-Haltestelle und unterhielten sich wieder so gut, dass die Zeit nur so verflog. Wie konnte es sein, dass zwei Menschen, die Tausende Kilometer voneinander entfernt ge-

215

boren waren, so viel gemeinsam haben? Aliou und Chrissy warteten zwanzig Minuten auf seine Straßenbahn, aber er stieg nicht ein, sondern küsste sie. Danach nahm er ihr Gesicht in seine Hände und blickte ihr tief in die Augen. »Der Augenblick nach dem Kuss war ganz schön intensiv«, sagt sie. Und statt auf die nächste Bahn zu warten, wollte er sie nach Hause bringen. »Gut, aber nur bis zur Haustür, du kommst nicht mit hoch«, sagte sie.

Die beiden gingen zu Fuß durch die halbe Stadt, ganz langsam. Sie redeten wieder über ihre Lieblingsthemen, über Geld und Freiheit und Hakuna Matata. »Ein Wort hat das andere ergeben. Wir haben uns lustig gemacht über Leute, die sagen: ›Wir haben zwei Autos und müssen noch ein drittes haben‹«, sagt sie. »Die Leute wollen immer mehr, immer mehr«, sagt er. »Aber warum?« Und obwohl sie schon vor Mitternacht aus der Bar gegangen waren, wurde es langsam hell, als sie vor Chrissys Haus standen. »Wenn Aliou etwas Wichtiges sagen will, bleibt er immer stehen«, sagt sie. Vor der Haustür haben sie sich wieder geküsst, und plötzlich war es zu spät, um noch schlafen zu gehen. »Die Zeit ist so gerannt, dass ich gleich zur Arbeit musste«, erzählt sie. »Wir fragen uns auch immer noch, was mit der Zeit passiert ist an dem Abend.«

Sie erzählte ihm von Australien. Sie war nach dem Abitur ein Jahr lang dort gewesen und erst vor kurzem zurückgekehrt. In der Zeit in Australien hatte sie sich sehr verändert. Das Leben in Deutschland und die Erwartungen der deutschen Gesellschaft erschienen ihr eng und klein. Sie wollte noch schnell ihre Ausbildung in Rostock fertig machen und dann wieder weg nach Neuseeland, mindestens für ein Jahr, bis sie einen Psychologie-Studienplatz bekommen würde, vielleicht auch länger, vielleicht für immer. Lust auf eine feste Beziehung hatte sie nicht. »Ich wollte mir in Deutschland kein Leben aufbauen«, sagt sie. Aber sie gab Aliou dann doch ihre Telefonnummer nach der schlaflosen Nacht und den Küssen vor der Haustür und schaute den ganzen Tag aufs Handy. »Es war das erste Mal nach langer, langer Zeit, dass ich meine Telefonnummer rausgegeben habe. Ich war fast ein bisschen böse auf mich, ich wollte ja nach Neuseeland«, sagt sie. »Aber dann dachte ich: Du musst ihn ja nicht gleich heiraten.«

Aliou war begeistert von ihr. »Ich war fasziniert, dass sie ohne Schlaf zur Arbeit gefahren ist«, sagt er. Er hätte nicht gedacht, dass eine deutsche Frau so etwas machen würde. Nach drei Tagen rief er sie an, schneller ging es nicht, weil er kein Guthaben auf der Prepaid-Karte seines Handys hatte. Ein Flüchtling wie er hat nicht viel Geld und bekommt nur schwer einen normalen Handyvertrag. »Sonst hätte ich gleich am ersten Abend angerufen«, sagt er.

Beim nächsten Treffen kam er zu Besuch in ihre WG und kochte für sie. Er hat seitdem schon so viele Mahlzeiten für sie gekocht, dass sie gar nicht mehr weiß, was er gemacht hat an diesem ersten Abend. Vielleicht Couscous mit Mangos, was inzwischen ihr Lieblingsessen ist? Aber Chrissy weiß noch ganz genau, wie Aliou in ihrer kleinen, schmalen Küche am Herd stand und stundenlang kochte. »Er hatte ein Hemd an und so einen grauen Pullunder, wie ihn alte Leute tragen«, sagt sie. »Er wollte sich schick machen für mich.« Sie sah ihm beim Kochen zu, trank Rotwein, erzählte ihre Geschichten und hörte seinen Geschichten zu. Nach und nach erfuhr sie, welch

217

langen Weg der Mann, der so viel lacht und »Hakuna Matata« sagt, zurückgelegt hatte, um in ihrer WG-Küche in Rostock für sie zu kochen. Heute kennt sie seine Geschichte fast besser als er selbst.

Wenn man Aliou fragt, seit wann er in Deutschland ist, überlegt er, nimmt seine rote Baseball-Kappe ab, streicht sich über den Kopf und setzt die Kappe wieder auf. »Ich weiß nicht genau, in Afrika konzentrieren wir uns nicht so auf Jahre und Monate. Ich habe immer ohne Termine gelebt«, sagt er. »Hier ist das anders. Um acht ist um acht.« Chrissy lacht. »Im April 2013 ist er nach Deutschland gekommen«, sagt sie. »Ich kann mir so etwas merken.« Aliou kam als Flüchtling nach Deutschland und beantragte Asyl wegen politischer Verfolgung. Er gehört zu einer Minderheit in Mauretanien, dem Stamm der Fulbe. Anders als die meisten Mauretanier sind sie Schwarzafrikaner, keine Araber oder Berber. Alious Volk lebt vor allem im Süden des Landes und in der gesamten Sahelzone, unter anderem in Guinea, Senegal und Gambia. Ursprünglich waren die Fulbe Nomaden. Als Aliou ein Kind war, war es normal für seine Familie, zwischen Mauretanien, Guinea und Senegal hin- und herzuziehen. Einen Pass hatte niemand, die Grenzen wurden nicht kontrolliert und hatten keine große Bedeutung. Von der mauretanischen Stadt Rosso, in der Aliou eine Zeitlang lebte, musste man nur den Senegal-Fluss überqueren und war im Nachbarland.

Aliou war das einzige Kind der ersten Frau seines Vaters, er wurde in Mauretanien geboren und zog später nach Guinea und dann wieder zurück. Er hat Halbgeschwister von zwei weiteren Ehefrauen seines Vaters, der starb, als Aliou noch klein war. Er kann sich kaum an seinen Vater erinnern. Aliou und seine Mutter lebten bei der Familie des Vaters. Aliou ging zur Schule, danach suchte er sich hier und da Arbeit als Automechaniker, feste Jobs gab es kaum im armen Mauretanien. Aber arm war seine Familie nicht, sie waren irgendwo in der Mitte, nicht arm und nicht reich. »Mein Papa war selbständig«, sagt er. »Kinder haben, ein Haus haben, Kühe haben – das ist der Traum bei uns und wir hatten das alles. Und wir waren frei.« Viele Schwarzafrikaner in Mauretanien waren Sklaven, Alious Familie nicht, seine Großeltern waren einst vor der Sklaverei von Mauretanien nach Guinea geflüchtet.

Mit den Jahren verschlechterte sich die Lage für die Fulbe und andere Schwarzafrikaner in Alious Heimat. Die Wüste dehnte sich immer weiter aus, Wasser wurde immer kostbarer. Und die Araber und Berber, die Mauretanien beherrschen, drängten die schwarzen Minderheiten weg von dem fruchtbaren Land am Senegal-Fluss und weiter hinein in die Wüste. »Es gab Streit um Wasser zwischen den Völkern«, erzählt Aliou. Und meist verloren seine Leute den Streit, erzählt er. »Der Präsident sagt immer, dass wir keine Mauretanier sind, nicht wählen dürfen und keine Rechte haben.« Darum bekam Aliou auch keinen Pass.

Obwohl die Sklaverei eigentlich verboten ist, leben noch immer viele schwarze Mauretanier als Sklaven. Alious Cousin machte bei einer Initiative gegen die Sklaverei mit und gründete eine Partei. Auch Aliou beteiligte sich an Protesten. »Wir wollten alle mit den gleichen Rechten leben in diesem Land«, sagt er. Aber dann wurden Oppositionelle entführt, auch aus Alious Familie, sein Cousin verschwand spurlos. Aliou bekam Angst, dass er als Nächstes dran wäre, und tauchte unter. Er erfuhr, dass die Geheimpolizei ihn suchte. Wenn sie ihn gefunden hätten, wäre er gefoltert und vielleicht ermordet worden, glaubt er. Damals trat die Angst in sein Leben – die Angst, wegen der er nach Deutschland floh. »Warum hätte ich sonst das Land verlassen sollen?«, fragt er. »Na ja, um mich zu treffen«, sagt Chrissy und lacht.

Chrissys Leben war ganz anders. Sie ist in Rostock groß geworden. Ihre Eltern sind beide Beamte. »Aber ich bin keine typische Beamtentochter«, sagt Chrissy. »Meine Eltern sind nicht mit Schlips und Kragen rumgelaufen. Ich bin keine reiche, verzogene Tochter.« Als sie als Teenager einen Eastpak-Rucksack haben wollte, musste sie ihn sich ersparen. Chrissy und Aliou erzählten sich ihre Geschichten in diesen ersten Wochen des Kennenlernens, als Aliou für Chrissy kochte und sie die Nächte hindurch nicht aufhören konnten zu reden. Chrissy musste erst einmal im Atlas nachschauen: Wo genau liegt eigentlich Mauretanien? Tatsächlich, am Atlantik zwischen Westsahara, Senegal und Mali. Wo der Senegal-Fluss? Die Stadt Rosso?

Das Rote Kreuz hatte Aliou damals geholfen, Mauretanien zu verlassen. Auch sein Cousin war Dank der Hilfsorganisation in Sicherheit, erfuhr Aliou später. Erst floh er über den Fluss in den Senegal und blieb dort drei Monate. Das Rote Kreuz versprach ihm, ihn nach Europa zu bringen, aber dazu brauche er einen Pass. Ein Cousin knipste ein Foto von ihm und organisierte einen senegalesischen Pass. Das Rote Kreuz besorgte ihm dann ein Visum, und Aliou buchte einen Flug von Dakar nach Frankfurt. Eigentlich wollte er nach Paris, er sprach ja fließend Französisch wie fast alle Mauretanier, aber der Flug nach Frankfurt war billiger. Von Frankfurt nach Paris könne es ja nicht weit sein, dachte er. Und stieg mit seiner Reisetasche, seinem einzigen Gepäck für ein neues Leben, in die Lufthansa-Maschine.

In Frankfurt behielt die Polizei seinen Pass ein und winkte ihn zur Seite. Die Grenzbeamten stellten viele Fragen, nahmen seine Fingerabdrücke und ließen ihn warten, Aliou fühlte sich sehr allein in dem fremden Land. »Ich habe lange gewartet«, erzählt er. »Gewartet, gewartet, gewartet.« Dann ließen ihn die Polizisten einfach gehen. Er trat hinaus aus dem Flughafen, inzwischen war es Nacht geworden, und er wusste nicht, wohin er gehen sollte. Er fragte einen Taxifahrer, dessen Haut genauso dunkel war wie seine, wie weit es nach Frankreich sei. »Ich dachte, das sei wie Rosso und ich könnte zu Fuß gehen«, erzählt er. Der Taxifahrer kam aus dem Senegal und sprach Französisch, er erklärte ihm, dass er nicht nach Frankreich reisen kann – nicht nur, weil es viel zu weit ist zu Fuß, sondern auch, weil ein Flüchtling immer in dem Land bleiben muss, in dem er zuerst ankommt und das zuerst seine Fingerabdrücke abgenommen hat. »Das nennt sich Dublin-Verfahren«, sagt Chrissy. »Ich weiß das jetzt alles.«

Aliou wusste nicht, was er machen sollte. In Deutschland kannte er niemanden, er sprach kein Wort Deutsch. »Es ist jetzt Nacht, du kannst bei mir schlafen«, sagte der fremde Taxifahrer zu ihm. »Und dann gucken wir morgen, wie ich helfen kann.« Am nächsten Tag half er Aliou, sich auf den Weg nach Dortmund zu machen, weil er dachte, dass Aliou dort den Asylantrag stellen müsse. Chrissy hat das inzwischen schon häufig erlebt, dass bei den Afrikanern auch Fremde einander helfen. »Sie sagen ›Guten Tag‹ zueinander auf der Straße, obwohl sie sich noch nie getroffen haben. Es ist normal, dass man sich hilft. Für mich ist das beeindruckend.«

Aliou fuhr also nach Dortmund, schlief eine Nacht in einem Mehrbettzimmer im Flüchtlingsheim und fand heraus, dass alle Mauretanier in Mecklenburg-Vorpommern Asyl beantragen müssen, genauer gesagt im Örtchen Horst. Im Wald an der Elbe, wo früher DDR-Grenzer patrouillierten, liegt das Erstaufnahmeheim, es ist meist überbelegt. Aliou reiste weiter nach Horst und beschwerte sich nicht. Er bekam ein bisschen Geld dort und konnte in einer kleinen Kantine essen. »Es war nett und sauber, jeden Tag musste jemand putzen«, sagt er. »Aber ich wollte meine Freiheit, mein neues Leben anfangen.«

In Horst erzählte er die Geschichte seiner Flucht. Er berichtete, wie die Geheimpolizei nach ihm suchte, er erzählte von seiner Angst. Der Beamte kannte sich gut aus mit der Lage in Mauretanien, er stellte die richtigen Fragen, ein Übersetzer war immer dabei. Aliou war sich sicher, dass er Asyl bekommen würde. Er blieb einen Monat in Horst, dann zog er weiter nach Rostock, ins Asylbewerberheim. Dort begann das große Warten, schließlich wusste er nicht, wann er Post von der Ausländerbehörde bekommen würde. Es könnte einen Monat dauern oder sechs oder vielleicht auch ein Jahr, sagten ihm die Sozialarbeiter. Und bis sein Antrag genehmigt wird, könne er nichts machen. Nicht arbeiten und die Region nicht verlassen. Aber er konnte in die Disco gehen, Chrissy treffen, für sie kochen und ihr Freund werden.

Wobei es gar nicht so leicht war für Aliou, Chrissy für sich zu gewinnen. Er merkte ganz schnell, dass er sich in sie verliebt hatte. Er erinnert sich noch an den Moment, in dem es ihm bewusst wurde. Sie saßen auf dem Sofa in ihrer WG und sprachen davon, wie sie mit einem VW-Bus um die Welt fahren wollen. Sie würden überall Halt machen, wo es ihnen gefällt, und sie wären frei. »Das war mein Traum«, sagt er. »Und es war auch ihr Traum. Wir wollen beide alles wissen von der Welt.« Aber Chrissy hatte auch ihren Traum von Neuseeland. Außerdem hatte sie sich selbst versprochen, dass der nächste Mann, den sie nach Hause zu ihren Eltern bringt, auch der letzte sein soll. Sie wollte sich erst ganz sicher sein, dass dieser Mann Aliou ist. »Ich musste kämpfen um ihr Herz«, sagt er.

Monatelang trafen sich die beiden mehrmals in der Woche, für ihn war es, als seien sie schon längst ein Paar. Aber Chrissy sagte ihm immer wieder, dass sie nichts Ernstes wolle. Er hat das lange gar nicht verstanden. »Wenn sich eine Frau und ein Mann bei uns küssen, dann sind sie auch zusammen«, sagt er. »In Deutschland ist das anders, du kannst alles machen, Sex und so, und musst trotzdem erst sagen: Wir sind ein Paar.« Ein Freund hat ihm das irgendwann erklärt. Aber so ganz versteht er es noch heute nicht. »Irgendwann fand er das nicht mehr so lustig«, sagt Chrissy. Einmal sagte er zu ihr: »Ich glaube, du spielst nur mit mir.« Aber das stimmte nicht, sie hatte sich schon längst in ihn verliebt und wollte es sich nur nicht eingestehen. Es war schon fast Winter, als sie es zugab. »Dann waren wir ein Paar«, sagt sie.

Danach kamen die unbeschwertesten Monate ihrer Liebe. Sie kochten und redeten dabei, sie lernten einander immer besser kennen, trafen Freunde, gingen tanzen und fuhren an den Strand an der Ostsee. Meist übernachteten sie in ihrer WG, aber Chrissy schlief auch mal im Asylbewerberheim, Aliou hatte dort sein eigenes kleines Zimmer. »Das gehörte ja zu ihm, das hat mir nichts ausgemacht«, sagt sie. Er fing an, zu deutschen Schlagern zu tanzen, die sie deutlich mehr liebt als er, und merkte sich den Text von einem Lied von Helene Fischer. Sie lernte von ihm, wie man Eier kocht: gleichzeitig im Topf mit Nudeln oder Kartoffeln, so macht man das in Mauretanien. »Dann braucht man nur eine Herdplatte und kann Strom sparen, sehr praktisch«, sagt sie. Er lernte von ihr, dass die Deutschen erwarten, dass er überall pünktlich erscheint. »Ich frage immer, warum du so einen Stress machst«, sagt Aliou. »Hakuna Matata. Ich finde es so schlimm, wenn man das ganze Leben immer nur auf die Uhr guckt.« Chrissy macht sich ein bisschen darüber lustig. »Aber du findest es dann schon schön, wenn ich für dich gucke, wann die Straßenbahn kommt und du nicht zehn Minuten warten musst, oder?«, sagt sie. Eigentlich mag sie seine Entspanntheit. »Wir genießen alles viel mehr und wenn wir fünf Minuten zu spät kommen, dann ist das eben so«, sagt sie. Sie wussten in diesen unbeschwerten Monaten, dass irgendwann die Nachricht von der Asylbehörde kommen würde – aber sie dachten nicht viel daran. Aliou machte sich keine Sorgen – und Chrissy ließ sich davon verführen. Die Angst war weit weg.

Es wurde schon wieder Sommer, als Chrissy Aliou ihren Eltern vorstellte. Sie wollte das nicht überstürzen, schließlich hatte sie sich ja geschworen, dass der nächste Mann, den sie nach Hause bringt, auch der letzte in ihrem Leben sein wird. Zuerst erzählte sie ihrer Mutter von Aliou, bei einem Fußballspiel. »Ich habe einen afrikanischen Asylbewerber zum Freund«, sagte sie zu ihr. Ihre Mutter war erst ganz schön erschrocken. Aber Chrissy beantwortete in Ruhe alle Fragen. Am nächsten Tag fragte ihre Mutter bei Facebook, ob Chrissy ihr nicht ein Foto von Aliou schicken könne. Als sie sein sympathisches Lächeln sah, war die Sache für sie erledigt. Wenn Chrissy Aliou vertraue, wolle sie ihm auch vertrauen.

Auch der Vater war überrascht, als Chrissy ihm die Nachricht beim Abendessen vier Wochen später überbrachte. »Aber nicht böse überrascht«, sagt Chrissy. Er hatte ein wenig Angst, dass es gefährlich wäre für seine Tochter, mit einem Schwarzafrikaner durch die Straßen von Rostock zu gehen. Dass Aliou selbst für Chrissy gefährlich sein könnte, dachte er nie. Er wolle den jungen Mann jetzt aber treffen, sagte er.

Am Tag des großen Kennenlernens tauchte Aliou wieder mit Hemd und Pullunder auf. »Es war sehr aufregend«, sagt er. Sie warteten an der Haltestelle, ließen aber erst mal einen Bus wegfahren, bevor sie sich aufraffen konnten. In den nächsten Bus stiegen sie dann ein. Der Fußweg von der Haltestelle zum Haus von Chrissys Eltern ist eigentlich nur ein paar hundert Meter lang. »Es war für mich der härteste Lauf aller Zeiten«, sagt er. »Es fühlte sich an wie Kilometer.«

Aliou schwitzte, traf die Eltern dann im Garten und traute sich kaum, sein Stück Kuchen zu essen. Chrissys Vater trank in zwanzig Minuten zwei Bier. Sie unterhielten sich, so gut es ging, aber Aliou sprach damals noch kaum Deutsch und Chrissys Vater kein Englisch. Nach einer halben Stunde gingen die beiden wieder. »Aber sie waren wirklich freundlich, ich war überrascht«, sagt Aliou. »Ihre Eltern sind außergewöhnlich. Sie haben mich akzeptiert, wie ich bin. Sie sind wirklich gute Leute.« Heute gehört Aliou zur Familie, beim allwöchentlichen Sonntagsessen ist er immer mit dabei, auch während des Ramadan, auch wenn es Schweinefleisch gibt. Er ist Muslim, aber nicht sehr religiös. Jedes Mal nach dem Essen bedankt er sich für die Mahlzeit. Am Anfang fanden die Rostocker Alious förmliche, afrikanische Höflichkeit lustig. Jetzt bedanken sich alle in Chrissys Familie so höflich nach dem Essen. Eine neue Tradition.

Als sie nach diesem ersten Treffen wieder nach Hause fuhren, waren beide erleichtert und froh. »Wir waren glücklich«, sagt Aliou. »Aber nicht lange«, sagt Chrissy. Fünf Tage später kam der Brief, auf den Aliou seit elf Monaten gewartet hatte. Er rief Chrissy an und erzählte, dass der Asylbescheid angekommen sei und gar nicht gut klinge. Dann fuhr er zu ihr, damit sie ihn selbst lesen und ihm erklären konnte. »Der Brief sagt: Du musst weg, bis Ende Mai«, erklärte ihm Chrissy. »Sie haben den Asylantrag nicht akzeptiert, da steht ›offensichtlich unbegründet‹.«. Sie mag gar nicht erzählen, wie es ihr damals ging, es tut noch immer zu sehr weh, sagt sie. »Der Brief war schlimm. Wir haben nicht mehr gut geschlafen«, sagt Aliou.

Es ging nicht nur um ihre Beziehung, es ging um Alious Leben. »Er hatte richtig dolle Angst«, sagt Chrissy. »Auf ihn wartet ja kein gutes Ende in dem Land als *Wanted Person.*« Warum genau die deutschen Behörden ihm Asyl verweigert haben, verstehen die beiden bis heute nicht. Hätte er irgendwie beweisen müssen, dass er verfolgt wurde? Oder war es sein Fehler, dass er mit einer falschen Identität einreiste? »Seine Geschichte wurde einfach nicht geglaubt«, sagt

Chrissy. »Sie wollten sie nicht glauben«, sagt Aliou. »Ich habe nie gedacht, dass der Brief negativ sein kann. Ich habe an die Politik hier geglaubt. Ich dachte, in Europa gibt es Freiheit, da bekommt man Hilfe, wenn man ein Problem hat«, sagt er mit leiser Stimme. »Ich war schockiert, schockiert. Ich hatte keinen Plan B. Wie sollte es jetzt weitergehen?«

Chrissy wollte nicht so leicht aufgeben, sie las alles, was sie über Asylrecht finden konnte, fragte ihre Eltern um Rat und ging mit Aliou zu den Sozialarbeitern beim Asylheim. Sogar ihr Vater kam mit, als Unterstützung für den Mann, den seine Tochter liebt und den er erst eine Woche vorher kennengelernt hatte. Sie stellten schnell fest, dass die Situation sehr schwierig war. »Alles war verwirrend«, sagt Chrissy. Aliou hatte noch vor dem Brief, den er Chrissy gezeigte hatte, ein anderes Schreiben bekommen, das er nicht verstand und bei dem er sich nichts weiter dachte. Doch das war der wichtige Bescheid, in dem alles niedergeschrieben war, was bisher passiert war, unter anderem die ärztliche Untersuchung und das Interview aus Horst. Auf der letzten Seite des ellenlangen Briefs stand dann die Ablehnung mit dem Verweis, dass er vier Wochen Zeit habe, Widerspruch einzulegen. Doch Aliou hatte das nicht gesehen und verstand es nicht. Nach vier Wochen folgte dann der Brief, dass die Frist verstrichen sei und er deshalb innerhalb der nächsten zwei Wochen das Land zu verlassen habe. Erst dann begriff er, was passiert war, und zeigte Chrissy den Brief.

Bald fanden sie heraus, dass es ein Vorteil war, dass Mauretanien Aliou nie einen Reisepass gegeben hatte. »Ohne Ausweispapiere kannst du auch niemanden ins Flugzeug setzen«, sagt Chrissy. Sie fuhren gemeinsam nach Berlin, um dort bei der Botschaft seines Landes noch einmal einen Pass für ihn zu beantragen. Das mussten sie tun, denn Flüchtlinge haben eine Mitwirkungspflicht an ihrer Abschiebung. Aber auch bei der Botschaft bekam er keinen Pass mit der Begründung, er könne ja auch Senegalese oder Franzose sein. »Mein Land will mich nicht haben, und hier will man mich auch nicht«, sagt Aliou.

Danach war Aliou offiziell geduldet in Deutschland. Die Duldung gab ihm kaum Rechte, war aber eine vorübergehende Aussetzung der Abschiebung. Doch wie lange sie ausgesetzt bleiben würde, ob es plötzlich nachts klingeln und Aliou mitgenommen würde, wussten die beiden nie. Nach dem Schock des Briefs entschieden sie, dass sie ab sofort nur noch Deutsch miteinander sprechen würden – je besser integriert Aliou wäre, desto unwahrscheinlicher wäre die Abschiebung. Es war ganz schön schwierig, von einem Tag zum anderen die Sprache zu wechseln, aber die beiden waren streng. Sie zeigte auf einen Löffel und sagte »Löffel«. Er wollte ein Kaugummi und sagte etwas auf Deutsch, was für sie wie »Küchenmehl« klang. Sie holte das Mehl, er schüttelte den Kopf und machte Kaubewegungen. Sie verstand. Inzwischen spricht er so gut Deutsch, dass er alles sagen kann, was er sagen will, obwohl Chrissy ihn damit aufzieht, dass das Wort »plötzlich« bei ihm klingt wie »pscht« und »schwarz« wie »swats«.

Chrissys Eltern bezahlten ihm den ersten Sprachkurs, Anspruch auf den vom Staat bezahlten Integrationskurs hatte er als Geduldeter nicht. Er bestand den ersten Sprachtest, die Kosten für den zweiten Kurs übernahm dann die Behörde. Auch eine Krankenversicherung hatte er nicht. Wenn er krank geworden wäre, hätte Deutschland ihn nur notdürftig versorgt.

Eigentlich hätte er auch nicht arbeiten dürfen. Aber er fand mit Chrissys Hilfe einen Praktikumsplatz in einem Altersheim. Dort kam er so gut an mit seiner Höflichkeit und seiner zupackenden Art, dass die Leiterin ihm eine feste Stelle als Altenpflege-Helfer anbot. Er mag seinen Job, sagt er. »Bei uns ist das normal, dass man den alten Leuten hilft. Bei uns leben die alten Leute zu Hause bei ihren Familien, die Kinder müssen sie betreuen.« Chrissy hat viel von ihm gelernt, sagt sie. »Er hat oft so eine gesunde Einstellung. Viel ist in Afrika nicht so vom System getragen, sondern menschlicher.«

Der Weg zu seinem Job, für den das Altersheim schon seit langem jemanden gesucht hatte, war ein Papierkrieg, erzählt Chrissy. Sie mussten nachweisen, dass Aliou keinem Deutschen, EU-Bürger oder Ausländer mit richtiger Arbeitserlaubnis den Job wegnimmt. Er brauchte einen Bescheid für die Unfallversicherung, dann noch eine Arbeitsplatzgenehmigung. Auch wenn er die Gegend um Rostock verlassen wollte, brauchte er dafür ein besonderes Papier. »Wofür ist Papier da, was sagst du immer?«, sagt Chrissy zu Aliou. »Für die Toilette«, antwortet er grinsend. »So viele Papiere wie jetzt in Deutschland habe ich noch nie gehabt.«

Aber es klappte: Obwohl er nur geduldet war, hatte er jetzt einen festen, sozialversicherungspflichtigen Job. Er zahlte Steuern, zog aus dem Asylbewerberheim aus und fand mit Chrissy die Wohnung mit dem Balkon. »Wenn ich zurückdenke, was wir schon alles durchgemacht haben«, sagt er. »Es war immer parallel, dieser Kampf mit den Behörden und so voneinander verzaubert zu sein«, sagt Chrissy. »Wenn wir jetzt hier in unserer Wohnung sitzen, fragen wir uns manchmal, wie wir das überhaupt hingekriegt haben. Vor zwei Jahren war alles noch so aussichtslos, und jetzt sitzen wir hier so.« Sie legt die Hand auf ihren Bauch.

Das Baby in ihrem Bauch könnte ihre Rettung sein. Denn den Vater eines deutschen Kindes schieben die Behörden nicht ab. »Das Kind hat ein Recht auf einen Vater«, sagt Chrissy. »Ein Leben, das erst entsteht, hat mehr Rechte als er.« Sie ärgern sich, dass Deutschland Aliou als Menschen noch immer nicht will, sondern nur über seine Rolle als Vater zulässt. »Was kann man denn noch machen?«, fragt Chrissy. »Mehr als arbeiten, die Sprache lernen, Steuern zahlen und nicht straffällig werden kann man doch nicht.« Eigentlich wollten die beiden heiraten. An einem Tag im August haben sie sich verlobt, Aliou hat förmlich bei ihrem Vater um ihre Hand angehalten, ein Brauch, den Chrissy ihm erst erklären musste. Aber dann standen wieder die Dokumente im Weg. Alious Mutter hatte über Umwege seine Geburtsurkunde und ein Ledigkeitszeugnis besorgt und nach Rostock geschickt, aber zum Heiraten braucht man auch einen Pass – und genau den hat er ja nicht.

Chrissy hat schon ein paarmal mit Alious Mutter telefoniert, um sie kennenzulernen. Auf Französisch. Chrissy sagte nur »Ça va?« und ein paar Kleinigkeiten und war immer sehr nervös. »Seine Mutter lacht dann immer so laut«, sagt sie. »Ich hoffe, weil sie meinen Akzent süß findet.« Chrissy hatte sieben Jahre lang in der Schule Französisch gelernt, aber im Unterricht nicht besonders gut aufgepasst, erzählt sie. »Die Lehrerin hat immer gesagt: Irgendwann werdet ihr das brauchen. Aber ich habe ihr keinen Glauben geschenkt.«

Ihr Kind soll zweisprachig aufwachsen, und Aliou will ein ganz anderer Vater sein als in Mauretanien üblich. Er will bei der Geburt dabei sein, obwohl Männer sich in seiner Heimat üblicherweise erst mit ihren Kindern beschäftigen, wenn die schon laufen können. »Ich bin ein moderner Mann«, sagt er. »Ich will wissen, wie mein Sohn gekommen ist. Ich denke, dass das meine Aufgabe ist.« Von Polygamie hält er nichts, seit er gesehen hat, wie viel Schmerz es den Frauen und Kindern verursacht hat, dass sein Vater mehrere Ehefrauen gleichzeitig hatte.

Chrissy ist jetzt in Mutterschutz, aber in den Monaten vorher hat sie erlebt, wie es in Deutschland mit den vielen Hunderttausenden Flüchtlingen läuft, von denen sie einen liebt. Sie arbeitete in der Flüchtlingshilfe beim Deutschen Roten Kreuz, in der Notunterkunft für Transitflüchtlinge, die nach Schweden weiter wollten. Später wurde aus der Transitunterkunft dann eine Notunterkunft für die, die bleiben wollen, aber noch keine feste Schlafstätte haben. Chrissy war Schichtleiterin und passte auf, dass jeder etwas zu essen hatte und alle gleich viel von der gespendeten Kleidung bekamen. Psychologie studieren will sie immer noch, wenn das Baby etwas größer ist, sie ist ja noch jung. »Durch Aliou habe ich zu mir gefunden«, sagt sie. »Ich habe gelernt, was mir wirklich wichtig ist. Was meine Ziele im Leben sind, worum es mir geht.« Sie wollte eigentlich schon immer eine Familie gründen, dachte aber, dass man dafür verheiratet und mit dem Studium fertig sein muss, dass man ein Haus haben muss und einen Job. Aliou hat sie gefragt, warum sie das glaubt. Sie antwortete: »Sicherheit.« Und Aliou fragte wieder: »Warum?«

Irgendwie hat er doch recht damit, sagt Chrissy. »Was ist denn sicher im Leben? Nichts ist sicher.«

Ihre Neuseeland-Pläne sind erst einmal verschoben. »Stattdessen ist Afrika zu mir gekommen«, sagt sie. »Was ist denn die Liebe deines Lebens gegen ein Jahr im Ausland?«, sagte ihre Mutter zu ihr. »Wenn du unbedingt nach Neuseeland willst, wird sich die Chance noch mal ergeben«, sagte ihre beste Freundin. »Irgendwann machen wir eine Reise um die Welt«, sagt Aliou. Mit Deutschland, das ihr nach ihrer Australien-Reise so klein und eng vorkam, hat sie sich ein bisschen versöhnt. Sie hat gemerkt, wie gut es ist, kostenlos zum Arzt gehen zu können und jetzt im Mutterschutz trotz der Schwangerschaft weiter ihr Geld zu bekommen. »Die Dinge, die ich für Standard gehalten habe, sind in Wirklichkeit ein sehr hoher Standard«, sagt sie. Die beiden wünschen sich ein kleines, normales Leben in Mecklenburg-Vorpommern. Sie wollen ein Haus bauen und einen Garten haben mit Tomaten darin, mit Tieren und Kindern. Aliou würde gern als Automechaniker arbeiten, aber die Altenpflege ist auch in Ordnung. »Wir haben schon viele Träume. Wir reden oft davon«, sagt sie. »Ich fühle mich zu Hause hier«, sagt er. Wenn nur die Angst vor der Abschiebung nicht mehr wäre.

Natürlich ist es manchmal nicht einfach, ein Afrikaner in Rostock zu sein, schließlich gibt es dort mehr Rechtsradikale als an manchen anderen Orten. Ganz am Anfang ist Aliou einmal zusammen mit einem irakischen Bekannten aus dem Asylbewerberheim in Schwierigkeiten geraten. Die beiden hatten zwei deutsche Mädchen in einem Kaufhaus angesprochen. Plötzlich kamen vier oder fünf deutsche Männer auf

Aliou und seinen Freund zu und schrien sie an. Aliou verstand kein Wort. Einer der Männer gab ihm eine Ohrfeige, Aliou boxte ein bisschen zurück. Die Polizei kam, aber es hatte keine Konsequenzen. Etwas Schlimmes ist ihm danach nie wieder passiert, aber wenn er durch Rostock läuft, bemerkt er schon die Blicke. »Die Leute schauen mich an, und ich merke, dass sie sich fragen, was ich hier mache.« Und natürlich fragt er sich dann, warum das so ist. Er wundert sich, aber er ärgert sich nicht. »Ich bin stolz, so einen starken Mann gefunden zu haben, der über so etwas einfach drübersteht«, sagt Chrissy. »Für mich ist die Hautfarbe natürlich egal.«

Und Deutschland gefällt Aliou trotz allem, er versteht jetzt auch die Deutschen besser. Am Anfang wunderte er sich jedes Mal, dass in der Straßenbahn niemand »Guten Morgen« sagt. Jetzt hat er gemerkt, dass er die Deutschen erst ein wenig kennenlernen muss, damit sie offen und freundlich zu ihm sind. »Sie sind wie eine Konservendose. Man sieht nicht, was drinnen ist, man muss sie erst öffnen.«

Wenn Aliou auf dem Balkon sitzt, trägt er gern seine orangeschwarze Hose mit einem afrikanischen Muster mit Elefanten, die seine Mutter ihm genäht hat und die damals in seiner Reisetasche steckte, mit der er in Frankfurt landete. Er vermisst seine Heimat manchmal, vor allem wenn er den Mond sieht. Wenn er morgens früh um sechs aufsteht, um zur Arbeit zu fahren, und es noch dunkel und kalt ist, scheint der Mond milchig über Rostock. »Ich konnte als Kind den Mond so gut sehen in der Wüste, das vermisse ich«, sagt er. »Es ist der gleiche Mond hier in Deutschland, aber bei uns ist er viel heller.«

Vor kurzem hat er einen Personalausweis aus Guinea bekommen. In dem Land kann man mehrere Staatsangehörigkeiten haben. Weil seine Mutter aus Guinea kommt, hat ihn das Land akzeptiert und seiner Mutter einen Ausweis für ihren Sohn ausgestellt. Für einen Reisepass muss er allerdings nach Guinea fliegen. Irgendwann nach der Geburt will die ganze kleine Familie dorthin reisen, wenn sie von der Ausländerbehörde irgendeine Garantie bekommt, dass sie Aliou auch zurück nach Deutschland lässt. Alious Mutter will ja das Baby kennenlernen. Und Alious und Chrissys Kind soll auch das Land seines Vaters erleben. Wenn Aliou dann endlich seinen Reisepass bekommt, könnten die beiden heiraten und Aliou dürfte für immer in Deutschland bleiben. Dann könnte die Angst bei ihnen ausziehen.

Noch ist die Angst ihr Mitbewohner in ihrer Dreizimmerwohnung in Rostock. Manchmal haben sie das Gefühl, die Gesetze für Flüchtlinge ändern sich täglich – was, wenn auch Väter bald abgeschoben werden? Aber sie haben gelernt, mit der Angst zu leben. »Wir haben irgendwann akzeptiert, wie es ist, und uns gesagt, wir hoffen weiter und leben weiter«, sagt Aliou. »Wir mussten lernen, die Angst auch mal zu vergessen«, sagt Chrissy. »Wir haben gelernt, das Glücklichsein in unserer Welt zu trennen von der deutschen Bürokratie.«

Und glücklich sind sie. Aliou legt die Hand auf Chrissys Bauch. Die Sonne scheint, die Möwen gleiten an ihrem Balkon vorbei, Aliou hat frisches Obst aufgeschnitten, im Kinderzimmer liegt der Strampelanzug bereit. »Wir freuen uns jeden Tag auf unser Baby«, sagt Aliou. Chrissy lächelt ihn an und legt ihre Hand auf seine.

Marina und Anthony

Sie hockten schon alle im Kreis, als Marina in den Seminarraum trat. Eine Gruppe Schüler saß im Schneidersitz auf dem
Boden, nur Anthony, der Lehrer, saß auf einem Stuhl. Marina
war spät dran, wie so oft damals, und der einzige freie Platz
war vorne an Anthonys Seite. »Normalerweise hätte ich nie
gewagt, mich direkt neben ihn zu setzen, ich war damals eher
scheu und ängstlich«, sagt Marina. Aber sonst war ja nichts
frei. Also huschte sie durch den Raum und nahm Platz auf
dem Boden neben dem Meister.

Es war ein Sommertag in einem Kloster der Franziska-
nermönche im Taunus. Draußen blühten die Rosen, das alte
Gemäuer schmiegte sich an die grünen Hänge. Drinnen war
es ganz still, und Anthony sprach vom Atmen. Er war damals
sechsundsechzig Jahre alt, ein katholischer Priester aus Indien
und Yoga-Lehrer, extra angereist aus dem fernen Land für das
Seminar. Sein Spezialgebiet: Pranayama, Atem-Yoga. Marina
hatte seinen Pranayama-Kurs im Kloster gebucht, sie war
damals zweiundvierzig Jahre alt, Architektin aus Berlin. Sie
wollte atmen lernen, frei und tief.

Marina blickte langsam im Raum umher, von Gesicht zu
Gesicht, beobachtete, wie die anderen Schüler die Augen

schlossen und gemeinsam im Takt atmeten. Anthony ansehen konnte sie nicht, er saß zu nah neben ihr, schräg über ihr auf seinem Stuhl. Sie lauschte der Stimme des alten Priesters. Einatmen. Ausatmen. Luft anhalten. Einatmen. Ausatmen. Marina folgte seinen Anweisungen, atmete langsam und ruhig in Anthonys Rhythmus. »Ich hörte und hörte, und er sprach und sprach«, sagt sie. »Es war wie ein Wunder, diese Stimme hat mich vollkommen in ihren Bann gezogen.«

Marina springt auf, wenn sie heute von diesem Moment erzählt, in dem alles begann. Sie muss es vorführen, wie sie sich damals fühlte, nicht nur davon erzählen. Sie setzt sich im Schneidersitz auf den Boden neben Anthonys Stuhl, genau wie damals im Seminarraum in dem Kloster im Taunus. Dann lehnt sie sich hinüber zu ihm, immer weiter und weiter hinüber, als würde er sie zu sich ziehen. Sie streckt ihre Arme zu ihm aus. Anthony sitzt ganz still, schaut zu ihr hinab und lächelt. »Als wäre er ein Riesenmagnet und ich voller Eisenspäne, so habe ich mich damals gefühlt«, sagt Marina. »Alles in mir hat reagiert, alles. Es war, als ob alle meine Körperzellen zu ihm hingezogen und auf ihn ausgerichtet wurden. Ich bin da einfach nicht mehr weggekommen. Ich wollte das nicht, aber ich konnte nichts dagegen tun.« Es war der Anfang ihrer verbotenen Liebe. Eine Liebe gegen die Gesetze der katholischen Kirche.

Das Seminar in dem alten Kloster dauerte eine Woche. Marina wich Anthony, dem Priester, nicht von der Seite in diesen Tagen. Sie lauschte seiner Stimme, atmete ein, wenn er »einatmen« sagte, und aus, wenn er »ausatmen« sagte. Sie sprachen lange miteinander und schwiegen miteinander, als würden sie sich schon ewig kennen. Sie gingen zusammen im Rosengarten der Franziskaner spazieren, ganz langsam, denn Anthony war schon ziemlich schwach damals. Er rezitierte Gedichte für sie zwischen den Rosen, er kannte Dutzende auswendig. »Ich war über beide Ohren verknallt in ihn«, sagt Marina. Der alte indische Priester konnte es nicht glauben, dass die viel jüngere Frau mit den braunen Locken und den leuchtenden Augen sich für ihn interessierte. Er fand sie wunderschön, warm, weich und voller Energie. Er wollte mit ihr zusammen sein – und durfte das doch gar nicht wollen. Was geschah nur mit ihm? Und wie würde sein Leben weitergehen, das er doch der Kirche gewidmet hatte? Er hatte den Zölibat sein Leben lang geachtet, obwohl es ihm manchmal schwergefallen war.

Einmal schlug Marina vor, gemeinsam mit der ganzen Atemyoga-Gruppe einen Gottesdienst zu feiern, schließlich waren sie in einem Kloster und Anthony, der Kursleiter, ein Priester. Aber keiner der anderen Yogis wollte teilnehmen. Also hielten Marina und Anthony eine Andacht allein in seinem Zimmer. Marina brachte ein Liederbuch mit, die beiden saßen einander gegenüber an dem kleinen Schreibtisch in seiner Stube und beteten.

Nach dem Gottesdienst erzählte Anthony Marina von dem großen Schmerz seines Lebens: Als Achtjähriger in Indien wurde er von einem Lehrer missbraucht. »Das hat mein Leben zerstört«, erzählte er ihr. »Ich hatte lange Zeit furchtbare Angst vor Menschen.« Bisher hatte er kaum jemandem das schlimmste Erlebnis seines Lebens anvertraut, aber er vertraute Marina, er wollte sich ihr öffnen und wusste selbst nicht genau warum. »Alles war anders an ihr, ich mochte alles an ihr«, sagt er. Marina war erschüttert von seiner Geschichte. Er tat ihr so leid. Sie fing an zu weinen, stand auf, ging um ihn herum und schlang die Arme vorsichtig von hinten um ihn herum. »Er hat mir seine Wunde gezeigt«, sagt sie. »Das war der entscheidende Punkt.«

Marina und Anthony sind kein Paar geworden in dieser Woche im Sommer, auch kein heimliches Paar, außer der Umarmung gab es kaum Berührungen. Aber sie wussten beide, dass mit ihnen etwas geschehen war. »Mir war klar: Mein Platz ist bei ihm, was auch immer das bedeutet«, sagt sie. »Auch wenn sich mein Verstand wehrte.« Schließlich sprach nach den Regeln des Verstands alles gegen diese Liebe: Dieser Mann war fünfundzwanzig Jahre älter als sie und schon ziemlich gebrechlich. Er war nur zu Besuch in Deutschland und würde in wenigen Wochen in seine Gemeinde im indischen Pune zurückkehren. Und vor allem: Er war ein katholischer Priester, der sie nicht zurücklieben durfte. Auch Anthonys Verstand kämpfte gegen den Magnetismus, den er genauso sehr spürte wie Marina. »Ich kann nicht sagen, an welchem Punkt genau ich mich in sie verliebt habe«, sagt er, der damals schon seit fast vier Jahrzehnten im Zölibat lebte. »Aber schon in der Woche ist mir klar geworden, dass ich etwas tun muss. Sie heiraten vielleicht.«

Anthony wehrte sich gegen das, was nicht sein durfte, und sich doch so schön anfühlte. Wenn sie ihm die Hand reichte, drückte er sie nur kurz und schob sie dann von sich weg. »Aber ich habe seine große Sehnsucht wahrgenommen«, sagt Marina. Anthony suchte jemanden, der ihn versteht, der für ihn da ist. Er war einsam als Priester. Er dachte oft an seine

Zeit im College, wo Frauen um ihn herum waren. Er mochte das Weibliche, das Warme, erzählt er, er hat sich insgeheim die Liebe einer Frau gewünscht. Aber in der Kirche galt die Frau immer als Gefahr, die Liebe war Sünde. »Der Konflikt war immer da drin«, sagt er und legt die Hand auf sein Herz. »Aber ich hatte auch große Angst.« Marina hat gespürt, wie die Angst und die Liebe in ihm miteinander rangen, sagt sie. »Meine Liebe musste überwältigend sein, um seine Angst zu bezwingen.«

Als sich die Abreise näherte, änderten beide ihre Pläne und blieben noch einen Tag länger in dem alten Kloster, alleine, ohne die anderen Seminarteilnehmer, nur ein Freund und Priesterkollege von Anthony war noch bei ihnen. Es war der Tag des Endspiels der Fußball-Europameisterschaft, das sie gemeinsam ansehen wollten. An dem Abend zog ein Sturm auf, ein gewaltiges Sommergewitter, das den Himmel verfärbte. Marina sauste durch das große, leere Haus und schloss, so schnell sie konnte, alle Fenster. »Es hat geblitzt und gedonnert, es hat getobt, der Sturm und der Regen, es war großartig«, sagt sie. »Es war genauso, wie es bei uns innerlich aussah.« In ihr tobte ein Sturm – und auch in Anthony. »Ich wusste, dass ich verliebt bin«, sagt er. »Es war ein neues Gefühl für mich.«

Bevor sie abfuhr, sagte Marina zu Anthony: »Wohin du gehst, dahin gehe ich auch.« Er antwortete nicht. Anthony ist niemand, der leicht über seine Gefühle spricht. Aber er überreichte ihr einen Zettel mit seinem Reiseplan. Er hatte auf einem DIN-A4-Blatt fein säuberlich die Adressen all der Gastgeber notiert, bei denen er in den kommenden Wochen seiner Deutschlandreise erreichbar sein würde, samt An- und Abreisedatum und Telefonnummern.

Marina rief ihn jeden Tag an, einmal morgens und einmal abends. Sie liebte es, seine Stimme zu hören, er trug ihr am Telefon Gedichte in seiner tiefen, rollenden Stimme vor. Manchmal verstand sie nicht alles, sie sprach zwar sehr gut Englisch, aber Poesie war trotzdem für sie schwer zu verstehen. Aber seine Stimme genügte ihr. Anthony blieb noch zwei Monate in Deutschland, reiste von Gemeinde zu Gemeinde, von Yoga-Kurs zu Yoga-Kurs, und machte sich Sorgen, was seine Gastgeber wohl über ihn dachten, wenn eine fremde Frau ständig bei einem Priester anrief. Aber er sagte Marina nie, dass sie nicht mehr anrufen sollte. Er wollte ihre Stimme so sehr hören wie sie seine.

Einmal fuhr sie zu ihm den weiten Weg aus Berlin in das bayerische Örtchen Beilngries. Anthony wartete schon auf sie vor dem Haus, in dem er gerade zu Gast war. Obwohl er sich schon damals wegen seiner Arthrose schlecht auf den Beinen halten konnte, stand er ganz breitbeinig vor der Tür. »Er stand da wie ein Fels«, erzählt Marina. »Aber ich habe gespürt, wie schwer das für ihn war, diesen Ansturm der Liebe auszuhalten.« Einige Wochen später fuhr sie noch einmal zu ihm, als er in Wiesbaden war, vor seinem Rückflug von Frankfurt nach Indien wollte sie ihn noch einmal sehen. Und obwohl er es nicht aussprach, setzte sich in ihm nach und nach die Liebe gegen die Angst durch. In Wiesbaden gab es den ersten Kuss. »Es war ein unfassbares Gefühl«, sagt Anthony. »Ich war mit so etwas ja nicht vertraut.«

Anthony schrieb Gedichte über diese Zeit, als er wieder

zurück in Indien war. Marina inspirierte ihn so sehr, dass er wieder dichtete wie einst als junger Mann. Eines der Gedichte, das er auf Englisch schrieb, heißt »Wiesbaden. Herbst 2000« und ist Marina gewidmet. *If you venture, awaken me, I'll dare*, lautet eine Zeile. *Wenn du es wagst, erwecke mich, ich werde mich trauen*, schrieb er an sie. Es war seine Art, ihr zu sagen, dass er mit ihr zusammen sein will.

Anthony war zurück in Indien und Marina zurück in Berlin, in Kontakt blieben sie nur über das Telefon. Sie gab fast ihr ganzes Geld für die Ferngespräche aus. In seinem Kloster gab es nur ein Telefon. Einer der Priester nahm Tag für Tag Marinas Anrufe an und schrie dann in den Gang hinein: »*Anthony! This woman from Germany is calling!*«

Nach und nach erzählten Marina und Anthony einander aus ihren so unterschiedlichen Leben. Anthony war schon halb im Ruhestand damals, aber er hielt weiter die Predigten in der Kirche in der Nähe seiner Herberge in Pune, seiner Heimatstadt, in der er vor einem halben Jahrhundert die Jesuitenschule besucht hatte. Seine Familie war katholisch, das war ungewöhnlich in Indien, Christen sind in dem Land eine kleine Minderheit. Für katholische Familien war es üblich, einen Sohn der Kirche zu schenken, erzählt Anthony. In seiner Schule gingen dreißig Prozent der Jungen ins Kloster.

Seine Ausbildung zum Priester bekam er an der Philosophisch-Theologischen Hochschule Sankt Georgen in Frankfurt am Main, seine Gemeinde in Indien hatte das für ihn vermittelt. Fünf Jahre lebte er in Deutschland, bei seiner Priesterweihe lag er auf dem kalten Steinboden im Eichstätter Dom. Er war sehr beliebt, sogar ein bisschen prominent damals in Deut schland. Wenn der junge indische Priester durch Deutschland reiste, predigte und Schulklassen besuchte, schrieben die Lokalzeitungen über ihn.

Er hatte als Sechzehnjähriger in Indien zum ersten Mal Yoga gemacht, aber den Christen in Indien waren die geistigen und körperlichen Übungen der Hindus und Buddhisten weitgehend verboten. In Deutschland begann er, seinem Interesse nachzugehen. Damals war gerade ein Buch erschienen über Yoga für Christen, und seine deutschen Seminarkollegen baten ihn, den Inder, um Yoga-Unterricht. Er brachte ihnen bei, was er wusste, und übte jeden Tag, auch als er wieder nach Indien zurückkehrte und bei einem berühmten Meister in die Lehre ging. Er konnte damals zweiunddreißig Minuten im Kopfstand verharren. Sein Körper bestand nur aus Muskeln. Es gibt ein Bild von ihm aus dieser Zeit, er streckt darauf die Beine zur Seite und steht nur auf seinen Händen, es sieht aus, als habe er die Schwerkraft überlistet. Die Jesuiten waren erst nicht begeistert von dem Yoga-Priester, aber als sich der Papst mit Anthonys Meister fotografieren ließ, war das Thema erledigt. Yoga, sagt Anthony, ist an keine Religion gebunden, sondern ein Mittel, um Gott zu erfahren.

Auch für Marina war Yoga wichtig. Sie war erfolgreich als Architektin, hatte ein kleines Büro und eine Handvoll Mitarbeiter, sie war ihre eigene Chefin und hatte große Karrierepläne, sie arbeitete viel. Bis sie eines Tages nicht mehr konnte. Sie hatte sich lange Zeit nicht eingestanden, dass sie sich eigentlich Kinder wünschte, eine Familie. Doch der Mann dazu fehlte ihr, sie hatte mehrere Beziehungen, aber nie hatte es mit einer geklappt. »Ich war so unglaublich traurig, dass nichts mehr Sinn ergeben hat«, sagt sie. Sie hatte Schmerzen im Herz, erst nur ab und zu, dann bei jedem Atemzug, als würde ihr jemand mit dem Messer ins Herz stechen. Kein Arzt konnte ihr helfen. »Ich habe nicht mehr funktioniert, ich konnte nicht mehr denken«, sagt sie. Aber dann fand sie durch Zufall eine Meditationsgruppe in ihrer Nachbarschaft. Und plötzlich brach etwas in ihr auf. Sie kam auf die Idee, nach Indien zu fahren, fand ein kleines Ashram, eine religiöse Herberge, in Pune. Dort betete sie, meditierte und machte Yoga. »Das war mein Durchbruch«, sagt sie.

Zwei Monate lebte sie dort Ende 1999 – und traf an einem Sonntag auch auf Anthony. Sie saß weit hinten in der Kirche in einem seiner Gottesdienste. Sie sah den Priester vor dem Gottesdienst, einen älteren, gebrechlichen Herrn, und war erst nicht sehr interessiert. Aber als er zu sprechen begann, war sie doch tief beeindruckt von seiner Stimme und seiner Predigt. Nach dem Gottesdienst schüttelte sie seine Hand an der Kirchentür und richtete ihm Grüße aus von einer gemeinsamen Bekannten aus München. Von dem Magnetismus ihres zweiten Aufeinandertreffens spürten die beiden damals nichts. Aber Marina freute sich, als sie von seinem Atem-Yoga-Seminar in dem Franziskanerkloster im Taunus erfuhr und reservierte einen Platz.

Nachdem sie Anthony zum zweiten Mal getroffen hatte, wusste Marina, dass sie nicht wieder zurück wollte in ihr hektisches Berliner Architektenleben. »Mein altes Leben hat mich nicht mehr interessiert«, sagt sie. »Es war glasklar: Das war vorbei.« Sie vermietete ihre Wohnung in Berlin unter und wickelte ihr Büro ab. Sie löste Projekte auf und kündigte Bauverträge. Sie trat aus der Krankenversicherung und der Architektenkammer aus und gab ihr Auto weg. »Ich dachte, mein Geliebter ist in Indien, was will ich hier?« Also fuhr sie zu ihm nach Pune und lebte wieder in dem Ashram, den sie bereits kannte. »Ich wollte einfach nur in seiner Nähe sein.«

Sie freuten sich unheimlich, einander wiederzusehen. Aber das Zusammensein in Indien war nicht so, wie Marina es sich erhofft hatte. Sie mussten sich verstecken, denn ihre Liebe war ja verboten. Manch anderer Priester in Anthonys Gemeinde und in anderen Gemeinden, die er kannte, hatte eine Geliebte. Keiner sprach darüber, aber alle wussten Bescheid. Doch Anthony wollte nie einer von ihnen sein. »Integrität ist mir sehr wichtig«, sagt er. Aber da war nun seine Liebe. Er konnte sie nicht verstecken, weil er Lügen hasste. Aber offen zeigen konnte er sie auch nicht, es gab ja den Zölibat. Das Dilemma plagte Anthony und Marina – und der Mangel an Zweisamkeit, der damit einherging.

Anthonys Tür stand immer offen. Er hatte nur ein kleines Zimmer mit einem schmalen Bett, einem Regal, einer Toilette und einer Dusche. Tagaus, tagein saß er an seinem Schreibtisch und empfing Besucher. Ein Priester ist eine öffentliche Person, erklärte er Marina, Privatsphäre ist nicht vorgesehen. Marina saß oft mit ihm an seinem Schreibtisch, aber sie konnten sich nie länger als ein paar Minuten an den Händen halten oder miteinander sprechen. Ein Gemeindemitglied nach dem anderen kam hinein, ohne anzuklopfen, die Menschen brauchten Geburtsurkunden, Behördenhilfe, Beistand. Marina und Anthony waren nie allein, es war schwer, einander näherzukommen.

Einmal fuhren sie gemeinsam in den Urlaub, sie hatten ein Zimmer für sich allein mit Balkon und Blick über den türkisblauen Fluss Krishna. Anthony sucht ein Foto heraus aus dieser Zeit, auf dem Marina verträumt ins Tal blickt. Sie waren sehr glücklich dort, sagt er. Endlich konnten sie so lange reden, wie sie wollten, kuscheln und küssen, ohne dass Anthony immer aus den Augenwinkeln zur Tür schielen musste.

Nach einem halben Jahr musste Marina nach Deutschland zurück, ihr Visum für Indien lief ab. Zurück in Deutschland übernachtete sie ein paar Monate lang bei Freunden, versuchte, so wenig Geld auszugeben wie möglich, und kehrte, sobald es ging, wieder nach Indien zurück, wo Anthony schon auf sie wartete und sich fragte, wie es weitergehen sollte mit ihnen. Es war wieder genauso wie beim ersten Mal: wunderschön, einander nahe zu sein, aber mühsam, nie allein zu sein. Nach einem halben Jahr musste Marina erneut ausreisen, wieder nach Deutschland, so billig und so kurz es ging. Aber so wollte sie das nicht mehr weitermachen, für ihren dritten Besuch hatte sie sich vorgenommen, ganz in Indien zu bleiben. Es müsse sich doch eine Lösung finden lassen für das Visumsproblem, dachte sie.

Anthony sehnte sich nach Marina, wenn sie weg war. Und wenn sie bei ihm war, rang er mit der Unehrlichkeit. Er hatte kein schlechtes Gewissen gegenüber der Kirche wegen seiner verbotenen Liebe, aber er hasste die Lügen, zu der sie ihn zwang. »Es war eine sehr angespannte Zeit«, sagt er. Nach Marinas zweiter Abreise wurde ihm klar, dass er seine Freiheit wollte und ein Leben mit der Frau, die er liebte. »Ich wollte nicht, dass es weiter ein Geheimnis blieb. Ich wollte ohne einen Verrat mit ihr zusammen sein.« Aber die Kirche war sein Leben. Würde er sie wirklich aufgeben müssen?

Er sprach mit seinen Priesterfreunden und bat sie um Rat. »Ich will Marina heiraten«, sagte er. Die Reaktionen waren ganz unterschiedlich. »Bist du verrückt? Du kannst doch einfach so mit ihr zusammenleben, wie wir das alle machen«, rief sein engster Vertrauter. Andere machten ihm Mut, zu seinen Gefühlen zu stehen. »Es ist riskant, aber tue es doch«, riet ein Kollege. »Und denke immer daran, wie sehr eine Frau leidet, wenn sie nur eine Geliebte ist«, sagte ihm eine Bekannte. Anthony wollte nicht, dass Marina leidet. »Aber ich hatte Angst, was passieren würde, ich war ja Priester. Ich hatte Angst, was mit mir vor dem Gesetz passieren würde.« Würden sie ihn sofort verstoßen, würden sie ihm alles wegnehmen? Was würden die Menschen sagen, die ihm etwas bedeuten? Der Bischof? »Ich bin ins kalte Wasser gesprungen. Es war eine schwierige Entscheidung.«

Als Marina im Frühjahr 2002 zum dritten Mal in Pune ankam, verkündete Anthony, dass sie in wenigen Wochen heiraten würden, das Datum habe er schon ausgesucht. Er hatte keine Blumen für sie, kein selbstverfasstes Gedicht und er fiel auch nicht auf die Knie. Marina war ein wenig enttäuscht, sie hatte sich zwar einen Antrag gewünscht, aber bitte mit mehr Romantik. Doch sie war einverstanden. »Ja, okay, gut«, antwortete sie.

Also fuhren sie zusammen zum Standesamt und bestellten das Aufgebot für einen Termin in vier Wochen. Alles musste bis dahin geheim bleiben. Anthony mistete sein karges Priesterzimmer aus, warf Unterlagen aus einundvierzig Jahren

Priesterleben weg und organisierte seine Flucht. Er suchte den Ostersonntag dafür aus, an dem Tag würden alle anderen zum Gottesdienst in der Kathedrale sein, und er würde sich unentdeckt davonmachen können. Als es still wurde in seinem Kloster, luden zwei Vertraute seine Habseligkeiten auf einen Wagen. Anthony ließ das Bett zurück, aber ansonsten war sein Zimmerchen leer. Niemand war da, um die beiden aufzuhalten. Anthony und Marina entkamen in eine kleine Wohnung in Pune, von der niemand wusste.

Vier Tage später heirateten die beiden. Es war ein schönes, aber schlichtes Fest. In der Kirche heiraten konnten sie nicht, als Priester war ihm das schließlich verboten. Marina trug einen schimmernden weißen Sari mit Blumenborte und eine weiße Perlenkette, Anthony ein weißes Gewand mit Stehkragen und weiten Ärmeln. Sie hielten sich an den Händen und lasen aus der Bibel. Eine Freundin aus Deutschland war angereist, sie verschönerte den kargen Raum der Hochzeitsfeier, spannte Tücher auf und verteilte bunte Blumen. Gemeinsam schnitten Anthony und Marina die Torte an, beide trugen die gleiche weiße Blumengirlande um den Hals.

Das Fest war klein, die Reaktion war größer. »Die Heirat war ein Riesenskandal und ein Riesenspektakel«, sagt Marina. Als die Leute am Sonntag aus dem Ostergottesdienst wiederkamen und Anthonys leeres Zimmer fanden, begannen sie sofort, nach den zwei Abtrünnigen zu suchen, und fanden sie wenige Tage nach der Hochzeit in ihrer kleinen Wohnung. Pune ist so groß wie Berlin aber trotzdem wie ein Dorf, einer wie Anthony konnte sich dort nicht lange verstecken, erzählt er. Die Kirche entsandte einen Würdenträger nach dem anderen, um ihn zurückzuholen. Er dürfe wiederkommen in den Schoß der Gemeinde, aber ohne die Frau, sagten sie. Wenige Tage nach der Hochzeit klopfte ein Reporter bei ihnen an, ihre Geschichte landete in der *Times of India*. Die meisten in der Gemeinde brachen danach mit Anthony.

»Wir haben dann entschieden, zusammen nach Berlin zu entkommen«, sagt er. In Indien konnten sie nicht bleiben, er war dort ein Ausgestoßener, und in Berlin hatte Marina noch ihre Wohnung, ihr Untermieter wollte sowieso ausziehen. Und Anthony kannte Deutschland gut.

Seither leben sie in Schöneberg in einer hellen Altbauwohnung im vierten Stock, mit vielen Blumen und gelb und pink gestrichenen Wänden. Im Wohnzimmer steht ein Bild des Papstes im Regal, sie sind beide noch immer Christen. »Gott ist größer als die Kirche«, sagt Anthony. Sie unterrichten Yoga und verdienen sich so ihren Lebensunterhalt. Wenn sie reden, wechseln sie zwischen Englisch und Deutsch hin und her. Marina spricht inzwischen Englisch mit fast dem gleichen indischen Akzent wie Anthony, mit gerolltem R und leichtem Singsang. Vor dem Essen halten sie sich an den Händen und sprechen ein Tischgebet aus Anthonys Kindheit. Marina pflegt Anthony, der sich immer schlechter bewegen kann. Er ist zweiundachtzig Jahre alt, sie achtundfünfzig. »Aus der Sehnsucht ist der Alltag geworden, was ja auch eine ganz wunderbare tragende Kraft hat«, sagt sie. »Ich bin viel glücklicher heute als früher«, sagt Anthony.

Nach der Hochzeit hat die Kirche seine Pensionsansprüche gestrichen. Wer die Regeln der Kirche bricht, hat kein Recht, von der Kirche versorgt zu werden, sagen die Jesuiten in Pune.

»Die Kirche hat mich sehr gemein behandelt. Ich war wütend«, sagt Anthony. Jahrelang hat er für seine Rechte gekämpft. Er schrieb Briefe an die Diözese und an den Papst. Eine Antwort kam nie. Er überlegte, die Kirche zu verklagen, aber alle Anwälte rieten ihm ab. »Als wir nach Deutschland kamen, hatte ich nichts«, sagt er. Priester in Indien sind arm, sie bekommen nur ein kleines Taschengeld. Als er krank wurde, bekam er in Indien den billigsten Herzschrittmacher, den es gab, er schlug monoton immer im gleichen Tempo, egal ob Anthony schlief oder Treppen stieg. Inzwischen haben sie ihren Kampf aufgegeben, und einen neuen Herzschrittmacher hat er in Deutschland zum Glück bekommen. Sie wollen sich auf das Schöne konzentrieren, auf ihre Freiheit und ihre Liebe. »Ich bin froh, dass ich alles so gemacht habe. Ich bin mit meinem Gewissen im Reinen«, sagt Anthony. »Wir leben ein schönes, harmonisches Leben. Ich bin im Frieden mit mir selbst, mit Marina und mit der Welt.«

Cynthia und Howie

Das Päckchen kommt an einem stürmischen Tag im Februar 2012. Es enthält Papiertücher, verkrumpelt, verblichen und gelblich. Sie sind zweiundsechzig Jahre alt. Auf die Tücher sind Großbuchstaben gekritzelt, Reihen aus *TJNQMF* und *JOWPMWF*. Sie ergeben nur für zwei Menschen Sinn: Cynthia und Howie. »Ich wusste sofort, dass das Paket von ihm ist«, sagt Cynthia. »Ich dachte, es sei an der Zeit, es ihr zu schicken«, sagt Howie. Sie hatten den Code zusammen erfunden, als sie sich das letzte Mal gesehen haben, vor zweiundsechzig Jahren. Howie hat den alten Tüchern eine neue Nachricht hinzugefügt, auf weißem Papier, in der gleichen Geheimschrift. Cynthia setzt sich und entziffert sie: *Ich habe nie aufgehört, dich zu lieben.*

Die Geschichte von Cynthia und Howie beginnt 1950. Cynthia, achtzehn Jahre alt, groß, dünn, mit Locken und dicker Brille, kommt zum ersten Mal in das Meeresbiologie-Labor in San Diego, in dem sie ein Sommerpraktikum verbringen wird. Howie arbeitet seit einem Jahr hier, ein Jahr lang schon sortiert und katalogisiert er Tag für Tag Plankton mit den anderen Kollegen, alle von ihnen sind Männer. Dann tritt Cynthia zur Tür hinein. »Ich habe sie gesehen«, sagt er und

flüstert mit einem Augenzwinkern: »Und ihre langen Beine.«
Wieder lauter: »Ein Licht ging an in meinem Herzen. Es war
ein wunderschöner Moment.« Cynthia lacht. »Für ihn kam da
eine Schönheit hinein, aber ich habe mich nur dürr, ungelenk
und unsicher gefühlt.« Es ist ihr erster richtiger Job, einen
Sommer lang weit weg von zu Hause, so weit weg wie noch
nie zuvor. Die anderen Jungs im Labor necken sie, nageln ihre
Schreibtischschubladen zu, schmieren Erde auf ihren Fahr-
radsitz. Howie nicht, er ist ja schon achtundzwanzig Jahre alt.
»Den anderen Jungs war langweilig mit all dem Plankton«,
sagt Cynthia. »Howie war anders. So erwachsen.«

Cynthia bricht über Howies leises, einsames Männerleben
hinein. Sie essen jeden Tag zusammen mittag, sie erzählt ihm
von ihren zwei Schwestern und von der Insel an der rauen
Ostküste, Martha's Vineyard, von der sie kommt, und von
ihrem Urgroßvater, der auf Walfang ging. Einmal klingelt
Cynthia an Howies Haustür und überredet ihn, mit ihr zum
Strand zu kommen, um ihr neues Fahrrad zu taufen. Sie liest
ihm vor, *Puh der Bär* zum Beispiel, die Geschichten kennt er
noch nicht. Sie schreiben sich geheime Nachrichten in ihrem
Code, Gedanken, kleine Geschichten, lustige Beobachtungen.
Die Geheimschrift ist recht einfach: Sie verschieben einen
Buchstaben im Alphabet, aus A wird B, aus B wird C und so
weiter. Statt an HOWARD schreibt Cynthia an IPXBSE. Es
reicht, um ihre Laborkollegen zu verwirren, denken sie, und
schieben sich bei jeder Gelegenheit Papiertücher voller Großbuchstaben zu.

Kurz vor Cynthias Abreise machen sie eine Reise zu den
Nationalparks an der amerikanischen Westküste. Die bei-

den schlafen mal in Howies Jeep, mal zwischen duftenden, blühenden Bäumen in einem Orangenhain, bis mitten in der Nacht die Bewässerungsanlage angeht und sie im Schlaf durchweicht. »Immer in getrennten Schlafsäcken natürlich«, sagt Cynthia. »Wir waren ja nur Freunde«, sagt Howie. »Sie hat mir von George erzählt, ihrem Freund, den sie zu Hause hatte. Ich habe meine Gefühle für mich behalten.« Doch sein Herz ist voll von Cynthia. »Ich hatte keine Ahnung, was er fühlt«, sagt sie. »Für mich war er nur wie ein großer Bruder.«

Am Ende des kalifornischen Sommers bringt Howie Cynthia zum Flughafen, sie reist zurück an die Ostküste, Tausende Kilometer entfernt. Sie schreiben einander noch ein paar Briefe in den Monaten danach, er ruft sie ein paarmal an. »Irgendwann kam mir das unangebracht vor, sie wollte ja heiraten«, sagt Howie. Der Kontakt bricht ab, sie sehen sich nie wieder. Howie und Cynthia haben ihre getrennten Leben. Lange, bunte Leben mit Freunden, Partnern, Kindern, Berufen, Hobbies. Howie arbeitet als Zahnarzt, Mikrobiologe, Fotograf, kauft ein Haus am Meer in Kalifornien, heiratet zweimal und hat zwei Kinder. Von der ersten Frau lässt er sich scheiden, seine zweite Frau stirbt Anfang des neuen Jahrtausends. Die alten Notizen auf den Papiertüchern in der Geheimschrift wirft er nie weg, sie ruhen in seiner Schreibtischschublade. Manchmal denkt er an sie, aber er lebt sein Leben ohne Cynthia.

Cynthia heiratet George, der schon während ihres Sommers in Kalifornien ihr Freund war, und bekommt fünf Kinder. Dann wird ihr Mann krank und brutal, nach fünfundzwanzig Jahren lassen sie sich scheiden. Sie arbeitet als Dampfschiffkapitänin und Wissenschaftsjournalistin, sie ist die siebte

Frau, die den Südpol betritt, sie schreibt Bücher und zieht nach Jahren in der Großstadt zurück in das alte Haus ihrer Familie auf Martha's Vineyard. Sie hat viele Freunde hier, Maler, Schriftsteller und Tänzer gehen ein und aus in ihrem Haus mit den knarzenden Holzdielen, ihre Schwestern leben direkt nebenan.

»Und dann, eines Tages, habe ich mal wieder an Howie gedacht und ihn gegoogelt, aber nichts über ihn gefunden«, sagt sie. Vielleicht ist er längst gestorben, denkt sie, er müsste ja schon ein sehr alter Mann sein. Sie ist achtzig, also müsste Howie neunzig Jahre alt sein. Sie gibt auf, weiter im Internet nach dem Mann aus der Vergangenheit zu suchen, mit dem sie seit zweiundsechzig Jahren keinen Kontakt hatte. »Als dann zwei Wochen später sein Päckchen ankam, dachte ich zuerst: Ach, ich habe seinen Nachnamen falsch geschrieben, als ich ihn neulich gegoogelt habe. Und dann dachte ich: Was für ein wahnsinniger Zufall.«

Sie liest die alten Code-Nachrichten auf dem vergilbten Papier, und all die Erinnerungen an den Sommer in Kalifornien kehren zurück. Aber sie weiß nicht, ob sie den Mann aus ihrer Vergangenheit kontaktieren soll. Sie hat keinen Platz in ihrem Leben für die Liebe, denkt sie, sie ist zufrieden mit ihren Freunden und ihrer Familie in dem alten Haus auf Martha's Vineyard. Die Liebe hat ihr oft weh getan, sie will nicht noch einmal verletzt werden. Und vielleicht ist Howie ja einer, der sie nicht in Ruhe lassen würde, ein Stalker. Aber ihre Freundinnen überreden sie. »Nach zweiundsechzig Jahren ohne Kontakt kann man doch wirklich nicht sagen, dass der ein Stalker ist«, sagt eine Bekannte.

Also macht Cynthia Howie ausfindig. Statt seiner Adresse hat er seine Koordinaten in Längen- und Breitengraden angegeben, leider mit Tippfehler, was die Suche nicht erleichtert. Aber Cynthia gibt nicht auf, durchstöbert das Internet nach seinem Namen, telefoniert herum, findet ihn schließlich über den kalifornischen Zahnärzteverband. »Das war genau richtig so«, sagt Cynthia. »Ich liebe Rätsel.« Seit ihrem siebzigsten Geburtstag schreibt sie Krimis, die Heldin ist eine zweiundneunzigjährige Detektivin.

Cynthia findet eine alte Adresse von Howie. Sicher ist sie nicht, ob er dort noch wohnt, aber sie schreibt ihm einen Brief, ein kurzes, knappes *Danke für die Nachricht. Ich habe dein Paket bekommen und die Botschaft entziffert.* Sie ist ein wenig überfordert – wie antwortet man auf ein Liebesgeständnis nach zweiundsechzig Jahren? Howie antwortet schnell, per Postkarte: *Netter als nett von dir zu hören!* Als Nächstes schickt sie ihm ein Buch mit Gedichten, die ihre Tochter Mary geschrieben hat. Mary ist wenige Jahre zuvor an einem Herzinfarkt gestorben, schreibt sie Howie. Howie antwortet und erzählt ihr, dass sein Sohn Paul fast zur gleichen Zeit an einem Hirntumor gestorben ist. Die Trauer verbindet die beiden. »Was gibt es Schlimmeres für Menschen, als ein Kind zu verlieren?«, sagt Cynthia. »Wir konnten einander verstehen.«

Sie erzählen einander aus ihren Leben und finden immer mehr Dinge, die sie gemeinsam haben. Sogar obskure Hobbys, zum Beispiel lieben beide Manganknollen, das sind extrem langsam wachsende Metallklumpen aus der Tiefe des Meeres. Sie sind schwer aufzutreiben, trotzdem haben beide welche gesammelt. Es folgen immer neue Briefe, sie werden immer länger, immer häufiger, bald wechseln sie zu E-Mails, schicken einander kleine Geschenke, auch Manganknollen. Dann folgen Fotos von ihren Häusern, ihren Bücherregalen und – etwas schüchtern – auch von sich selbst. *Ich war erfreut zu sehen, dass du dich gut gehalten hast*, schreibt ihm Cynthia danach. *Du bist prächtig*, schreibt ihr Howie. *Du wirst nie unwunderschön sein.* Sie schreiben sich mehrmals täglich und manchmal Dinge, die sie noch nie zuvor jemandem erzählt haben.

Im Herbst 2012, nach einem Sommer voller Nachrichten, besucht Cynthia Howie in Kalifornien. »Ich musste meinen Mut zusammennehmen, ich war ja nicht mehr das junge Ding von damals«, sagt sie. Wird er enttäuscht sein, wenn das Mädchen aus seiner Erinnerung als alte Frau vor ihm steht? Auf der Zugfahrt in seine Heimatstadt wird ihr Meter für Meter schwerer ums Herz. Machen sie alles kaputt, wenn sie sich sehen? Howie wartet mit einer roten Rose am Bahnhof und einem Schild, geschrieben in ihrem Code. Am nächsten Tag fragt er, ob sie ihn heiraten will. Und Cynthia sagt ja.

Howie verkauft alles, was er nicht braucht, und lädt den Rest in sein altes Auto. Er war noch nie in seinem langen Leben östlich von Chicago, aber jetzt zieht er zu ihr auf die andere Seite des Landes nach Martha's Vineyard. Drei Monate dauert seine Reise, sein Sohn Mark begleitet ihn, der Wagen bricht zweimal zusammen. Am Tag nach seiner Ankunft heiraten die beiden in einer buddhistischen Zeremonie, kurz darauf noch ein zweites Mal in einer Kirche. Sie ist einundachtzig, er ist einundneunzig Jahre alt.

Wenn Howie Cynthia anschaut, kommt es ihm vor, als

würde er sie zweimal sehen, das Mädchen von damals und die Frau von heute, zwei Bilder, die einander überlagern und ergänzen, sagt er. »Es ist schön, die alten Erinnerungen zu haben. Aber die Liebe ist jetzt gewachsen. Ich liebe die Cynthia von heute und von damals.«

Sie zelebrieren jeden gemeinsamen Tag, jeden Abend essen sie zusammen bei Kerzenschein, sie hinterlassen einander kleine Zettel mit Liebesgeständnissen. Neulich hat Howie *Ich liebe dich* in die Schale ihrer Frühstücksbanane geritzt. »Wir fühlen uns einander so nah, morgens neben ihr aufzuwachen ist wunderbar«, sagt er. »Jeder Tag, den wir zusammen haben, ist wunderbar«, sagt Cynthia. In ihr Bett, versteckt im Kopfteil hinter den Kissen, haben sie ihren alten Code schnitzen lassen: YPPYQ, ihre geheime Abkürzung für Umarmungen, Küsse und Leidenschaft.

Carmen und Monir

»Ich fliege zurück nach Bangladesch«, sagte Monir in den Telefonhörer. »Ich will dir nicht länger im Weg stehen.« Dies war der Moment, in dem alles hätte enden können. Monir wäre zurück in sein Heimatland gefahren, Carmen wäre allein zurück in Deutschland geblieben. Sie hätten aufgegeben – nach monatelangem Kampf. »Ich will dein Leben nicht zerstören«, sagte Monir. Es war der Moment, in dem Carmen merkte, dass sie eine Entscheidung treffen musste. »Es hat mir das Herz gebrochen, als er gesagt hat, dass er mein Leben nicht zerstören will«, sagt sie. »Was wäre denn das für ein Leben?«

Carmen und Monir sind ein Paar, das die Evangelische Landeskirche in Württemberg nicht vorgesehen hatte. Eine junge Deutsche aus Baden-Württemberg wollte evangelische Pfarrerin werden, verliebte sich aber in einen jungen Muslim aus Bangladesch. Paragraph neunzehn Absatz zwei des Württembergischen Pfarrerdienstgesetzes schreibt jedoch vor: »Der Ehegatte eines Pfarrers muss der evangelischen Kirche angehören. Es wird von ihm erwartet, dass er den Dienst des Pfarrers bejaht. In Ausnahmefällen kann der Oberkirchenrat auf Antrag von dem Erfordernis nach Satz 1 befreien.«

Carmen kannte den Paragraphen, als sie sich in Monir verliebte. Ihr Vater hatte ihr sogar eine Kopie des Gesetzes nach Bangladesch geschickt, nachdem die beiden dort zusammengekommen waren. Aber die Liebe war stärker als die Angst vor dem Gesetz, Monir und Carmen wurden ein Paar, sie wollten zusammenbleiben. Doch damit Monir mit Carmen in Deutschland leben konnte, mussten die beiden heiraten – und damit in Konflikt mit Paragraph neunzehn treten.

Carmen hatte gehofft, dass ihre Kirche eine Ausnahme für sie machen würde. Dass man ihr zumindest erlauben würde, ihre Ausbildung abzuschließen, obwohl sie mit jemandem verheiratet ist, der kein evangelischer Christ ist. Sie steckte nach ihrem Theologiestudium gerade im Vikariat, als sie dem Oberkirchenrat erzählte, dass sie und Monir gerne heiraten würden. Doch die Kirchenleitung hatte schlechte Nachrichten, eine Ausnahme komme nicht in Frage, manchmal sei sie für einen katholischen Ehepartner denkbar, aber ganz bestimmt nicht für einen Muslim. Im Pfarrhaus müsse eben der evangelische Glaube gelebt werden, auch vom Ehepartner des Pfarrers. Darum rief Carmen Monir an diesem Tag an. »Wenn wir heiraten, fliege ich raus«, sagte sie. »Okay, dann gehe ich zurück nach Bangladesch«, antwortete Monir.

»Ich war sehr traurig«, erzählt Monir heute. »Es war eine große Verantwortung für mich, ich wollte nicht, dass sie wegen mir ihren guten Beruf verliert. Ich war so enttäuscht. Sie hat Jahre studiert, viel gelernt, war in vielen verschiedenen Ländern, um zu lernen, und jetzt ist alles zu Ende wegen mir.« Carmen überlegte kurz in diesem Moment am Telefon, und dann traf sie ihre Entscheidung: Sie würde nicht aufgeben. Monir und sie würden heiraten, koste es, was es wolle. »Ich glaube nicht, dass es eine Alternative gegeben hätte«, sagt sie. »Es war das einzige Mal, dass ich das Wort ›Entscheidung‹ im Kopf hatte. Aber ich weiß nicht, ob es wirklich eine Entscheidung war.« Irgendwie war ihr klar, dass sie sich von einem Gesetz nicht unterkriegen lassen würde, das sie ohnehin für falsch hielt. Und dass Monir ihr wichtiger war als alles andere.

Es war nie eine einfache Liebe zwischen Carmen und Monir. Sie mussten bei der Deutschen Botschaft in Bangladesch um ein Visum für ihn betteln – ohne Erfolg. Monir hauste monatelang ohne Arbeit in einem Fünfbettzimmer in Paris, nur um zumindest auf dem gleichen Kontinent wie Carmen zu sein. Sie buchten Flüge und ließen Flüge verfallen. Sie vermissten sich, sie vergossen Tränen. Sie ärgerten sich viel. Immer wieder tauchten neue Hindernisse auf, Carmen und Monir fanden immer wieder eine Lösung. Jetzt würden sie nicht erlauben, dass Paragraph neunzehn des Württembergischen Pfarrerdienstgesetzes ihre Liebe zerstört.

Sie haben sich im April 2010 in Bangladesch kennengelernt. Carmen war mit dem Theologiestudium fertig und legte vor dem Vikariat ein Jahr Pause ein für Reisen und Praktika. Eines davon war bei einer Bank, die mit Kleinkrediten den Armen helfen will. Carmen gefiel die Idee der Kleinkredite, sie reiste in Bangladeschs Hauptstadt Dhaka und traf dort Monir, der für die Bank als Übersetzer und Praktikantenbetreuer arbeitete. Er war dafür zuständig, die jungen Gäste aus dem Ausland auf Reisen durch das Land zu begleiten, damit sie nicht nur die Hauptstadt erlebten, sondern auch sahen, wie die Menschen in den ländlichen Gegenden leben und wie Kleinkredite ihnen helfen können.

Auf einem der Ausflüge war Carmen mit dabei. Sie mochte Monir sofort. Er war groß, größer als die meisten anderen Einheimischen, und sie mochte die Art, wie er sprach und sich um die Praktikanten kümmerte. »Ich wollte immer, dass es den Leuten gefällt und sie schöne Erinnerungen mitbringen aus Bangladesch«, sagt er. Monir erzählte so viele spannende Dinge über sein Land. Er war immer für die Praktikanten da, auch für Carmen. Sie war fasziniert von ihm.

Monir war sehr zurückhaltend am Anfang. Er scherzte mit den männlichen Praktikanten, aber er hielt sich von Carmen fern. Es war den Mitarbeitern der Bank streng verboten, sich mit Praktikanten einzulassen. Und Freundschaften zwischen Männern und Frauen sind in Bangladesch ohnehin unüblich, zumindest in der Öffentlichkeit. »Du hast mir noch nicht einmal die Hand gegeben. Du hast gesagt, dass man das in deiner Kultur nicht macht«, sagt Carmen. »Stimmt, wir machen das nicht so«, sagt Monir. »Wenn Mann und Frau heiraten, ist das in Ordnung, aber vorher sieht es nicht gut aus.«

Sie verbrachten viel Zeit miteinander auf den Ausflügen. Carmen löcherte Monir mit Fragen über sein Land, er antwortete geduldig, obwohl die Praktikanten immer das Gleiche von ihren einheimischen Begleitern wissen wollten: Woher kommt die Armut, wie lässt sie sich lösen, welche Rolle spielen Männer und welche Frauen? Warum schüttelst du den Frauen nicht die Hand? Und so weiter. An den Abenden der Ausflüge schlief Monir mit den männlichen Praktikanten in einem Zimmer, Carmen lag alleine im Nachbarzimmer und hörte, wie die Männer noch lange erzählten und miteinander lachten. Sie wäre gern dabei gewesen.

Nach dem ersten gemeinsamen Ausflug nahm Carmen sich vor, gemeinsam mit einem Praktikumskollegen ein wenig Bengalisch zu lernen. Monir kaufte ihr Bücher für Erstklässler, brachte ihr die Schrift bei, die Zahlen und ein Volkslied. »Ich wollte zuerst etwas von ihm, definitiv«, sagt sie. »Das war auch ein bisschen eine Herausforderung.«

Carmen erzählte Monir, dass sie in Deutschland bald Pfarrerin werden würde. Daraufhin forderte er sie immer wieder auf: »Segne mal das Kind dahinten!« oder »Segne mal die Kuh!« Er kannte das aus Filmen, wenn irgendwo ein Priester zu Besuch war, segnete der immer alles um sich herum. »Ich habe vor dem Beruf großen Respekt«, sagt Monir. »Ich habe das nie gedacht, der Gedanke kam nie in meinen Kopf, dass Frau Carmen meine Frau wird.« In den ersten Wochen nannte er sie »Frau Carmen«, förmlich, so wie alle anderen Praktikanten. »Dass du dir das mit uns nicht vorstellen konntest, lag auch daran, dass ihr es so tabuisiert habt«, sagt Carmen. »Bei der Bank war es extrem verschrien, wenn die Angestellten private Kontakte mit den Ausländern hatten.«

Doch die beiden verstanden sich immer besser. Einmal fuhren Monir, Carmen und ein anderer Praktikant sogar zusammen zu Monirs Eltern aufs Land, weil gerade die Mangos reif waren und er sie den beiden Deutschen zeigen wollte. Seine Eltern freuten sich über die Besucher, sie waren sehr gastfreundlich, Carmen lernte Monirs Geschwister, Nichten und Neffen kennen und die Mangos schmeckten besser als alles, was sie je gegessen hatte. »Es gibt ja so viele unterschiedliche Mangos, sogar grüne Mangos, die reif sind, das wusste ich gar nicht«, sagt sie. »Fast noch besser waren die Litschis.« Sie denkt gern an die Stunden an der Feuerstelle zurück. »Frauen und Kinder schnippeln, rühren, naschen und erzählen sich Geschichten«, sagt sie. Sie genoss, wie das Essen roch, all die frischen, fremden Zutaten. »Ich roch, schmeckte und verliebte mich«, sagt sie. Sie fuhren zusammen zu einer wunderschönen alten Moschee mitten im Grünen, in der kein einziger anderer Tourist war. »Das hat mich sehr überrascht. Es gibt da so tolle Sachen.«

Nach ein paar Wochen war Carmens Praktikum zu Ende, die anderen Praktikanten reisten ab, aber Carmen hatte noch ein weiteres Praktikum in einer internationalen Gemeinde arrangiert. Monir und sie waren Freunde geworden und hatten verabredet, sich auch nach dem Ende ihrer Zeit bei der Bank weiter zu treffen. Carmen lebte allein in einem großen Haus, auf das sie während ihres Gemeindepraktikums aufpassen sollte, weil die Besitzer im Urlaub waren. Und Monir kam immer wieder zu Besuch. Er kochte für sie. Einmal gingen sie zusammen auf den Markt, um für ein Dinner mit Gästen einzukaufen. Die Hühner liefen frei herum, Carmen sollte sich eins aussuchen. Zack, der Verkäufer hackte ihm den Kopf ab, rupfte es schnell und überreichte Carmen das blutige Tier. »Ich war etwas überfordert«, sagt sie lachend. Aber Carmen ist ein Mensch, der es liebt, wenn Dinge fremd sind. Es bringt sie zum Nachdenken. Und Monir, das merkte sie schnell, ging es genauso wie ihr.

Einmal spazierten die beiden durch einen Mangohain, und Monir erzählte, dass er nie Bauer werden wollte, weil er neugierig sei, gerne immer wieder Menschen und Dinge kennenlerne und Abenteuer erleben wolle. »Die Abenteuerlust und die Sehnsucht nach Entdeckung der Welt und uns selbst haben wir gemeinsam«, sagt Carmen. Trotz unterschiedlicher Herkunft und Tradition fühlten sie sich nicht fremd. Die beiden wurden immer vertrauter miteinander, und inzwischen galten ja auch die Verbotsregeln der Bank nicht mehr. Irgendwann gab es den ersten Kuss. Und jedes Mal, wenn Monir von einem der Ausflüge mit anderen Praktikanten zurückkam, schickte er ihr eine SMS und fuhr zu ihr. Die beiden wurden ein Paar.

Irgendwann schrieb Carmen ihm eine SMS: *Ich liebe dich.* Monir konnte es erst gar nicht glauben, dass sie das wirklich so meinte. »Ich dachte, sie macht Spaß«, sagt er. »Ich dachte damals, es kann nicht funktionieren. Ich bin hier aufgewachsen, ich wohne hier. Sie kommt von so weit her. Und sie wollte bald wieder abreisen.« Aber je mehr Zeit verging, desto mehr merkte Monir: Es kann funktionieren, weil wir beide so gern wollen, dass es funktioniert. Carmen ließ eine Reise nach Nepal sausen, die sie schon geplant und bezahlt hatte, um länger bei Monir zu bleiben. Als ihr Visum für Bangladesch auslief, fuhr sie nach Indien, um dort ein neues zu beantragen, reiste kurz durch das Land und besuchte das Hospiz von Mutter Theresa in Kalkutta. Sie vermisste Monir in dieser Zeit. Als sie zurück nach Bangladesch flog, schickte sie ihm eine SMS: *Nach Dhaka fliegen ist wie nach Hause fliegen.*

Monir holte sie am Flughafen ab und musste stundenlang auf sie warten. Sie fand ihn, wie er spät in der Nacht außerhalb des Flughafengebäudes in einer Menschenmenge stand, er erspähte sie und lächelte ihr entgegen. »Das war so ein Moment«, sagt sie und meint: So ein kleiner Moment, der für etwas Großes steht. Carmen machte noch ein weiteres Praktikum in Bangladesch, in einer Behinderteneinrichtung zwei Stunden außerhalb von Dhaka. Sie telefonierten jeden Tag und besuchten einander. »Ich hatte auf der einen Seite Angst, was die Leute sagen, wenn wir zusammen sind«, sagt Monir. »Und dann auf der anderen Seite musste Carmen ja bald zurück nach Deutschland. Was sollte ich machen? Welche Entscheidung ist richtig?«

Am Ende, sagt Carmen, gab es aber gar keine richtige Entscheidung, es war selbstverständlich, dass sie zusammenblieben. Sie gingen zur Deutschen Botschaft, um für Monir ein Touristenvisum für Deutschland zu beantragen. Carmens Eltern, die längst von der neuen Liebe ihrer Tochter wussten, schickten Monir eine Einladung nach Deutschland, die er für das Visum brauchte. Ans Heiraten dachten die beiden noch gar nicht damals, aber Carmen wollte Monir ihr Land zeigen – so, wie er ihr schon sein Land gezeigt hatte. Außerdem war bald Weihnachten, es wäre doch so schön, wenn Monir das in Deutschland erleben könnte. Monir, der Muslim, hatte ihr schon einen Luftballon geschenkt, auf dem *Merry Christmas* stand. Doch dann lehnte die Botschaft sein Visum ab, weil er als alleinstehender Mann nicht ausreichend in seinem Heimatland verwurzelt sei und deshalb vielleicht nach dem Ablauf eines Touristenvisums illegal in Deutschland bleiben würde. »Dann waren wir natürlich sauer«, sagt Carmen. »Und dadurch war noch eine zusätzliche Ernsthaftigkeit da.«

Carmens Flug war schon gebucht und ihre Praktika zu Ende, sie hatte nichts mehr zu tun und keine Unterkunft mehr in Bangladesch. Also reiste sie allein zurück nach Deutschland, es war ein langer, trauriger Flug. Monir versprach, so schnell wie möglich nachzukommen. Er könne sich für ein paar Tausend Euro ein Visum für Italien besorgen, sagte er, immerhin könnten sie einander dann besuchen. Zum Abschied weinte Carmen. »Ich habe nicht geglaubt, dass das klappt mit dem Visum. Und du auch nicht«, sagt sie. »Doch, ich war sicher, dass wir uns wiedersehen, dass ich irgendwie nach Europa kommen kann«, sagt Monir. Kurz darauf gelang es ihm tatsächlich, er bekam ein Visum für Italien, sollte dort als Aushilfe in der Landwirtschaft Radieschen ernten. Im Februar kam er nach Europa. Die beiden trafen sich in Rom und waren so glücklich, dass Carmen schon wieder ein Flugticket verfallen ließ, für den Rückflug von Rom nach Deutschland.

Für die Radieschenernte in Italien bekam Monir nie sein Geld, der Arbeitgeber behielt es einfach und Monir wusste nicht, wie er sich wehren sollte. Er zog weiter nach Paris auf der Suche nach einer anderen Arbeit, hauste dort in einem winzigen Zimmer mit vier anderen Einwanderern, hatte wenig Geld, keine Privatsphäre und kaum Hoffnung. Es war eine harte Zeit für ihn, er hatte sein Land verlassen und etwas Heimweh. Das Essen schmeckte ihm nicht, und alles war so viel teurer als zu Hause. Er hatte seinen guten Job zurückgelassen, und in Europa würde er nur Arbeit mit einem richtigen Visum und einer Arbeitserlaubnis finden, merkte er. »Es war furchtbar«, sagt er. »Ich habe mich gefragt, warum ich hier bin.«

Er sah Carmen nur selten, nur dreimal in fünf Monaten, sie fehlte ihm. Aber bei ihr konnte er nicht wohnen. Sie hatte ihr Vikariat in einer schwäbischen Kleinstadt begonnen und lebte in einer Dienstwohnung. Eigentlich mochten die

Menschen Monir dort, er kümmerte sich ein bisschen um die Konfirmanden, als er zu Besuch war, und sie haben ihm beim Deutschlernen geholfen. »Die Jugendlichen haben ihn alle geliebt«, sagt Carmen. »Er ist doch ein sympathischer Typ.« Und neugierig waren die jungen Leute auch. »Es passiert da nicht so oft, dass einer kein Deutsch kann.« Trotzdem gab es eine Diskussion im Gemeinderat, dass die junge, unverheiratete Vikarin Männerbesuch hatte. Sie legten ihr nahe, die wilde Ehe endlich zu einer richtigen Ehe zu machen – was aber wiederum Paragraph neunzehn verbot. Ein Dilemma.

So konnte es nicht weitergehen, zumal Monirs Visum für Italien bald ablaufen würde. Die einzige Lösung: eine Hochzeit. Und so kam es zu dem Telefonat und zu Monirs verzweifeltem Vorschlag, aus Carmens Leben zu verschwinden. »Kommt nicht in Frage, wir heiraten«, sagte Carmen. Auch ihre Eltern, beide Pfarrer in Stuttgart, unterstützten die beiden. Ihr Vater rief bei Monir an, als Monir voller Zweifel war. Seine Tochter liebe ihn, sagte ihr Vater, und das sei doch das Wichtigste. Eine andere Arbeit würde sie schon irgendwie finden. Aber Monir war verzweifelt. Er wolle nicht, dass Carmen seinetwegen ihren Traumjob aufgeben muss, sagte er zu ihrem Vater. Pfarrerin war schließlich nicht irgendein Job für Carmen, sondern ihre Berufung. Carmens Vater tröstete ihn: »Heiratet ihr, und dann gucken wir, dass alles gut wird.«

Also fuhren Carmen und Monir zusammen nach Dänemark. In Deutschland konnten sie nicht heiraten, dazu hätte Monir ein anderes Visum gebraucht. Die Dänen haben weniger strenge Vorschriften. Im Zug Richtung Norden redeten sie fast kein Wort miteinander, weil sie so voller Angst waren, dass sie von Grenzbeamten kontrolliert und doch noch aufgehalten werden würden.

In den Tagen zwischen Anmeldung und Zeremonie in Dänemark übten sie Deutsch, damit Monir die Prüfung bestehen würde, die er für seine Aufenthaltsgenehmigung brauchte. »Wir saßen in einer Jugendherberge, haben Begriffe gepaukt und Fragen angeguckt«, sagt Carmen und ergänzt mit Augenzwinkern: »Es war sehr romantisch.« Doch die Hochzeit war dann sehr schön und wirklich romantisch. Es war ein sonniger Tag im August. Carmen trug das Brautkleid ihrer Mutter und einen Strauß Sonnenblumen im Arm. Monir trug ein rotes Hemd, Sakko und Krawatte. Sie strahlen auf den Hochzeitsbildern, im Hintergrund ein rotes, dänisches Holzhaus. Und als Überraschung tauchten sogar Carmens Eltern vor dem Standesamt auf und wurden Trauzeugen. »Dadurch war es dann sehr festlich«, sagt Carmen. Nach der Zeremonie fuhren alle zusammen an den Nordseestrand.

Nun war es soweit. Carmen hatte gegen Paragraph neunzehn verstoßen. Sie hatte jemanden geheiratet, der kein evangelischer Christ war. Monir fand schnell heraus, dass er zurück nach Bangladesch fliegen musste, um bei der Deutschen Botschaft in seiner Heimat ein Familienzusammenführungsvisum für Deutschland zu beantragen. »Ich war total verwirrt damals«, erzählt er. »Immer wieder neue Regeln. Ich dachte, wir haben alles geregelt, und dann musste ich doch noch nach Bangladesch fliegen.« Er fürchtete, dass Carmen während seiner Abwesenheit ihren Job verliert, weil sie geheiratet hatten, und dass ihn die Deutschen nicht ins Land lassen würden, obwohl sie geheiratet hatten. »Ich habe keine Worte dafür, wie es mir damals ging. Ich hatte richtig Angst, ich war so traurig«, sagt Monir. »Andererseits war ich natürlich auch glücklich, wir hatten ja geheiratet.« Carmen brachte Monir zum Flughafen nach Frankfurt. »Ich weiß gar nicht, wie ich es geschafft habe, ihn zum Flughafen zu fahren«, sagt sie. Am Flughafen weinten beide. »Wir hatten immer so viel Risiko in unserem Leben«, sagt Monir.

Allein in Deutschland reichte Carmen ihre Heiratsurkunde bei der Kirche ein. Und hörte erst einmal nichts. Sie hatte noch vor der Hochzeit viele Kollegen um Rat gefragt, auch ihren Ausbildungspfarrer, die Mitarbeiter beim Predigerseminar, den Pfarrverein, ihre gesamte Familie und den Islambeauftragten der Landeskirche. Aber die Vertreter des Oberkirchenrats hatten ihr gesagt, dass sie einen Ausnahmeantrag bei Muslimen auf keinen Fall genehmigen würden, die Heirat würde zur Entlassung führen. Trotzdem hatte sie noch ein wenig Hoffnung. Nach wochenlangem Warten bekam Carmen dann einen Brief vom Dekan: Sie sei jetzt entlassen worden. Sie zog wieder zu ihren Eltern.

Wenigstens aus Bangladesch gab es gute Nachrichten: Die Deutsche Botschaft genehmigte Monirs Visum problemlos, nach sechs Wochen kam er zurück nach Deutschland und zu Carmen nach Stuttgart. Gemeinsam entschieden sie sich dafür zu kämpfen. Carmen nahm sich eine Anwältin und klagte vor dem Kirchlichen Verwaltungsgericht, weil sie zumindest ihre Ausbildung abschließen wollte. Und sie gab der Stuttgarter Zeitung ein Interview. Carmen dachte sich nichts weiter bei dem Gespräch mit dem Journalisten, aber der Artikel verbreitete sich im Internet und machte ihre Geschichte bekannt im ganzen Land. Am nächsten Tag standen Journalisten bei Carmens Eltern vor der Tür, und das Telefon stand nicht mehr still. Carmen und Monir haben einen dicken Ordner voller Zeitungsartikel und Briefe von Unterstützern. »Viele Leute haben sich in unserem Fall erkannt, zum Beispiel auch Homosexuelle oder Geschiedene«, erzählt Carmen. »Und viele Leute dachten, sie könnten etwas für uns tun.«

Theologiestudenten an Carmens ehemaliger Universität in Tübingen starteten eine Unterschriftenaktion, an der Berliner Humboldt-Universität schrieben sie einen offenen Brief an den Landesbischof der Württembergischen Kirche und fragten: »Wer, wenn nicht die Kirche, soll in der Lage sein, sich mitten in die interkulturelle und interreligiöse Realität unserer Zeit zu stellen?« Es gab Unterstützergruppen bei Facebook, sogar ins Fernsehen kamen die beiden mit ihrem Fall. Doch die Landeskirche ließ sich nicht erweichen. »Das Totschlagargument war, dass wir zu schnell Taten geschaffen hätten«, sagt Carmen. »Aber wir wussten ja gar nicht, was wir sonst hätten machen können. Niemand hatte uns je einen Lösungsweg aufgezeigt.«

Monir verstand nie so richtig, warum seine Religion Carmen so viele Schwierigkeiten machte. Er ist gläubig, er fastet zum Beispiel im Ramadan. Aber in Bangladesch ist es kein Problem, wenn Muslime Christen heiraten. »Für mich sind der Islam und das Christentum gar nicht so unterschiedlich«, sagt Monir. »Wir glauben an einen Gott, Jesus ist bei uns auch ein Prophet.« Einmal hat jemand aus ihrer Kirche zu Carmen gesagt, dass der Oberkirchenrat bei einem jüdischen Ehepartner vielleicht eine Ausnahme gemacht hätte, schließlich seien die

Juden den Christen theologisch näher als Muslime. »Aber wir hatten nie eine theologische Diskussion«, sagt Carmen. »Ich glaube, es ging um Angst. Die haben das Wort ›Muslim‹ gehört und Angst bekommen. Das hatte mit Theologie nichts zu tun.« Carmen ärgerte sich, dass die Kirche sich ihrer Liebe in den Weg stellte. »Zu einem gewissen Anteil war es eine Trotzreaktion«, sagt Carmen. Dass Monir seine Religion für sie ändert, kam nicht in Frage. Niemand sollte für den anderen seinen Glauben aufgeben müssen, er nicht für sie und sie nicht für ihn. »Er liebt mich nicht nur als christliche, sondern auch als europäische, emanzipierte Frau«, sagt Carmen.

All die öffentliche Aufregung und die immer neuen Artikel und Fernsehberichte wurden der Kirche bald zu viel – und das wurde zu Carmen und Monirs Rettung. Die Württemberger wollten sie zwar nicht zurücknehmen, aber eines Tages klingelte ihr Telefon und eine der obersten Leiterinnen der evangelischen Kirche war am anderen Ende. Sie fragte Carmen ganz einfach, was sie sich von der Kirche wünsche. »Ich will nur irgendwo in Deutschland meine Ausbildung zu Ende machen«, antwortete Carmen.

Monir und sie hatten gerade ein Kamerateam zu Gast für ein Interview, als sie kurz darauf einen Anruf von der Landeskirche in Berlin bekam. Carmen schickte die Journalisten weg und fuhr stattdessen zusammen mit Monir zum Bewerbungsgespräch nach Berlin. »Danach war ziemlich schnell klar, dass es klappt«, sagt Carmen. Sie bekam die Zusage, dass sie und Monir in Berlin willkommen seien und sie dort ihr Vikariat beenden konnte. Im Gegenzug zog sie ihre Klage zurück. Kurz darauf siedelten die beiden in die Großstadt über.

Ihre neue Gemeinde gefiel ihr gut. Carmen beendete ihr Vikariat in Berlin, dann wurde sie ordiniert, im schwarzen Talar mit dem weißen Kragen, wie sich das gehört. Monir schoss stolz Fotos von seiner Frau. Inzwischen hat sie eine Lebenszeiturkunde von der Berliner Landeskirche. Seit 2016 hat Carmen die Kreisjugend-Pfarrstelle im Berliner Stadtteil Neukölln inne, in dem viele Muslime leben. »Jetzt wird zum ersten Mal wertgeschätzt, dass ich interkulturelle Erfahrungen habe«, sagt sie. Gemeinsam mit Monir kümmert sie sich um Flüchtlingskinder und trifft die muslimischen Gemeinden zu wichtigen Feiertagen wie dem Fastenbrechen am Ende des Ramadans.

Carmen ist dreiunddreißig Jahre alt, Monir ist fünfunddreißig. Sie fühlen sich wohl in Berlin. Er hat seit einer Weile einen deutschen Pass und macht sich gerade selbständig. Nach Jahren als Angestellter, nach Jahren des frühen Aufstehens, Minilohns und Sechs-Tage-Arbeitswochen eröffnet er jetzt seine eigene Bäckerei. Er freut sich auf den Betrieb, in Bangladesch hat er Wirtschaft studiert. Er spricht gut Deutsch, nur Dialekte sind nicht leicht. Erst hat er Schwäbisch gelernt, aber: »Berlinerisch ist einfacher«, sagt er. Die beiden feiern Weihnachten, Ostern und Pfingsten. Zum Fastenbrechen abends im Monat Ramadan laden sie manchmal Gäste ein in ihre kleine Wohnung im Stadtteil Moabit. Monir kocht gern, meistens Essen aus seiner Heimat. Er hat einen Laden gefunden, in dem er alle Gewürze findet, die er braucht. »Ich kann auch Schnitzel und Braten und Nudeln oder Salat.« Carmen kocht nie. »Ich bin halt nicht so eine Hausfrau. Da hast du Pech gehabt«, sagt sie und lacht.

Manchmal vermisst Monir sein Land, vor allem das Essen, das seine Mutter kocht. Vielleicht wollen sie noch einmal in Bangladesch heiraten, damit seine Familie dabei sein kann. »Dann schlachtet man eine Kuh und lädt viele Gäste ein«, sagt Monir. In Deutschland haben sie schon ein zweites Mal geheiratet, ein gutes Jahr nach der ersten Hochzeit in Dänemark. Diesmal in der Kirche in Stuttgart, Carmens Vater traute sie. Sie trug einen Sari, braun mit Stickerei und Goldfäden. Den Stoff hatte Monirs Familie nach Berlin geschickt. Eigentlich geht das ja gar nicht, dass eine christliche Pfarrerin einen Muslim in der Kirche in Württemberg heiratet, aber ihr Vater hat sich einfach darüber hinweggesetzt, sagt Carmen. »Wem tut es denn weh?«

Renee und John

Renee und John haben einander das Leben gerettet. Nicht im übertragenen Sinne, nicht im Sinne einer Rettung vor der Einsamkeit, der Angst oder dem Unglück, sondern ganz wortwörtlich: Ohne John wäre Renee nicht am Leben und ohne Renee wäre John nicht am Leben. Hätten die beiden einander nicht gehabt, hätten die Nazis gewonnen. John und Renee wären nicht älter als Anfang zwanzig geworden. Sie wären gestorben wie ihre Familien.

Renee wurde 1919 in Deutschland geboren, sie ist Jüdin. »Du solltest Deutschland lieber verlassen, geh nach Frankreich, da bist du sicher«, sagte ihre Mutter zu ihr, das war 1937 und die Lage in Deutschland wurde immer gefährlicher für Juden. Renee war noch nicht volljährig und zog ganz allein in das fremde Nachbarland, nach Straßburg. Sie fand dort einen Job und auch ein paar Freundinnen. Sie glaubte, sie sei sicher.

John wurde 1920 in der Schweiz geboren, auch er ist Jude. Auch seine Mutter wurde immer nervöser wegen der politischen Weltlage. Johns Vater war früh gestorben, er hatte ein paar Jahre vor seinem Tod ein Haus an der Loire in Frankreich gekauft. Es war ein großer Bauernhof mit Platz für alle Verwandten aus Deutschland, um die sich Johns Mutter besonders große Sorgen machte. Sie holte so viele aus der Familie zu sich, wie sie konnte, und zog mit allen auf den Bauernhof an die Loire, auch John ging mit ihr dorthin. Er glaubte, er sei sicher.

Doch die Lage wurde immer brenzliger, besonders für Renee. Nachdem die Deutschen 1939 in Polen einmarschiert waren, evakuierten die Franzosen Straßburg, die ganze Stadt war leer, nur Soldaten blieben. Renee musste einen neuen Zufluchtsort suchen und machte sich auf den Weg zu ihrer Großmutter, die im Westen Frankreichs lebte. Weiter weg von der deutschen Grenze wäre sie endlich sicher, glaubte sie. Aber der Zug, den sie nehmen wollte, entgleiste auf halber Strecke und würde frühestens am nächsten Tag fahren und Renee zu ihrer Großmutter bringen.

Renee blieb in einem Städtchen im Loire-Tal stecken. Alle Hotels waren ausgebucht. Was sollte sie nur tun? Zum Glück fiel ihr bald ein, dass die Familie von einer ihrer Freundinnen aus Straßburg hier in der Nähe irgendwo wohnte. Renee fand die Telefonnummer, rief ihre Freundin an und bat sie um Hilfe. »Natürlich, komm zu uns, wir haben Platz, du kannst hier übernachten«, sagte die Freundin. Sie war Johns Cousine. »Ich kann mich noch genau an das Bild erinnern, wie sie damals ankam. In einem Taxi. Mit einem schönen Filzhut mit breiter Krempe«, erzählt John.

Johns Mutter konnte die höfliche junge Frau aus Deutschland auf Anhieb gut leiden. Und sie brauchte Hilfe auf dem Anwesen, es war Erntezeit und die meisten Männer waren im Krieg. Also fragte sie Renee, ob sie nicht bleiben wolle, sie könne bei ihnen arbeiten und wohnen, hier sei sie sicher.

Renee fühlte sich wohl auf dem Bauernhof an der Loire, sie sagte zu und blieb.

So lernten sich John und Renee kennen. Sie arbeiteten zusammen auf dem Hof, machten lange Spaziergänge nach ihrer Arbeit, redeten viel miteinander. »Wir hatten eine Menge gemeinsam«, sagt John. »Und sie mochte mich offenbar.« Er mochte Renee auch, er fand sie unglaublich hübsch. Und sonst kannte er kaum jüdische Mädchen. »So passiert das eben«, sagt er heute schmunzelnd. »Man verliebt sich. Wir waren ja so unschuldig.« John und Renee verliebten sich, wie man sich verliebt, wenn man jung ist: schnell und ohne Zweifel. »Es war unsere erste Liebe«, sagt John. Nach drei Wochen verkündete John seiner Mutter, dass er Renee heiraten wolle.

Johns Mutter war nicht begeistert von der Idee. Zu schnell, zu früh, sagte sie, John solle erst einmal seinen Militärdienst in der Schweiz machen und eine Arbeit finden, damit er seine Frau auch versorgen könne. John verstand das und hörte auf den Rat seiner Mutter. Renee und er blieben nur ein paar Wochen zusammen auf dem Bauernhof im Tal der Loire, jung und glücklich, dann zog John in die Schweiz. Das Jahr 1939 ging gerade zu Ende, und er wollte so bald wie möglich tun, was seine Mutter ihm vorgab, damit er Renee so schnell wie möglich heiraten konnte. Kurz darauf zog auch Renee weiter. Ein Verwandter, der in der Mitte Frankreichs lebte, holte sie als Babysitterin zu sich. John und Renee schrieben einander Briefe, und John besuchte sie ein paarmal dort. Es waren glückliche Zeiten – trotz der Bedrohung aus Deutschland.

Dann kamen die Nazis. Im Juli 1942 durchsuchte die Gestapo den Bauernhof von Johns Mutter und verhaftete alle.

Vierzehn Familienmitglieder verschwanden, auch Johns Mutter, seine Großeltern, seine Schwester und sein Bruder. John erfuhr in der Schweiz davon. Er wusste nicht, wo sie waren, und konnte nichts für sie tun. Er entschloss sich, Renee aus Frankreich zu sich in die Schweiz zu holen und auf sie aufzupassen, er wollte nicht auch noch seine Verlobte verlieren. Renee bekam eine Reiseerlaubnis für die Schweiz und wollte sich bald auf den Weg zu John machen.

Aber die Nazis waren schneller. Im August kamen sie und holten Renee. Sie kannte das schon, sie war bereits mehrfach verhaftet worden, aber immer nach einer Weile wieder freigekommen. Doch diesmal war es ernst. Die Nazis brachten sie in ein Lager in Rivesaltes in der Nähe der französischen Stadt Perpignan im Süden Frankreichs an der spanischen Grenze. Rivesaltes war das Hauptsammlungslager für die Juden in der sogenannten freien Zone unter dem Vichy-Regime, die Nazis nannten es das »nationale Zentrum für die Versammlung der Israeliten«. Auf engstem Raum pferchten sie hier alle nicht-französischen Juden zusammen. Zwischen August und November 1942 wurden rund 2300 von ihnen aus Rivesaltes nach Auschwitz deportiert. Für die Juden in Rivesaltes gab es kein Entkommen. Eine von ihnen war jetzt Renee.

Aber Renee hatte es auf dem Weg ins Lager geschafft, einem französischen Polizisten eine Nachricht für John und ein wenig Geld als Bestechung zuzustecken. Der Polizist hätte das Geld einfach behalten können, aber Renee hatte Glück, er schickte John die Nachricht tatsächlich per Telegramm. Ende September kam die knappe Botschaft in Johns Büro an: Renee war verhaftet und nach Rivesaltes gebracht worden. John wusste, dass sie in Lebensgefahr schwebte. Er wusste, dass er sie retten musste.

Er wandte sich an die Schweizer Botschaft und das Rote Kreuz und bat um Hilfe. Er schrieb an die Lagerleitung in Rivesaltes, dass die Schweiz Renee aufnehmen würde, und schickte den Nachweis über ihre Aufenthaltsgenehmigung. Er bat den Lagerleiter: »Bitte lassen Sie meine Verlobte frei!« Aber nichts passierte.

Renee redet nicht gern von ihrer Zeit im Lager. Es sind alte, böse Erinnerungen. Es gab nicht genug zu essen, meist nur ein Scheibchen Brot und dünne Suppe, mal schwamm eine faule Tomate oder ein Stück Steckrübe darin. Renee musste auf dem Boden schlafen, um sie herum starben Menschen an Krankheiten oder vor Erschöpfung. Die eilends errichteten Baracken hatten keine Öfen und keine Scheiben in den Fenstern. Aber im Vergleich zu vielen anderen im Lager ging es ihr gut, sie war jung und stark, sie sprach fließend Französisch und Deutsch und half den Offizieren mit Übersetzungen. Sie war ihnen nützlich, darum behandelten sie sie besser. Einmal erlaubten sie ihr sogar, ein weiteres Telegramm an John zu schicken. Am 5. Oktober 1942 bekam er es: *Ich warte*, schrieb sie. Und ihre Adresse: *Block K, Baracke 27.*

Kurz darauf, an einem Freitagnachmittag, rief das Rote Kreuz überraschend bei John an. Der Hilfsdienst hatte erfahren, dass Renee auf einer Deportationsliste stand, und wollte John warnen, dass er seine Verlobte dringend aus dem Lager befreien musste – mit welchen Mitteln auch immer. Wenige Tage später sollte Renee Richtung Osten gebracht werden, in einem Zug nach Auschwitz. John wusste, dass dies das Ende wäre. »Sie müssen persönlich hinfahren, Papiere allein genügen nicht«, sagte der Mann vom Roten Kreuz. Spätestens am Montag musste John mit allen Genehmigungen im Lager erscheinen, es war Renees einzige Chance zu entkommen.

John zögerte nicht, erzählt er heute, keine Sekunde lang. Es war keine Zeit für Angst, er wusste, dass er es tun musste. Er nahm all sein Geld, sein Chef hatte ihm für die Reise ein Monatsgehalt Vorschuss gegeben, und stieg in den Zug. Erst ging es nach Bern, wo er sich ein Visum für Frankreich besorgte. Damals konnte man schließlich nicht so einfach aus der Schweiz ins teilweise besetzte Frankreich reisen, die Grenzen waren geschlossen. Das Berner Konsulat riet ihm ab von der Fahrt, dringend. Nach Frankreich zu reisen als ausländischer Jude in das Gebiet, in dem die Gestapo ausländische Juden sammelte und nach Auschwitz schickte, das sei doch Wahnsinn, sagten die Schweizer. »Bleiben Sie hier, hier sind Sie in Sicherheit.« Aber John war fest entschlossen. »Ich gehe das Risiko ein«, antwortete er den wohlmeinenden Botschaftsbeamten. »Sie ist doch meine Verlobte.« Wenn er in Frankreich verhaftet werden würde, könnte niemand ihm helfen. Dann wären beide verloren: John und Renee. »Wenn man jemanden liebt, vergisst man jede Gefahr«, sagt er.

Er fuhr mit dem Zug nach Perpignan, die Stadt in der Nähe des Gefangenenlagers, und traf dort einen Freund seiner Familie, einen Anwalt, der den Lagerleiter von Rivesaltes kannte. Der Lagerleiter, ein Franzose, schulde ihm noch einen Gefallen, sagte der Anwalt, schrieb eine kurze Notiz an ihn auf einen Zettel und gab John seine Visitenkarte. So gab es Hoffnung, dass John das Gefängnis wieder sicher würde verlassen können – gemeinsam mit Renee. Aber John machte sich trotzdem Sorgen, ob sich der Lagerleiter in Rivesaltes von ein paar Papieren beeindrucken lassen würde.

Am Montagmittag nahm John ein Taxi zum Lager. Er sah es schon aus der Ferne, die Kontrolltürme und der Stacheldraht ragten über der kargen Steppenlandschaft in den Himmel und wurden immer größer und furchteinflößender, je näher er ihnen kam. John schaudert, wenn er heute davon erzählt, seine Stimme bricht. »Es sah aus wie in einem bösen Traum«, erzählt er. Und trotzdem fuhr ihn das Taxi immer näher heran, bis er direkt vor dem Tor zur Hölle stand. Er musste es gleich durchqueren, dieses Tor. Und vielleicht würde er nie wieder hinauskommen. »Warten Sie hier auf mich, bitte fahren Sie nicht«, flehte er den Taxifahrer an. Und marschierte mit schweren Schritten auf das Tor zu.

Hineinzukommen war einfacher als gedacht. Er machte seine Stimme so fest, wie er konnte, und sagte den Wachleuten, dass er zum Lagerleiter wolle. Sie ließen ihn einfach hindurch. John stand im Internierungslager, ein junger Jude, der freiwillig hineinging. »Es war ein unbeschreibliches Gefühl, als sich die Tore hinter mir schlossen«, sagt er. »Sie hätten mich einfach dabehalten können.«

Einer der Wachleute führte ihn zum Lagerleiter. John gab ihm die Visitenkarte des Anwalts, dem der Mann noch einen Gefallen schuldete, und schob ihm eine Box seltener Zigarren zusammen mit den Papieren für Renee zu. »Ich komme aus der Schweiz«, sagte John dem Mann, der seine große Liebe gefangen hielt, ein Franzose, der mit den Nazis zusammenarbeitete. »Oh, für die Schweizer würde ich den Mond vom

Himmel holen«, antwortete der Lagerleiter. »So viel müssen Sie gar nicht tun. Aber lassen Sie meine Verlobte frei. Ich will sie mitnehmen«, sagte John. Der Lagerleiter schaute ihn an und schwieg. »Ich werde den Bürgermeister fragen, er soll das genehmigen, melden sie sich in zwei Tagen noch einmal bei mir«, sagte er dann.

John schöpfte Hoffnung: Der Mann würde ihn wieder aus dem Lager hinauslassen. Aber noch war er nicht so weit. Er wollte nicht gehen, ohne Renee zu sagen, dass er da war und dass es Hoffnung gab. Er sammelte all seinen Mut. »Ich will zu meiner Verlobten, ich will sie sehen«, verlangte er von dem Lagerleiter. Und der erlaubte ihm, noch tiefer in das Gefängnis hineinzugehen. John fand Renee in Block K, Baracke 27. Er hat die alten Papiere aufgehoben, die ihm die Aufseher aushändigten, darunter ein vergilbter Passagierschein. *Centre D'Hébergement de Rivesaltes*, steht darauf. *Laissez-Passer à l'îlot K.* Darunter der Datumsstempel.

Renee wusste nicht, dass John im Lager war. Sie wusste nicht, ob ihre Nachrichten angekommen waren, ob er erfahren hatte, wo sie war, ob er ihr helfen würde. »Wir konnten ja nicht miteinander kommunizieren«, sagt sie. Und plötzlich stand er vor ihr, mitten in der Hölle von Rivesaltes. »Als ich ihn gesehen habe, dachte ich, da ist mein Ritter in schimmernder Rüstung, der zu meiner Rettung kommt«, sagt sie. »Ich konnte es nicht glauben.«

Die beiden hatten Glück: Der Bürgermeister war ihnen wohlgesonnen. Zwei Tage später war Renee frei. Die Tore schlossen sich ein letztes Mal hinter Renee und John, sie waren draußen.

Doch Renee war zwar frei aus dem Lager, aber noch immer in Frankreich, wo sie und John nicht sicher vor der nächsten Verhaftung waren. Und Renee hatte keine Papiere, um sicher durch das Land in die Schweiz zu reisen. Die beiden hatten zu viel Angst, eine Reiseerlaubnis zu beantragen und darauf warten zu müssen. Was, wenn die Lage noch schlimmer wurde? Die Deutschen könnten die letzten freien Teile Frankreichs bald einnehmen. Sie entschieden sich, ohne Papiere in die Schweiz zu fliehen. Wenn die Polizei sie fände, würde Renee zurückgebracht, zurück ins Lager, zurück auf die Deportationsliste, die Züge nach Auschwitz fuhren in dieser Zeit mehrmals die Woche. Und John war in der gleichen Gefahr – schließlich hatten die Schweizer Pässe seine Mutter, seine Geschwister und seine Großeltern auch nicht geschützt. John und Renee fuhren mit dem Taxi Richtung Grenze, vorbei an sechs Kontrollposten. An jedem hätten sie eigentlich kontrolliert werden müssen, vor jedem hatten sie furchtbare Angst, aber keiner war bewacht, die Schranken waren hochgeklappt. Später erfuhr John, dass die französischen Offiziere ihre Posten kurz vorher verlassen hatten, weil die Deutschen im Anmarsch waren. Es gab nur wenige Stunden, in denen zwei Juden diese Strecke an den sechs Kontrollpunkten vorbei schaffen konnten – John und Renee haben sie zufällig genau getroffen.

Sie schafften die Fahrt zur Schweizer Grenze ohne Probleme. Aber der Übergang war kurz zuvor geschlossen worden, erst recht für Ausländer wie Renee, die ja einen deutschen Pass hatte. Nun gab es keinen legalen Weg, die Grenze in das sichere Nachbarland zu überqueren, dem die beiden nun so nah waren. Aber es gab einen illegalen Weg. Jemand hatte ihnen den Tipp gegeben, dass sie in einem Restaurant in der Nähe einen Schleuser finden könnten. Sie würden ihn erkennen, weil er am Tresen saß und seinen Hut lüpfte. Ein Mann lüpfte seinen Hut, sie fanden ihn und er versprach, sie in die Schweiz zu schmuggeln.

In der Nacht brachte der Schleuser sie durch den Wald zur Grenze, sie zahlten ihm einhundertachtzig Franken dafür. Der Mann wusste, wann die Grenzpolizisten wo patrouillierten. Ganz still warteten die drei auf den rechten Moment. An einer Stelle war der Stacheldraht heruntergedrückt, da kletterten John und Renee hinüber. Sie wateten durch einen kleinen Fluss. John ließ die Schuhe an, Renee zog sie aus, es war stockdunkel, sie zerriss ihre Strumpfhose. »Mach dir keine Sorgen, Strumpfhosen gibt es in der Schweiz genug«, sagte John. Sie liefen noch ein paar Schritte durch den Wald, dann waren sie weit genug von der Grenze entfernt und in Sicherheit.

Genf war nur ein paar Kilometer entfernt von dem Wäldchen, durch das John und Renee ins Land kamen. Sie gingen zu Fuß in die Stadt. John mit seinen nassen Schuhen, Renee mit ihrer zerrissenen Strumpfhose. »Wir sind dort in ein Hotel gegangen, so zerlumpt wie wir waren«, erzählt John. Aber als sie den Hotelangestellten an der Rezeption ihre Geschichte erzählten, gaben diese den beiden das beste Zimmer. »Ich danke Gott, dass ich am Leben bin«, sagte Renee, als John die Zimmertür hinter den beiden zuzog. John hatte keine Worte für die Erleichterung, die er fühlte. »Oh, nach all dem …«, sagt er, »… die erste Nacht in Sicherheit.«

Am 5. Dezember 1942 heirateten die beiden. »Und wir lebten glücklich bis ans Ende aller Tage«, sagt Renee und lächelt. Ihr Ritter hatte sie gerettet, sie fühlte sich wie im Märchen. Den Rest des Krieges verbrachten John und Renee in Sicherheit in der Schweiz. 1944 kam ihre Tochter zur Welt. Erst nach dem Krieg erfuhren die beiden, was mit ihren Familien passiert war. Alle waren ermordet worden, die meisten in Auschwitz, auch Renees Eltern und ihre Schwester. »Wir hatten Glück, so viel Glück«, sagt John. »Wenn ich nicht Renee hätte heiraten wollen, wäre ich bei meiner Familie im Loire-Tal geblieben und mit ihnen gestorben. Es ist ein Wunder, dass wir überlebt haben.« So hat nicht nur er Renee das Leben gerettet, sondern sie auch seins.

1951 wanderte die kleine Familie in die USA aus, John bekam dort eine Stelle als Autoingenieur. »Wir haben ein glückliches Leben«, sagt Renee. Renee und John sind heute sechsundneunzig Jahre alt, Renee ist nur wenige Wochen älter als John. Sie haben zwei Kinder, vier Enkel und vier Urenkel. Sie leben in ihrem eigenen Haus etwas außerhalb von Louisville in Kentucky, in der Nähe ihres Sohnes. John fährt noch Auto. Sie sind religiös, gehen regelmäßig in die Synagoge. Manchmal besuchen John und Renee Schulklassen im Geschichtsunterricht, dann erzählen sie den Kindern von ihrer langen Flucht, vom Holocaust und wie ihre Liebe sie rettete. Meistens spricht John, Renee ergänzt ihn hin und wieder. »Meine Frau will über die alte Zeit nicht mehr viel reden«, sagt er. Sie wolle die alte Zeit nicht vergessen, das nicht, aber darüber zu sprechen mache sie so traurig. Sie beide hätten die Erlebnisse inzwischen so gut verarbeitet, wie man solche Erlebnisse eben verarbeiten kann, sagt John. »Man vergisst nicht, aber man ist im Reinen damit.« John und Renee leben und lieben dadurch vielleicht noch intensiver, sagt Renee. »Wir sind jeden Tag dankbar für das, was wir haben. Für uns ist nichts selbstverständlich.«